180度発想転換の教育

岡島 克行

はじめに

　学年集会であろうが、遠足であろうが、とにかく学年全体が集まって、何某の活動に取り組もうとしている。場所は運動場、朝一番に集合と仮定しよう。集合の場所と時刻を伝えられている子供たちは、学年の先生たちがまだ誰も出てきていないにもかかわらず、自分たちで並んで列を整えて座り、姿勢を正して前を向いて待っている。そこへ、先生が出てくると、誰からとは言わず口々にあいさつを言い、またすぐ静かに聴く姿勢をとる。

　そして、中心指導を担うであろう先生が、太陽の向きや風向き、周囲の喧噪の状態などに配意して位置を変えると、その歩みに合わせるかのように集団が座ったまま、微動微動を繰り返しながら向き直る。先生は、定刻通りに話し始め、今日の目的や注意点など要旨が伝わると質問の有無を尋ね、集団は目的の行動に移って行く。

　いかがですか。こんなことは、小学校では不可能でしょうか。

　いいえ、実はこの光景は、私が実践している待ちの指導を行った集団の姿なのです。もちろん、集団が初めからこんな姿を見せるわけがありません。学年当初から先生に対して反抗心をあらわに持ってしまっていたり、何のしつけもなく四、五年間小学校生活を過ごし、高学年になって初めて待つことによる指導を受けるなど、様々な要因が重なって、一年かかってもここまで育たない場合もあります。たとえ、そうであっても、先ほどの姿を理想として、この姿にかなり近いところまで成長することは可能です。

集団を導くための必須条件は、先生と子供たちの良好な関係です。それは決して子供たちのご機嫌をとるような上辺の関係でもなければ、友好な関係を演じるための友達感覚のなれあいの姿でもありません。良好な関係というのは、先生と子供という互いの立場の違いをそれぞれがそれぞれの立場でわきまえた関係のあり方、言い換えれば師弟の一線の引き方です。スポーツの世界に話をたとえると、選手たちは教えを乞う側として、監督やコーチに全幅の信頼をおき、師として敬う気持ちを持って初めて成果をあげるといえます。監督に不信感を露わにするチームが、成果を出せるわけがありません。それと同じく、子供たちは教えを乞う側として、先生に全幅の信頼をおいて師として敬う気持ちを持って初めて学業を成すといえるのです。

本書では、第一章「他を意識させる」で、学習指導の基盤となる学級経営術を、集団を導く観点から、先生と子供たちとの距離の開け方、関係のあり方を中心に述べています。集団が育っていない環境には、学びの素地がないからです。ただし、集団と一口に言っても、構成は個人の集まりですから、人と人との関わり方、特に自分以外の存在を意識させる指導が重要になります。

第二章「師弟の一線を引く」では、他の存在として子供たちにいちばん身近な存在を先生と捉え、我々がしばらく忘れ去ってしまっている師に対する礼儀正しさの必要性を説いています。子供たちからは先生を師として意識し、先生は子供たちを子供として意識する観点です。

その両者の間には、大人と子供の一線が明確に引かれ、双方がその一線を尊重することで、礼節を重んじた雰囲気ができ上がり、学校や教室の秩序が築かれていきます。つまり、子供たちは先生を師として敬い、先生は愛おしさを押し殺しつつ、毅然とした態度で子供たちに接する。そうするのは、教育が、社会に貢献できる人材の育成を目指して行われる崇高な営みだからです。すべて学校で行われる指導は、自分と他者や自分と他者の集団、つまり社会とのよりよい関わり方を志向して行われるはずです。決して、自分さえよければよいという自己中心的な考えを持った身勝手で利己主義な人間を育てようと行われるものではありません。

そして、それらの観点に立脚して、子供たちの自発的な気づきを待ち、能動的な思考で自らを律しながら学校生活を営み、主体的に学業に関わろうとする態度を養うのが第五章「待ちの指導法」なのです。また待ちの指導を行いつつも、日常の生活で起こる様々なトラブルへの関わり方は、第三章「ほめ方・叱り方」で述べています。そして、学級経営はもちろん単年度勝負ですから、学年当初に約束事や物事の考え方などをしつけることは重要です。それらを第四章「授業規律」で述べました。

そして、著者が実際にそれらの指導法で学年当初の指導を行った記録を、第六章「黄金の一週間」で紹介しています。

なお、本書の漢字表記については「こども」という言葉を、漢字で「子供」と書き表しています。教育現場には、子供はお供えするものではないから、「供える」という漢字表記を避ける風潮があります。しかし、漢字は記号と割り切り、子供と表記しています。また、「障害」という表記についても、同様の割り切りで漢字のみの表記にしています。

目次

第二章　師弟の一線を引く

第三章　ほめ方・叱り方　133

第四章 授業規律 200

第六章　黄金の一週間　313

第一章　他を意識させる

なぜ、他を意識させるのか

他を意識させることが、真に個人の能力を伸ばす唯一の方法で、真に安全を守る唯一の方法だからです。加えて言うならば、今現在、学校という現場で先生方に、最もなおざりにされてしまっている価値観と思えるからです。詳しくは、それぞれの項に譲りますが、他人との関わりに礼を失する「失礼」という感覚や、他者に不快感を感じさせてしまう「迷惑」という感覚を身につけさせることによって、自分本位なものの考え方から一歩外の世界に視野を広げさせ、自己の言動を見直させることに目的があります。

周りの人々に、つまり学校では先生方になりますが、失礼のないように言葉や文字を丁寧に表現させるのは、個人の能力を最大限引き出すため。廊下を走れば、走った君ではなく相手が怪我をする。道路いっぱいに広がって歩き車とぶつかれば、君が怪我をするだけではなく、運転されている方も巻き込んで迷惑をかけるからという価値観です。一見、本人のことを思いやらない冷血な指導に見えてしまうかもしれない物言いですが、本当のところは子供たちが気づいていない他者との関わりに気づかせ、言葉や文字といった技能をより高みに導いたり、より安全に身を守らせる指導ができる唯一の方法なのです。子供たちの多くは、学校という環境下であなたの能力を伸ばすために、あなたの安全を守るためにと、愚直にといって良いほど真正面から働きかけられています。それは、子供たちの責任ではなく、学校の先生がそれがよかれと思って、そう伝えてきたのです。結果、いくら言って聞かせても廊下を走り、道いっぱい広がって歩くのです。言葉や文字も同じことです。

あなたの能力を伸ばすため、あなたの安全を守るため、という子供たちにとって自己本位とも受け取られる表現には、他者との関係という視点がすっぽり抜け落ちています。自己の能力や安全をより高めるために、個人の内面にのみ働きかけていたのでは、社会性に欠けた答えしか見いだせないのは自然な帰結です。

さて、教室に目を向けてみましょう。

「一人はみんなのために、みんなは一人のために」という言葉を前面に大きく掲げているのをよく見かけます。先生と呼ばれる者なら誰しも、自分本位な子供に育てようとするわけがありません。しかし、そんな教室の中で過ごす子供の姿に、わがままで身勝手な振る舞いを多く見ることもまた事実です。それを許しているのは、他でもない先生自身なのですが。

それは、まず先生に対する言葉遣いに表れ、次第に先生に対する態度にも表れます。常体表現と友達感覚です。この二つの観点で、先生との敷居を低くした子供たちは、自分の都合で学校生活をわがまま気ままに振る舞うことになります。怖い者なしのその姿は、授業中の私語や廊下での喧噪を生み出し、まさしく他の存在を無視する傍若無人ぶりを発揮します。とは言うものの何も荒れた教室や学校の話をしているのではありません。このような姿は、たぶん日常的に私たちが普段目にしている普通の子供の姿そのものです。

例えば、休み時間を過ごした子供たちが、授業が始まっているのにしゃべりながら戻ってくる。校門で登校や下校指導をしている先生や地域の方に、ポケットに手を突っ込んだままあいさつをする。もしくは、あいさつすらしない。登下校の道路では、我が物顔で二列、三列と道に広がって、対向する人に道を譲りもしない。勉強では自分が問題を解き終わったら次の問題を要求する。または近くの友達と私語を始め、もちろん教え合うことはない。等々、挙げていけばきりがないのですが、よく見かける普段の姿です。

今や、学校の自己診断という制度で、子供が先生を評価する時代です。学力向上という大義名分の名の下、周囲との協調なしに、個人の能力を伸ばすことが正当化される時代なのです。甘やかしともいえる、間違いだらけの個人主義を演じる主役に駆り出された子供たちが、自分本位に物事を考え、自己中心的な振る舞いを重ねてしまうのは当たり前と言うべきかもしれません。しかし、制度がどうであれ、他を意識させる原点は、他人である先生を、先生として意識させるところから始まります。後ほど詳しく述べますが、先生は友達ではない。だから師として、節度を持って接しなさい。

ここが、原点です。

教える側、教わる側という上下関係を明確にしなければ、教育そのものが成り立たないのです。対等な関係の中に、教育の環境はなじみません。

しかし、これを先生が、自分で自分自身に対してそうしなさい、と言うのです。つまり、先生自身が子供たちに先生を大切にしなさい、敬いなさいと言うのです。いや、言わざるを得ないと表現したほうがよいのかもしれません。

本来は、かつての日本がそうであったように、家庭や地域が担っていた部分です。子供が先生に叱られたと家で訴えれば、先生に叱られるお前が悪いとたしなめ、もう叱られないように先生の言いつけをしっかり守れと諭す。また、悪さをする近所の子に、学校や家でそんなことを教わっているのかと注意をし、親や先生の言うことは聞けと諭すような姿です。ところがいつの頃からか、この辺りの価値観が家庭や地域から子供たちに伝えられることは稀になってしまいました。しかし、この部分が子供たちにしっかり伝わっていないと、教育は成り立たないのです。だから、先生は自分自身で、先生に節度を持って接しなさい。先生の言うことは、聞き入れるものだ。先生を、人生の大先輩として大切にしなさいなどと、自身の口から言わざるを得ないのです。

日本には、自分や身内を謙遜することが美徳とされる文化があります。また、先生も自身の生き方に悔恨の念にかられている場合だってあるでしょう。なかなか自身では言いにくいものです。しかし、ここが出発点で、ここから先生を馴れあいではなく、教わる側、教える側という節度を持って接することを求めていきます。その習慣こそが地域の方に、節度を持って接することへとつながっていくのです。その延長上には、社会性を育む意図があります。先生が謙遜して敷居を取り払ってしまったら、当然子供たちは先生に対して対等になります。そして非礼な言葉遣いや行いを先生に対して平気で行うようになります。とは言っても、友達感覚で先生にしゃべるごく普通の子供の姿を言っているのですが。そして加えて先生がその行動を、物わかりよく理解してしまったら、子供たちは地域の方にも同じことをするようになります。社会性も、身に付きません。先生にあいさつをできない子が、地域の方にあいさつをできるわけがない。先生に丁寧語を使えない子が、社会の大人に対して丁寧な言葉遣いをできるわけがない。先生を大切にできない子供たちが、地域の方々を大切にできるわけがないのです。そして、そのまま、大人へと体だけが大きくなっていくのです。

「一人はみんなのために、みんなは一人のために」なのです。この教室掲示を見るにつけ、この掲示をなさった先生は「みんな」という対象者をどう思い描いていらっしゃるのかと、ふと、気になることがあります。

もしも、教室の子供たちのことだけを指して「みんな」としているのならば、やはり、子供たちは自分たちのことを中心に考えてしまうようになるだろうなと。なぜなら先生自身が、そう期待しているからです。しかし、この「みんな」の中に、最低限先生自身も当然含まれるという意識があれば、子供たち一人ひとりが大切にされるのと同様に、先生も大切にされるべき存在であるという発想が成り立つはずです。本当は最低限ではなく、かなりの重みをもって先生が含まれるのが教育の原点ですから、感覚的には「一人はみんなのために、みんなは一人のために」と、先生はみんなのために、みんなは先生のために。そして、先生は特別な存在なのだということを強調した表現がなじむと思います。

そして、ここが原点で、ここを出発点として、まずは先生と子供のけじめをつけるよう指導を行います。詳しくは、第二章の「師弟の一線を引く」で述べますが、この指導の延長線上に、目上である先生に対しての敬愛の念が、子供たちに育まれていくのだと思います。そして、その敬愛の念はやがて地域や社会に還元されていきます。先生は、職業柄、一見図々しそうに思えてしまうような物言い、つまり先生のことを大切にしなさいと、身を挺する覚悟で子供に伝えなければならないのです。

子供だから許されるのではない

学校で生活するのは、特定の年齢集団の子供たちと幅広い年齢層の成人たちです。この両者間に礼儀が重んじられるのは当然ですが、それは別項に譲り、この項では、子供たち同士が生活する場として学校をとらえてみます。

廊下での日常生活を思いおこすと、授業中にもかかわらず教室移動の際にしゃべっている。休み時間中たむろするようにかたまって雑談にふける。離れた場所にいる友達を大声で呼び止める。奇声を発する、遊ぶ、走る等々、まだまだこの他にもいろいろ挙げることができます。これに対して、学校で同じく生活する大人たちは、どれを許容して、どれを注意するのでしょう。もちろん、子供の身に危険が及びかねないことであれば、誰しも注意をするでしょう。しかし、道徳的にみて礼儀にかける程度の行いに対しては、子供だから仕方がない、とばかりに大目にみてはいないでしょうか。子供だからとみるのは、私たちが大人だからです。大人は、子供に甘くなりがちなのです。もし混雑する駅のホームで大人のあなたが、離れた場所にいる友達から大声で呼び止められたら、もし、隣にいる友達が突然奇声を発したら、きっと赤面してしまうはずです。子供同士の目線に置き換えれば、慣れっこになってしまっている部分はあるにせよ、すべて迷惑きわまりない行為です。大人の世界、つまり社会生活でよろしくない行為が、子供の世界だからといって認められるはずがありません。ただ、そのことに子供たちは気づいてないだけ、大人たちが気づかせてないだけなのです。

それに気づかせるためには、自分のような身勝手な行動や迷惑な行動を、もしも目の前にいる先生がしたらどうなるかと考えさせると、子供たちにもよく分かります。

具体的な例で考えてみます。子供たちの世界には、決して使ってはいけない言葉であるにもかかわらず、使ってしまう言葉があります。よくあるのは、「あほ」「馬鹿」という類のものですが、中には「死ね」とか「殺す」と言った殺伐とした言葉も含まれます。

そんな言葉を先生に向かって使うことはさすがにないとは思うのですが、悲しいことながら見聞きする世の中の情報では、ないと断言はできないようです。先生に対して、または、子供同士であろうが、とにかく人に対してそんな非人道的な言葉を使ってしまったときに、いくら本人に使ってはならぬ言葉であると直球勝負で諭しても、なかなか改善は見られません。そんな場合に、もちろん頭ごなしに使ってはならぬと諭すだけでなく、使った君の行為は正しいのかと考えさせ答えさせる指導をしますが、なおも悪態をついたり、開き直ったりする場合には、先生が君たち子供に「死ね」や「殺す」と言えばどうなると思うかと問うてみるのです。たいていの場合、「先生は先生を辞めさせられるだろう」といった旨の冷静な判断が返ってきます。この判断さえ、子供自らの口から聞くことができたなら、先生なら職を辞することになるやもしれない人権侵害の重大な発言を、子供だからと言って許されるわけがない、と諭すのにそう多くの時間はかからないでしょう。このように先生の姿に子供たちの姿を重ねて投影することを通して、軽率な言動に警鐘を鳴らすことが可能になります。この手続きを経て初めて、お互いを思いやる空間が広がっていくのです。

「死ね」や「殺す」などという極端な事例で説明しましたが、子供たちが見せる普段のちょっとした礼節を欠いた非礼な姿もこの手続きを経て初めて理解させることができます。たとえば、机にあご肘をついて授業を受ける姿や、いすに浅く腰掛け背中をずらす俗にいう社長座りや、あくび、貧乏揺すりに至るまで、ありとあらゆる礼儀正しいとはいえない姿を、先生が真似して見せ、その姿で教えてよいかを問うのです。人は自分の姿を直接見ることができないので認識しにくいのですが、他人の姿はよく見えます。そのよく見えるが故の、他人に対する批判力を自己に向けさせる。先生がしてはいけないことを、自分たちがして良いわけがないという理屈は、子供たちにとって非常に理解しやすいようです。

子供たち同士が、もちろん先生も含めてお互いを思いやりながら譲り合って生活を送る。そんな空間を学校という場でつくることが不可能だとすれば、不可能にしているのは他でもない、子供に甘くなっているか、厳しくとも伝え方を間違えている大人の私たち先生自身なのです。

公という感覚

学校は公共施設です。その公共施設内にあるすべての教室、廊下、運動場等々は、公共の場といえます。その中でも特に廊下は、校内の様々な部屋と部屋を結ぶという点において、公共性の高い場所です。社会に置き換えると、道そのものにあたるでしょう。そんな公共性の高い場である廊下は、休み時間でも静かに通る指導が必要と思いますが、いかがでしょう。

教室の中では、大切な話し合いが行われているかもしれません。職員室では、子供たちの様子について真剣に話し合われているかもしれません。校長室では、保護者や地域の方と話し合いをしている最中かもしれません。職員室は文字通り職員が仕事をしている場であり、喧噪の中では業務に支障をきたしてしまうのです。校長室は、様々な来客やその接待も一手に引き受けている場です。中には、学校の指導について改善を申し出てこられている場合もあるやもしれないのです。

そんな公共性の高い廊下を、休み時間という身内だけに通用する理由で他の迷惑を省みず、自分たちの都合で辺りに喧噪をまき散らすのです。いいえ、子供たちに責任を転嫁する表現は慎みましょう。先生たちが、まき散らしていることを許すのです。それでは、いかにも学校らしく子供たちの立場を最優先すると称して、その実、子供たちのわがまま気ままを最優先させてしまっているとはいえないでしょうか。結局、指導の責任放棄になっているのです。

もしも、これが企業で、社長室やお客様相談室の前を、昼休みだからといって大声で雑談を交わしながら社員たちが通行していたならば、すでにその企業は存在していないかもしれません。

そんな場合もあるから、休み時間でも廊下では静かにしなさいと指導しなければならないと言っているのではありません。公共の場であることを意識させる必要があり、それさえ意識できたら、時間の区別は関係ないと言っているのです。

そこまで堅苦しく考えなくともいいではないか。授業中はまだしも、休み時間やいくら他学年が勉強をしているといっても休み時間まで、「廊下は静かに通行せよ」と子供たちの行動に制約をかけるのは行き過ぎであると思われたでしょうか。もし、そう思われたのであれば、廊下や教室を、個人のお宅や道路・公共交通機関に置き換えると話がわかりやすくなります。

遠足の引率で、気分の高揚した子供たちが、住宅街を大声でざわつきながら通行したり、電車内で周りをはばからず、喧噪をまき散らしながら雑談にふける姿に、気を遣った経験はないでしょうか。もしかしたら学校でのしつけをおろそかにするから、遠足時に個人のお宅が立ち並ぶ住宅街であろうが、公共交通機関である電車の乗車時であろうが、他を意識せず、我が身の都合だけでわがまま勝手な立ち振る舞いをしてしまうのです。個人のお宅の中には、病床についておられる方がお住まいかもしれないのです。また、警察官、消防士、看護士と挙げていかずとも、社会には夜勤の必要な仕事はたくさんあります。そのような方が、遠足時の喧噪に眠りを妨げられているかもしれないのです。遠足は我々にとっては季節に一回ですが、そこで生活をしておられる方は毎日なのです。そして、電車内には、毎日の通院に心労を重ね、ご自身の体調を気遣う乗客がおられるかもしれないのです。社会人はみんな、節度を持って、お互い気遣っているのであり、決して自分勝手な暮らしをしているわけではありません。

我々教員も社会人ですから、そんなことは釈迦に説法、重々承知のはずです。しかし、子供の教育にこの感覚を生かし切れていないことも、また事実ではないでしょうか。

私たち教員は、この感覚を生かして、子供たちに自分が休み時間でも、周りの状況を察知する力を養い、状況に応じて迷惑がかかると判断すれば自らの行動に自制をかける感覚を育まねばなりません。まだまだ、未熟かもしれませんが子供も社会の一員、つまり社会人であることに違いないのです。子供も大人も区別なく、人は一人では生きていけないのですから、まだ幼いから仕方がないではなく、まだ幼いからこそ社会の一員であるという感覚を日頃から指導者が意識してしつけ、自覚を育んでいく。言い換えれば「他を意識する」ひいては「他者を尊重する」感受性を育む必要性を危機感とともに感じるわけです。

廊下の歩かせ方

どの学校にもたいてい、「廊下は右側を静かに歩きましょう」という決まりが設けられていると思います。この文言は、様々な価値観が含まれているのに、実に簡潔でわかりやすい表現になっています。まず、右側通行であること、往来の場としての規定です。次に、静かさを求めている点、公共の場としての規定です。そして、歩くこと、危険回避の規定が含まれています。この決まりは、自分たちだけではない他の存在を意識させようとしています。

つまり、学校現場では、他を意識する発想の指導が重視されているのです。当たり前のことを述べてしまいました。学校は、大勢の人が集まり集団生活を送る社会そのものなのですから、自分ではない他の存在を強く意識する必要があります。しかし、学校現場で働く教職員に、最もなおざりにされている意識が、まさしくこの「他を意識させる」感覚です。もちろん、廊下を走らないで歩くことは、どの先生も指導するでしょう。危険がつきまとうからです。

しかし、「右を」という観点や、「静かに」という観点はどうでしょう。「右を」はまだしも「静かに」という、子供たちの身に危険が及びにくい価値観を守らせるべく、指導を徹底しているでしょうか。

また、高学年の場合は、専科教員による授業を教室外で、たとえば音楽室といった特別教室で受ける機会が多くなります。その行き帰り、休み時間でも授業中でも静かに歩く感覚は身についているでしょうか。

身につけさせるには、教室を出る際に、廊下を静かに通って帰るように言い含めるだけでは不十分です。言い聞かせたことが実行されているか、検証して初めて身に付いたことになります。しかも、小学校に上がってきた子供たちに、できるだけ早い段階から継続して指導を続ける必要があります。ところが、残念ながらそのあたりの感覚を身につけさせるべく、早い段階から指導を徹底されている姿は、まれにしか見たことがありません。まだ幼いから、そこまで考えた行動をするのはできなくて当たり前と、指導者自身が高をくってしまってはいないでしょうか。「鉄は熱いうちに打て」と申します。ましてや「三つ子の魂百まで」なのです。低学年の六歳や七歳でも遅いくらいです。それが中学年になってはなおさらのこと、ましてや高学年になってから初めてこの感覚を身につけさせようとしても「砂上の楼閣」で、土台に無理があるのです。

学級全員で並んで体育館に移動するという場面を想像してみます。先頭を歩く先生の後ろを、子供たちが廊下や階段いっぱいに広がって、対向する者の進路を阻みながら、平然と歩いているのではないでしょうか。まるで多勢に無勢で、通り過ぎるのを仕方なく譲った経験は誰しもあるはずです。それを見かねた担任の先生が、先頭から右へ寄りなさいと声をかけても、たぶんむなしく響くだけでしょう。それもやはり、廊下の公共性を日頃から、そして幼い頃から指導していないからです。

廊下や階段の幅いっぱいに広がって歩いて良いのは、災害の避難時とその避難訓練時の一方通行が約束されたときのみです。逆行すれば命を落としかねない有事ならば、自分の命と友達の命を守るために、廊下いっぱい広がって、友達が歩もうとする危険な進路を遮ってやるべきでしょう。そう指導すれば、子供たちも廊下の公共性に、はたと気づくはずです。

しかも、そんなときでさえ「静かに」なのです。避難訓練時に、ふざけて不真面目におしゃべりをしながら参加する子供たちがいたら、絶対に指導が入るはずです。命に関わる緊急時ですら「静かに」なのに、平時にさわいでよいわけがありません。それとも、命に関わる緊急時だから「静かに」なのでしょうか。もし、他の時とは訳が違うのだから「静かに」と指導するのであれば、裏返すと、平時なら少々大目にみようとか、君の命を守るためだけに静かにすることを求めるといった自己中心的な行動を助長するようなメッセージを発してしまいます。

放課後の帰らせ方

小学校では、学年により下校時刻が異なります。低学年は、比較的早く帰る場合が多いので、高学年が授業中でも放課後となる場合があります。低学年担当として、早帰りをする子供たちに、「さようなら」の挨拶をさせた後、まだ授業中の高学年を思いやって静かに廊下を通って下校する感覚を身につけさせているでしょうか。反対に、高学年担当として、廊下から響き渡る帰りがけの声が学習のじゃまになると感じたことはないでしょうか。自分たちは、学校が終わった開放感から自由気ままモードに入っていますが、まだ勉強をしている他者の存在には気づいてないのです。他を意識できていない状態です。

できていないというのは、教えられたことがない、もしくは、かつて教えられたが忘れているかのどちらかです。前者だとすれば、子供たちがそういう価値観に出合っていないのですから、教える側に、これらの感覚が備わっているか否かという問題かもしれません。

教える側にこれらの価値観があれば、低学年にだって、廊下の公共性や他を意識するという感覚を持たせることは無理ではないでしょうし、低学年だからこそ教えなければならないことだと思います。

後者だとすれば、指導の怠慢かもしれません。ここでいう廊下の通り方のような事例は、生活習慣そのものですから、習慣づくまで繰り返して注意喚起を続ける必要があります。詳しくは、「ほめ方、叱り方」の項に譲りますが、まだ勉強している高学年を思って、静かに帰りなさいと指導した後、廊下に出た子供たちは静かに帰ったでしょうか。この点検がないのであれば、指導したという事実に先生自身が満足しているだけと言わざるを得ません。

それが証拠に生活指導の会議で、学年の実態と指導について情報交換をすることがあります。その際に、静かに帰るように指導しているという報告があるにもかかわらず、子供たちの実態とはかけ離れている場合がよくあります。なぜ、そのようなことが頻発するのかというと、本来は、指導内容が伝わり、実践され、習慣化するところまでが生活指導で、そこまで、掘り下げた指導の点検が必要なのです。指導しているというのは、あまりにも当たり前でたいした問題ではなく、子供たちの行動を変えるべく何某を伝えたというきっかけにすぎないのです。

学校から帰ることは、毎日繰り返されることですから、そんな点検にばかり回っていられないことも十分に理解できますし、その通りだと思います。一朝一夕にはならずとも、低学年を受け持たれた際には、是非ともこの価値観を大切にして、公共心の基礎をしつけてほしいと考えます。

集団の一員として考えさせる

「もしも自分だったら」と考えるのは、相手の立場に立てる唯一の考え方です。

同じように、集団の一員として、個人の行いを判断させるには、「もしもみんなが同じことをしたら」と考えさせることが唯一の方法です。

たとえば、授業中に隣の子に話しかけるという行為でも、自分一人だけ行うから目立たないだろう、少しくらいいいだろうと考えればできますが、もしも、みんながそう考えてしゃべってしまったら、うるさくてしようがない状態に陥ってしまいます。あくびや貧乏揺すりなど、無意識な行為も、全員が無意識にしている光景を想像させれば、その滑稽さに気づくはずです。あご肘をつく、足を組むなどの一人ひとりがとる些細な身勝手も、集団になれば見過ごすことのできない身勝手な行為になります。常日頃から、この価値観を、網羅的にことごとく伝えていくことによって、個人の集団意識は高まります。単純で当たり前のことなのですが、この考え方を伝えることによって初めて、個人が集団的発想をするようになります。

この意識が育っていない子供たちなら、廊下で平気で奇声を発することもやってのけます。そんな特異な事例を挙げなくとも、授業中の教室の横を集団で通るとき、平気でしゃべりながら通り過ぎていきます。休み時間を終えた子供たちが、教室への戻り道に、まだ休み時間の延長であるかのように、雑談をかわしながら戻るようになるのです。「もしもみんなが同じことをしたら」という感覚を伝えることを疎かにしたら、本当に、みんなが同じことを平気でしてしまいます。いかがですか、読者の学校に当てはまりませんか。そして、そんな姿を普通に見てしまっているご自身がいませんか。実は、私たちの感覚が麻痺してしまっているのです。

また、この話をしたら、子供を締め付けていると捉える先生もいますが、そんな先生の認識は、突飛な行動も子供らしさ、騒がしくするのも子供らしさで自然な姿、大人になれば、自然と身に付くことと高をくくっているのです。それでは、今現在、参観で廊下にたむろする保護者たちが、授業をそっちのけで喧噪をまき散らしているのはなぜでしょう。参観日の授業は、廊下からの騒音でせっかくの子供の発言を子供たち同士で聞き取りあうことができないのはなぜでしょう。自然と身に付くならば、大人のそういう姿はないはずです。「子供らしさ」というまやかしの言葉に翻弄される必要はありません。決して、締め付けではなく、必要な考え方です。「自分がしていることを、もしもみんながしたら」の発想を習慣づけることが、将来の社会性を育むのです。

学校は我慢を練習させるところ

私たち大人は、社会で慎みを持って生活をしています。社会に暮らす個人には、老若男女がおり十人十色の事情があるはずで、良識ある人々はそれらを網羅して推測することは無理にしても、自身の行動を慎ましくすることで、他の人に迷惑をかけないようにしています。要するに、節度を持って生活しており、それを私たちは社会性と言っているわけです。ところが、学校の中に一足踏み入れれば、そのような慎ましやかな節度は見られません。同世代のまだまだ精神的に未発達な子供たちを集めてしまうと、場を問わず、また周囲にはばかる様子もなく、わが身の都合だけで振る舞う場合があります。学校という閉鎖社会でも、我慢をしなければならないことは様々な種類がありますが、まず騒がしさに特化して考えてみます。

もちろん、学校に通うすべての子供たちがそうであると言っているわけではありませんが、全体から見て決して少なくはない子供たちが取る未熟で社会性のない態度は、十把一絡げに児童生徒というくくりで、その傍若無人さを語らせてしまうに十分です。そのような実態がありながら学校の関係者、つまり我々教員はそれらの姿を容認しているのでしょうか。いいえ、そんな筈はありません。もちろん、ざわつく姿を指摘し、態度を改めるように注意喚起を行っているのです。しかし、幾度指摘しても再現されるということは、先生がいくら許してはいないと思っていても、子供たちは許されているととらえているのです。そのとらえ方は正しいと思います。何らかの注意事項を伝え、生活態度を改めさせるところまでが生活指導ですから、際限なく繰り返されるならば、指導が甘い証明になります。但し、現実は常日頃から将来の社会性を意識して指導している先生ばかりではありません。そういう意味で、子供たちの意識に抜け道が用意されていることは普通ですから、本書の読者である良識ある先生ではなく、学校組織としての甘さという意味です。

そして、組織的に不十分な生活指導により、学校という場で不十分な我慢の練習しかしなかった子供たちは、道路、電車・バスなどの交通機関から病院、スーパーマーケットと挙げてゆくまでもなく、ありとあらゆる社会の場で、学校で見せた姿と同じ姿を見せるのです。考えてみれば、至極当たり前で、学校内で我慢の練習を積んでいないのに、社会で我慢強く慎ましやかな態度で振る舞えるはずもありません。それは、スポーツ選手が練習もせずに好成績を修められないのと同じで、学校で勉強や話し合いをしているかもしれない他の教室前の廊下を通るときに、その事実を思いやる練習をしていないのに、社会に出ても他者を思いやり、節度を持って接することができるはずもないのです。

我慢の練習方法と学校の理解不足

廊下の喧噪ならば憂いこそすれ、強制力を持って制止してもいたちごっこになるだけですから、気長に指導を積み重ねるという悠長な話もできるのですが、事がいじめる・いじめられるといった深刻な場合は、そんな悠長なことも言っていられません。

その普段の指導で大切なことは、我慢させることと、我慢から生まれる受容ですが、まずは子供たちの間にはびこる悪しき価値観を修正することから始めねばなりません。それは集団で生活するが故の群集心理が個人の気分を高揚させ、彼らの間では明るく元気にふるまう者が良しとされ、それがいささか過剰評価されているという点です。明朗で快活な者が受け入れられる学校社会の文化は、他でもない先生自身の評価がそれらの価値観に基づいて行われている証かもしれません。かくいう私も子供たちに、あいさつ時にはもちろん、返事から発言に至るまで、すべての発声に質・量的な大きさを求めますが、それは言葉というものが相手に伝わって初めて意味をなすためであり、人柄的な元気さや明るさとは、まったく性質を異にしています。

学校生活は、集団生活そのものです。学級には自分以外の友達が大勢いるのです。もし、十人の学級で自分以外に九人いれば、九通りの気質が存在し、それらはすべて自分とは異質のものであるという、あまりにも当たり前の現実です。しかし、問題は多くの子供たちが、この当たり前の現実に気づいていないという事実でしょう。そんな子供たちにいきなり、自分と異なる対応しかできない友達を異端視すること自体が間違っていると諭しても、自分もしくは自分たちが普通と思っている限り、理解することはできません。だから、問題の起こっていない平時に、足下から集団内の対人関係のとらえ方を見直す考え方を伝えねばなりません。それはひらがなで話すように誰にでも分かる言葉で、自分の希望を一回叶えてもらったら、残り九回はガマンをする番、つまり友達の希望を叶えるために譲る番だということを、丁寧に伝えるのです。また、十人の学級で自分以外に九人いれば、自分以外の九通りの個性を持つ人間が存在するということを丁寧に伝えるのです。

当たり前すぎるこの事実に対して、学校現場で理解が不足しているために、異質なものを排他もしくは愚弄するような俗に言う「いじめ」が後を絶たないのかもしれません。不足しているのは、学校というところが、それらさまざまな我慢を社会に出る前に練習させるところだという理解です。

ある意味、その理解不足の最たるものが、学習中の子供たちの姿に反映される場合があります。授業で、できた子から順番に点検していくという場面や、理解に時間のかかる子を個別指導している場面で、自分の学習課題が達成されたのをよいことに、他者を慮らずしゃべってざわついている姿です。そんな場面で、どう指導をすれば子供たちが納得するでしょうか。自己中心的な行動であることを、強烈に知らしめるには、他の存在としての友達との関係の中で論すしかないでしょう。つまり、今まさに学習中の友達のことなどどうでもよい、学習内容が分かろうが分かるまいが、自分には関係がない。もっといえば、別に学習中の子を友達とも仲間とも思っていない。だから、その子を無視して自分さえ分かることができたら、人などどうでもよいとしゃべっているのか、と指摘するのです。さすがに、そこまでこっぴどく指摘されると、もちろん友達はどうでもよくてしゃべってしまったわけではないので、そうではないと答えるでしょう。しかし、すかさず、口ではそうではないと言っても、態度はそう表していると断じてしまえばよいのです。

さらに、先生に対する礼儀という観点から、点検という業務を遂行している先生の姿を無視しているかのような振る舞いは非礼と言うより、邪魔と表現した方がよいかもしれません。だから邪魔させぬように、そして個人の能力をより伸ばすために追加の練習問題を用意するなんて、以ての外。個人の能力を伸ばす以上に、集団社会の一員としての能力こそ伸ばすべきです。ただし、勘違いはしないでください。集団としての能力を伸ばすために、個人の能力を伸ばすことを軽んじるのも致し方ないと言っているのではありません。一斉授業という形をとる以上、個人の能力を伸ばすために集団としての能力を伸ばすことは必要不可欠なのです。集団的な能力伸長が軽んじられている教室に、個人の能力伸長など望むべくもないのですが、そんな現状はありはしないかと危惧しているのです。これが、先ほど申し上げた学校の理解不足の最たるものです。教え合うならいいですが、そうでなければ自分以外の友達、つまり早くできても他を意識させてただただ待たせる。大切な価値観だと思いますが、いかがでしょう。

失礼という感覚

学校は我慢を練習する場だと述べました。

では、最も本質的な「なぜ、授業中に私語をせず、先生の話を聴かなければならないのか」という問いに対して、どう我慢させるのかを例にとって考えてみましょう。

答えは、三つ用意されています。

（あ）「自分自身の勉強がわからなくなる」
（い）「周りの友達に迷惑がかかる」
（う）「先生に対して失礼である」

（あ）の授業中に先生の話を聴かないと、学習内容の理解が深まらないという指摘は事実だし、そのこと自体に意見するつもりはないのです。しかし、あなたの勉強がわからなくなるから、あなたのことを思って言っているのだから、あなたのために聴きなさいという論法だけなら、いかにも自己中心的な発想をしつけているとはいえないでしょうか。また、この論法で説得しても、我関せずとばかり身勝手な私語を続けてしまう光景は簡単に想像できます。なぜなら、この論法では勉強はすでに分かった、もしくは分かる必要はないと考えている子供たちには、馬の耳に念仏だからです。

そこで、（い）のあなたが私語をすれば、話しかけられている友達も巻き込まれて勉強できなくなるから、自分だけのことを考えてはいけないと指導されることになります。なるほど、この人に迷惑をかけてはならないという感覚は理に適ったもので、一定の効果は期待できます。しかし、周りの友達も一緒になって私語を楽しんでいるような環境では、その論法も通用しません。それどころか、周りに迷惑をかけるという感覚そのものが否定されかねません。

筆者は（あ）も（い）も指導として必要ではあるが、その指導だけでは不十分だと考えます。授業は、学習者本人と周りの友達だけで成り立つのではなく、先生という指導者がいて初めて成り立ちます。しかも、その先生は子供たちにとって、目上の存在なのです。

大きくくくれば、先生という指導者と子供たちという学習者、この二者がいて初めて成立する授業で、その説明が学習者側に立つだけなら、「なぜ、先生の話を聴かねばならぬか」という命題であるにもかかわらず、肝心の先生の存在を余りにも軽んじた状態であるといえないでしょうか。自分や自分たちではない、他者である先生の話を聴かなければならない訳を考えさせているのです。だから（う）の「先生に対して失礼である」という感覚が必要になります。つまり、これは対人関係の話であるという着眼点です。学習者個人の能力伸長の観点から、学習者の内側に答えを探したり説明を行うことのみであれば、それは社会に出て必要な対人関係から目をそらさせる指導に他なりません。道徳的な価値観をすべて子供たちの内側で完結させることが、いかに子供たちに自分勝手でわがままな発想を育んでしまっているか気づくべきです。

教える側と教わる側の関係を意識させ、発達段階に応じた礼儀を子供たちに求め、二者の関わりの中で子供たちのとるべき行動を説明しなければなりません。

こう考えると「どうして、宿題を忘れてはいけないのか」という命題の答えもすっきりします。「先生に失礼である」からです。もちろん、「忘れれば学習が遅れる」という学習者側に立つ説明は有効で必要なものです。

また、視点を変えれば、子供たちにとって先生は、社会に暮らす様々な立場の人々の中で、最も身近な存在です。言い換えれば、先生は子供と社会との接点に立つといえます。その学校の先生に礼儀正しくできなければ、社会に暮らす様々な立場の人々に対して礼儀正しくできるわけがありません。

他に「チャイムが鳴ったら、すぐに教室へ入らなければならないのはなぜか」や「授業中、先生の話を聴かねばならぬのはなぜか」も同じです。

宿題をしなければ学習が遅れる。つまり、あなたが勉強についていけなくなるからだ。チャイムが鳴ったら授業時間が始まる。遅れたら、それだけ勉強が遅れる。もちろん、私語をすれば勉強がおろそかになる。だから、慎まなければならないし、先生の話は聞くものである。このような通り一遍のあなたのためだという諭し口調から脱却して、対人関係の中で失礼にあたるという感覚を子供たちに身につけさせるべきです。いや、その前に先生自身がこの感覚を身につけるべきだと強く感じます。

失礼を詫びる感覚

他の存在を意識させ、対人関係の中で失礼であると判断できたならば、礼儀を欠いてしまった行いを悔い改めさせるだけでなく、詫びるという形で相手への誠意を尽くさせなければなりません。そして、それが担任に対する失礼な言動であったならば、詫びさせなければなりません。

ある事例を参考に考えてみましょう。

以前に、登校の際に安全を見守るために、校門で立ち番をしてくださる地域の方から伺った話です。その地域の方は、登校する子供たちに「おはよう！」と元気よく、呼びかけるようにあいさつをしてくださっています。多くの子供たちは、「おはようございます」とあいさつを返したり、中には、その方よりも先んじてあいさつしている姿が見られます。ところが、子供たちの一部に、学年や名前ははっきりわからないが、「おはよう！」という元気良い呼びかけの口調をまねて、「おはよう！」とまるでオウム返しのようにふざけてあいさつをする子がいるというのです。その方曰く、たとえふざけてであっても、まだあいさつを返してくれる方が気は休まるのだそうです。それより、いくらあいさつをしても明らかに無視したり、うつむき加減に無言で通り過ぎる姿の方がつらいともおっしゃいます。そんな報告が、職員朝礼であり、各教室で指導をすることとなったのです。そして、教室で話を聞くと、その礼儀を欠くあいさつをしていたうちの一人は、ある若い先生が受け持つ子供で、地域の方の元気良さにつられる形で、ついついまねをしてしまったと言います。本人も反省しているようなので、次にお会いしたときに、きちんと「おはようございます」とあいさつをするように指導しておきましたとのこと。

さて、読者がこの学級の担任なら、その子供にどう指導されたでしょう。

次回に礼儀正しいあいさつをさせるのは当たり前のことで、それで指導したと言うのであればあまりにもお粗末です。当たり前のこととして、次回お会いできた際に詫びるということでよいとは思いますが、その地域の方に詫びさせなければなりません。この事例では、残念ながらありませんでしたが、この感覚は指導者として必須です。軽い悪ふざけ、冗談でついつい取ってしまった軽率な行動であるから、それも子供らしさと大目に見ると、我慢を強いられる周りの大人と、野放図に振る舞う気ままな子供という構図が成り立ってしまいます。たぶん、その先生は常日頃から子供たちが自分に失礼な行動をとっても、謝らせてはいないのでしょう。先生だから、子供たちのとる失礼な言動を大目に見るのは当たり前、まだまだ成長途中の年端のいかぬ者の所作だからという感覚に陥っているのです。それでは、子供たちの成長に良い影響を与えるわけがありません。学校は練習の場なのですから、先生はその練習台にならなければ存在意義はありません。担任に謝らせるというのも、もちろん謝罪を受けることが目的ではなく、謝る経験を積ませることを通して、相手に詫びの気持ちを適切に伝えることができるようになっているのか、つまり子供の成長をみることが目的なのです。

さて、先ほどの事例に戻りますが、本来はこの地域の方がおっしゃるように、あいさつすら返せず結果的に無視をしてしまう子供たちにこそ、あいさつの持つ意味の指導や、それが実践できているかの検証を重ねて、地道に気長に教えていく必要があります。何も教えられていない子供たちはもれなく、あいさつはしてもしなくてもよいものと思っています。そんなあいさつすら返せない子供たちですが、友達とのいざこざの中で無視されることは極端に嫌います。自分がされたら大いに傷つくのに、他人にするのは結果的に平気なのです。結果的にというのは、あいさつを返さないことが相手を傷つけるという認識がないという意味です。ほんとうは、この子供たちにこそ、失礼を詫びさせるべきなのかもしれません。しかし、実際はなかなか積極的な関わりのない行為、つまり何もしていない行為に、詫びるという具体的な行動を結びつけるのは難しいでしょう。少なくとも、本来は詫びてしかるべし、という考えは伝えておくべきだと思います。

一挙手一投足にこだわる

室内で体と体をぶつけ合うような軽いふざけあいや、授業中にお尻を少し前にずらして後ろ斜めに背もたれにもたれかかるようなだらしのない座り方や頬肘をつくような姿。また、休み時間に机に座る行為等々。注意はしたほうがよいが、見過ごしても大勢に影響はないような子供たちの姿も反省させてください。注意といっても、先生がしてはいけないと禁止するのではなく、他を意識させる観点から、自分だけでなくその場に居るみんなが同じことをしたらどういう状態になるかを想像させるのです。指導者の目が行き届く限り、一秒たりとも気を抜かずにこだわり続ける。もちろん、実際には四六時中こだわるなど無理なことですが、それこそ指導者の根気の続く限り、こだわり続けます。

中でも効果的なのは、毎日必ず繰り返される給食の配膳や片付け、黒板ふきや掃除といった習慣化されやすいものです。

たとえば、給食の後片付けでは、牛乳の空き瓶も丁寧に端からそろえて順番に整然と並べて返させます。行き届かない指導の下に過ごしてきた子供たちならば、空き瓶を倒したまま返す子、端から並べず箱のど真ん中へ真っ先に置く子、中には逆さまに向けていたずら置きする子等々、見事な乱雑ぶりを見せます。もちろん倒れた瓶を立てずに、その上に重ねて返すのも平気で、箱から溢れそうになってしまうことさえあるくらいです。もちろん、食器類の返し方も一緒です。指導しなければ、至近距離からですが重ねて置くときに、素材がプラスティックだからでしょうか、少し放り投げるような置き方をする子もいます。いくら割れにくい素材であっても、その返し方を見る周りの者が快く思いません。このことに思い及ばせるのです。さらに、数種類の食器の一枚ずつを取り置き、最後に返却する食器の一番上に重ねてワゴンに返す。食べた後の食器の汚れは決して汚いものではありませんが、礼儀という観点からは見苦しいものです。一昔前は、毎日パン食だったのでおかずを盛りつけた皿の最後の汚れを、そのパンで拭き取らせる先生も多くいらっしゃいました。そのころの指導の観点は食べ物を粗末にしないという理由でしたので、少々観点は違いますが最後にきれいな一枚を重ねる。せめてもの給食の仕事に携わる方々へのささやかな心配り、感謝の気持ちです。それらを、継続して子供たちに実践させる。まさしく他を意識する感覚を求めています。

まだまだ、他にもあります。いつまでも根強い人気があるのでしょうか、超能力よろしくスプーン曲げでもしたのでしょう。給食に使うスプーンに、明らかに故意に力を加えられたであろう、いびつな曲がりをしている物が数多く混ざっています。情けない限りですが事実です。そのような行動を少しでも見つけたら、給食の途中であっても食べるのをやめさせて関係者を呼び、誰がしたのかを追及し特定するようにします。

給食時、牛乳のキャップを捨てる際、投げてゴミ箱に入れるのを黙認してしまったとしましょう。するとそのうち、ゴミを投げ入れることが平気になり、その続きには、消しゴムや文房具までもがいたずらに投げられることにもつながりかねません。荒れた教室では、そのようなことが日常的に起こります。

黒板拭きならば、毎時間の授業が終わって拭き取る場合には、徹底的にチョークの粉が残らぬように拭き取らせます。その際に、拭き取り始めに黒板クリーナーできれいに掃除した黒板消しで拭き取らせることです。粉の残った黒板消しで拭き取らせると、黒板全体にチョークの粉を塗り広げるだけではなく、周囲に粉が飛散してしまいます。そのほかにも、落ちているゴミを拾わせるたり、机を整然と並べさせたり、思いつく限り、集中力の続く限り、細かなことを言い続けたり、やり直させ続けたりするのです。

なぜなら、教室の秩序が失われていくのは、そういった細かなところ、つまり教室環境が維持できなくなることから始まるものだからです。反対からいえば、細かいところにこだわっていれば、そういう荒れた事態にもなり得ないわけです。と言うより、正確にいえば、細かいところにこだわるから荒れた状態にならないのではなく、細かいところにこだわることができる先生と、その言いつけを守る子供たちの関係が成り立つならば、荒れた状態にはなり得ないと言った方がわかりやすいでしょう。細かなことにこだわり続けるのは、こだわりつづけることができなくなる雰囲気を肌で感じること、そういう雰囲気を察知することにこそ意義があります。

この項を読まれて管理主義と感じられたでしょうか。筆者はこれは管理ではなく、社会の中で譲り合って暮らす人として求められる当然の節度を伝えているととらえます。自分以外の存在を切り離して、伸びやかに育てることはできません。それは、単なるわがまま気ままです。秩序は、譲り合う気持ち、節度から生み出されるものです。また、他を意識することなくして、自分を意識することもできないのです。良しにつけ悪しきにつけ、自分の仕草が他にどんな影響を与えるか、振り返るところからしか社会性は身に付きませんし、その習慣化には可能な限り、身近な指導の継続が必要です。

挙手の意味を教える

読者の皆さんは、今までに挙手の意味を教えたことがありますか。これを教えられたことがあるという子供は本当に少ないものです。たしかに、入学当初には手はきちんと伸ばして挙げるように指導されているはずです。しかし、一年生に挙手の意味合いを理解させるのはかなり難しいので、挙手はそうすべきものと形を教える躾に似た指導になりがちですし、大切なことは毎年、いや毎月でも反復指導すべきですから、教えられてないに等しい状態と言って過言ではないでしょう。

では、挙手の本当の意味合いとは何でしょう。

多くの場合は先生という他者を意識しての行動といえますが、手を挙げるという動作は、自分以外の他者に何らかの意思表示をするということです。それが証拠に、自習しているときに手を挙げることは、絶対にありません。

しかし、挙手の意味を教えられていない子供たちは、十中八九、発表するためだと思っています。そう思っている子供たちは、自分の気分で挙手するか否かを決めます。その認識が支配する学級の先生は、子供たちの理解度を量りかねることになります。そして、学年が進むほど、挙手なしに指名されることに不満を持つようになりますし、わかっていても手を挙げないという怠惰な雰囲気が教室に流れてしまうことになります。つまり、他を意識しての動作であるはずの挙手が、自分本位な動作になってしまっているのです。挙手は、自分の理解度や意見の有無を表すための指標ですから、先生の問いかけがわかったら挙げるものだということを、教室内の約束として共通認識しておく必要があります。

また、他者を意識していない挙手は、肘で曲がっていたり、だらりと不安定に挙げられていたりします。当然、手はピンと伸ばして挙げなければならないという指導がなされます。ところが、これも挙手と同じで、手をまっすぐに伸ばす理由を教えられている児童は多くありません。なぜ、肘を曲げず伸ばして挙げなければならないのか、明確な説明を受けたことのない児童は、いくら手を伸ばせと注意を受けても、のど元過ぎればまただらりと挙げるようになります。

手をまっすぐに挙げる明確な説明は、先生に失礼であるからです。具体的な場面を思い出してみると、いかに失礼なのかよくわかります。

たとえば、何某の人数調査の必要があり、子供たちに挙手させている。それを、前から数えていくものの前に座る子供の頭に隠れたり、挙げているか頭をかいているのかわからないような挙げ方をしているので、数えるにも一苦労した経験はないでしょうか。

先生が、業務を円滑で正確にこなすには、まっすぐ肘を伸ばして手を挙げる動作は欠かせません。これは、子供たちの理解度を推し量る場合も同じです。そうは言っても、子供たちが答えに自信の持てないときに、肘を伸ばして挙げることはなかなか難しいことでしょう。そんなときは、中途半端な挙げ方でよいのです。ただし、学級全体が最低一度は挙手についての意味を理解し、手は伸ばして挙げるべきものだという共通認識があった上でのことです。普段はできていて場面によって中途半端な挙手になるのと、一度もできていないで中途半端な挙手になるのとでは、雲泥の差があります。

生き生きはつらつとした挙手は、教室の雰囲気を活性化させることはもちろん、秩序だった教室の維持にも欠かせません。挙手を自らの積極性を表す術として誤解しているのであれば、間違いを指摘してやるのが我々教員の本務ですが、それを見過ごしてしまっている場合が多いのもまた事実ではないでしょうか。挙手の意味や肘も伸ばして挙げる意味を教えること、我々教員の盲点かもしれません。

㋐ 板書の大きさと子供の声

「大きな声で発言させたい」

先生であれば、必ずそう願っているはずです。ところが、ほめておだててみても大きくなるわけもなし、ましてや叱ってみたらよけいに小さくなってしまう。だからといって、大きな声で発言しなさい。大きく発言できることは君の能力が伸びた証ですばらしいことだと説諭してみてもさほど大きくはならないはずです。いきおい「大きく発声できないのは、恥ずかしかったり臆したりするためである。声を大きく出す気持ちや能力には個人差があり、やむを得ないことだ」と諦めてしまえば育ちへの道は閉ざされてしまいます。声の大きさは、個人の能力を伸ばす観点から指導しても全くうまくいかないのです。

そこには、個人の能力を伸ばす観点から他を意識させる観点への発想転換が必要なのです。

休み時間には、大声で奇声を発しているような元気な子供が、授業となると蚊の鳴くような声しか出せない。そんな子供は、どの学級にも必ずいます。そんな子供たちの声を、板書の文字を大きくすることによって、大きくすることができます。奇をてらって言っているのではありません。私は、この手法で毎年毎年、そんな子供たちの声を大きくしてきたのです。ただし、板書の文字を大きくするだけで声が大きくなるわけでもありません。先生が、文字を大きく書く理由をわかりやすく伝えるのです。それが、子供たちの声を大きく出させる下地になります。

大きく書く理由は、目の悪い子への配慮です。特筆の必要など何もない、全く何の変哲もない理由ですが、毎年必ずと言って良いほど、目が悪いので席を前の方にしてほしい、という保護者からの要望が寄せられます。返答として、板書は大きく書くので、座席の前後の配慮はしないこと。それでも見えにくいときは、授業中でも立ち歩いて見ても良いことの二点を伝えます。反対からいえば、親の申し出であっても、要望通りの配慮はしない場合があることを言っています。

そして、先生は誰が一番後ろの席になっても、見える大きさの字を書くと宣言するのです。十センチ四方の文字であれば、かなり視力が悪くても見えます。それでも見えないならば、眼鏡をかけてないならかけるべきでしょうし、かけていて見えないなら特例としての配慮がいるということです。子供たちにも、前に出て黒板に文字を書くときは、この大きさを目安として、みんなが読める大きさの文字を書くよう求めていきます。もちろん、この大きさでは表示できる情報量には限りがありますので、あくまでも最大値の目安としてですし、大きく書くため授業中に二度三度と消すことはあります。

しかし、板書は授業のまとめとならなければならないもので、できるだけ授業時間内には消さずに残す方がよい。その板書を見て、一時間の授業の流れがわかるものであることが望ましいといわれています。筆者もそう指導されてきた記憶がありますが、文字の大きさを優先させます。細々とした字で図示なども含めて板書を仕上げたとしても、一時間という限られた授業の中で伝えるべき情報量は、その中のごく一部であるはずです。一目してわかりやすいように授業の流れを示し、視覚に訴えて思考を整理するためならばまだしも、毎時間その板書を写させているのならば、時間の使い方に疑問符が付いてしまいます。

私たちの研修会や講演会に話をたとえるとわかりやすいかもしれません。読者の皆さんは、講話を聞きながら、話の内容をメモにとりますか。細々とまでは言わないが、ポイントを押さえてキーワードをメモしているという方は多いはずです。では、そのメモを後日見返して指導の参考にした経験は、そのメモの数と比べてどうでしょう。後日、実際の指導に参考として生かそうと思える話なら、メモをとらずとも覚えているはずです。

もちろん、板書の話は成長過程の子供たちの話ですから、集中して書く時間があっても良いと思いますし、学校のノート指導は、必要な部分もありますので否定するつもりはありません。しかし、だらだらと多くの情報を写させているその時間、子供たちの思考は停止し、意見交換も疎かになります。反対に、大きな文字で書こうとすると、指導者側が情報を精選する必要に迫られますので、かえって授業にメリハリがつくというものでしょう。

それより何より、この板書の文字の大きさが、子供たちの声を大きくするのです。子供たちの誰もが、視力の悪い子の存在は知っています。先生もそれを知っているから、板書の文字を大きく書いたのです。

知っているなら、思いやることは当然。これが、子供たちの声を大きくさせる下地になります。板書の文字は、見えて初めて相手に伝わる。発言の声は、聞こえて初めて相手に伝わるのです。

㋑ 発言の声を大きくすることの意味を教える

板書の文字を大きくすることが、子供たちが発声を大きくする下地になると申しました。それは、子供たち同士で視力の良し悪しについて、一定の共通認識がはかられているが、聴力についてはその限りではないという事実があるからです。確かに視力については、眼鏡をかけていれば見てすぐわかりますし、かけるまでもなくても視力が悪いことは日常的にあります。対して、聴力については補聴器をつけている子供を見ることはまずありませんし、つけるまではなくとも聞こえにくい子、というのは視力に比べれば格段に少なくなります。子供の感覚からすれば、耳も目と同様、聞こえにくい子がいる事実は、数が少ないから意識にのぼりにくい、あるいは全く意識にないと言っても過言ではありません。当事者にとっても、感覚的に目が悪いことは言いやすいが、耳が聞こえにくいことはできれば人に知られたくない気持ちが働くことは、双方の多寡からも推し量ることができます。

逆手にとってこの事実を知らせるのです。もちろん、実名を挙げて知らせるべき場合もあるでしょう。しかし、ここでは一般論として、学級に該当する子供がいなくても、目には見えにくい事情を持つ子もいるのだという認識を持たせるのです。プライバシーに配慮して、公言することはできないが、この教室の中にも難聴の子はいると言っても良いでしょうし、言わずともいるかもしれないという感覚は大切にしたいと思います。

この先は、視力の悪い子への思いやりと全く同じです。

視力の悪い子の存在は知っている。知っているなら、思いやることは当然。だから、板書の文字は大きく書いたのです。

そして、耳の聞こえにくい子の存在に気づいたなら、思いやることは当然。ならば、発言の声は大きくすべきなのです。


子供たちが小さな声しか出さないのは、自分本位な考えで、小さな声しか出せないと自分自身に言い訳しているだけです。その上、大きな声が出せるようになるといいね。先生もあなたが大きな声をだせるまで待つよ。とばかりに、まやかしの優しさで子供たちを甘やかす場合には、大きく発声しようという気持ちさえなえてしまうのではと危惧します。しかし、多くの場合、子供たちは自分本位な教育をされてきているのです。つまり、この場合も、大きく発言できるようになるのは、他でもないあなた自身のためであると。もちろん、それはその通りなのですが、それだけでは成り立たないのが我々の社会です。それだけでは、声を大きく出さなければならないという責任感まで、子供自身に内面からの変化を求めることはできないのです。何度も申しますが、人は弱いものです。言い換えれば、自分に甘い生き物なのです。あなたのためだけの説諭など、人の成長に何の糧にもなりません。まさしく、ここでも他を意識する感覚が問われるのです。もちろん、問われるのは我々指導者側の感覚であって、他を意識させる感覚と言い換えた方がよりわかりやすいかもしれません。

板書の文字は大きくする。なぜなら、文字というものは、見えて読めなければ意味をなさないからである。

声も大きくする。なぜなら、声というものは聞こえなければ意味をなさないからである。

ここに、共通の価値観があります。つまり、私たち指導者は、あなた自身の成長のためだけに、声を大きく出せと言っているのではありません。視力同様、聴力も個人差があり、聞こえにくい友達に、聞こえるように出す必要があり、それが友達に対する責任です。この事実を伝えることにより子供たちの内面で、声は出せたらよいものから、出さねばならぬものへと、意識の改革が行われるのです。個人の能力伸長から、人権意識へ価値観を昇華させる必要が、我々指導者側に迫られるところです。

㋑－② 日常的な指導

ここまで、理論や理屈で意識の改革を行うべく分からせてきたとしても、全体が飛躍的に大きく発声するようになった試しはありません。子供たちにとっても、先生の説諭は納得できたが、いざ実際に発声するとなるとうまくいかないのです。ちょうど、頭では分かっているが体が言うことをきかない状態でしょうか。そこで、やるべきことは練習です。毎朝の点呼を兼ねて、返事の声を大きく発声できるように努力を重ねさせるのです。

小学校ではおそらくいちばん声の出にくい六年生ならば、卒業式の点呼に返答する場面を最終目標に、それ以外の学年ならば三学期の学習発表会のような催しに照準を合わせて、それらの場で大きく発声できるように目標を立てさせ、徐々に音量を上げさせていくという継続的な取り組みが必要です。もちろん、気持ちと体がかみ合わないうちは、声が裏返ったりすることもあります。周りからの失笑は決して許さぬよう厳しく制止し、やる気があっての声の裏返りはそれでいいのだと大いに認め、声が少々小さくても、大きく出そうという気持ちの乗った発声もそれでいいと認めます。反対に、やる気を感じさせない怠惰な発声ならば、五回、十回とその場で発声のやり直しをさせます。それでも、いつまで経ってもだらだらと消極的な発声を繰り返す子供がいたならば、自分は大きく発声する意志がないと宣言するか否かを問うとよいでしょう。音声が聞き取りにくい人の存在を知り、声は相手に聞こえて初めて意味があることを理解して納得しているのであれば、声を大きく出す気はないと宣言するなど、先生に反発することはないでしょう。指導者側がそういう問いをしたら、反発しかねないと危惧するならば、それはもう力関係で子供が上ということですから、自身の力量の再構築も視野に入れた取り組みが必要です。

また、中には練習時には大きく発声できなくても、本番ではできると大きな勘違いをしている子供たちもいます。そんな子供たちには、たとえば、マラソンで練習もせずにオリンピックに出て金メダルが取れるかというたとえ話がわかりやすいようです。つまり、練習でできていないことが本番でできるわけがないという諭しになります。そして、それらの取り組みを、日常的に継続させるのです。次項の「復唱厳禁」で詳しく述べますが、もちろん、授業中の発言も個人の責任で大きく発声させるのです。最低聞こえる声は義務として課します。教室内にいる聞き手の子供たちが聞き取れなかったら、聞こえない旨を伝えることは大切ですし、聞こえないことを聞こえないと言える場の雰囲気作りは我々指導者側の責任です。ただし伝え方には十分の配慮をさせる必要があり、「聞こえません」と言うよりは、「もう一度言ってください」と相手が言いやすい雰囲気になるよう思いやりを持たせた言い回しが望まれます。

㋒ 復唱厳禁

発言も言葉ですから、相手に聞こえて初めて意味があります。しかし、発言内容に自信がないから大きい声で言えない。恥ずかしいから、小さな声しか出ない。様々な精神的な圧力が子供たちにかかります。前項の耳の聞こえにくい子の存在を知らせても、一朝一夕に飛躍的な変化を遂げることはまずありません。何度も繰り返して、説諭を行い、反復の訓練も重ねて徐々に大きくなってきます。

ところが、折角の説諭の効果や、子供自身の努力を台無しにしてしまう先生の姿を、よく見かけます。子供の発言を、前にいては聞き取れないとばかりに、先生が近くへ歩み寄って聞き取り、ご自身が大きな声で全員に伝えるスピーカー先生です。歩み寄らずとも、癖のように子供の意見を復唱する先生は数多くいます。それが、いい意見なら、なおさら全員に伝えたくなって言い直してしまう気持ちはわかります。しかし、いい意見であればあるほど、本人の声で伝えるべきです。

「大きな声で発言できなくても、先生がきちんと言い直してくれる」

この感覚は、子供の声に対する責任感を完全に削いでしまいます。

先生の務めは、小さくしか出せない子の声を大きく言い直すことではなく、小さくしか出せない子の声を大きく出させることです。しかし、無理矢理声を大きく出せと声高に叫んでも出せるわけがありません。そのために、物事の本質や真実を知らせ、声に対する認識を新たにさせ、責任感を持てるまで子供の心理状態を高めていくのです。それを、正反対にぶちこわしてしまうのが復唱行為なのです。もちろん、授業では押さえどころがありますから、何でもかんでも復唱厳禁と言っているのではありません。言葉は、子供たち自身の声で伝える、伝わることが肝要であるとの認識の上で、なおかつ復唱する分には全く問題ありません。

また、子供の自主性を育てようと、お知らせ的な伝達事項を子供に言わせる場面があります。たどたどしく伝えるその姿は、時としてもどかしく頼りない感じを受けて、伝達事項が本当に伝わっているか不安になることもあります。しかし、その場合も決して言い直さないことです。子供たちは自分に任された信頼を心地よく思い、その信頼に責任を持って応えようとしているのです。それを復唱してしまうと、やはり自分の言葉では伝えられなかったから先生が言い直したのだという感覚が、子供の自信や責任感を潰してしまうのです。

㋓ 返事ははっきり大きく、そして短く

返事は、相手の呼びかけに答えることで、その性質上、相手に聞こえなければ何の意味も持ちません。返事も、言葉ですから当然です。だから、聞こえて初めて返事をしたといえるわけで、聞こえない、もしくは聞き取りにくい小さな声で返事をしていれば、返事をしていないことと等しくなります。これは、大変重要なことで、自分本位の教育を受けてきた子供たちは、案外このことを教えられていない場合があります。

実際に、この認識を持たないうちは、蚊の鳴くような声で返事をしておきながら、聞こえないという先生の指摘、または名前を呼び直す行為に対して、「返事をしました」と抗議する一幕を見ることもあります。そして、これまた認識の甘い先生であれば、すまないとばかりにその子供の身勝手な言い分を認め、最悪の場合、軽く謝罪するというような事態が起こり得ます。相手に聴き取れない返事をして、それを主張し認められてしまえば、その子供の発声が大きくなっていくでしょうか。子供の成長を阻んでいるのは他でもない、先生自身の子供本位な考え方だという事実に気づかねばなりません。

本来は聞こえないような返事をする側に責任の所在はあるわけで、聞こえなかった先生には、全く責任がありません。いや、先生に責任があるとすれば、ここで、返事は聞こえて初めて意

味があるのだと、諭すことにこそあります。

そもそも、なぜ返事をしなければならないのか。それを、どうわからせるように諭せばよいのか。先ほど述べましたが、案外返事の意味を教えられていない子供たちは多く、入学時から返事はして当たり前、大きくはっきりするものだとしつけられてきているのです。しつけは多くの場合、語弊はあるかもしれませんが、諭しよりも断じて許さず習慣化を図ることが重んじられます。そうしつけられて、できる子ばかりではありませんし、人は理屈の理解できない行為はできないことが普通です。そこで、諭しとして返事もできないようなら、将来世に出た時、社会人として認めてもらえない、と伝えられていればまだしも救われるのですが、これも意外に教えられていません。

しかし、返事をしなければならない本当の理由は、別の観点にあります。それは、呼びかけている人に対して失礼だからです。大人社会で、呼びかけられて返事もせず、無視をしたら、もしくはそのまま話を続けようとしたら、対人関係は構築できるでしょうか。返事もろくすっぽできない人間と、相手にされなくなるでしょう。また、先生は目上の存在ですから、同じく会社で上司に「はあい」と不必要に延ばした返事をして、通用するでしょうか。我々は、将来の社会人を育てているのです。学校現場だけに通用する間違った子供本位な発想は改めるべきです。

この観点からすれば、学校で子供たちが、先生に聞こえない返事をしても意味がないどころか、返事をしていないことと同じですから、失礼極まりない行為となるのです。さらに、社会性という観点から、必要以上に延ばした返事も失礼極まりない印象を与えてしまうので、返事は短くなのです。

㋔ 指名・発言時に黙ったまま何も言わないことを許さない

返事も発言も言葉である以上、聞こえて初めて意味があります。しかし、指名されても発言そのものをしない場合には、どう対応すればよいのでしょう。さすがに、挙手をしていて指名した場合には、押し黙ってしまうということはないでしょうが、理解の確認のために挙手していないのに指名する場合や、順番に発言していく場合によく見られます。そして、先生も黙ったまま答えられない、もしくは答えない子供に対して、「次の人」という表現でパスとでも言いましょうか、発言を免除して座らせる光景もよく見ます。

これは、絶対の禁じ手です。してはならないことです。

子供たちには、指名された以上、発言する権利があります。それを、次の人という軽率な言葉で、ある意味、無視をしてとばすのです。子供たちにしてみれば、先生が勝手に指名しておいて、発言できない、もしくは発言に時間がかかるからといってとばされたのではたまったものではありません。

禁じ手というよりは、人権無視の行為だといえます。

さらに、指名されても発言しないことが許されてしまうと、言葉は聞こえて初めて意味があるとの説諭をも、根底から覆してしまうのです。口を開いて、何らかの言葉を発して初めて、その伝え方を問うことができるのですから、口を開かないことを絶対に許してはなりません。子供たちが、このパスの手法を体験してしまうと、わからないときは黙っていればよいと解釈してしまい、そのうち、わかろうとする努力さえも、疎かにするようになります。

そうは言っても、答えられない場合に、どう指導するのか。

先生の立場としては、他を意識させる観点から、指名され発言を求められた以上、発言しないのは対人関係上失礼であるということを理解させます。その上で、どういう形であれ、とにかく自分の言葉でその場を切り抜けることを要求するのです。

先生という権威を振りかざしたように思えるかもしれませんが、真意は自力で発言や行動ができ、難局を乗り切る力を身につけさせたい。この一点にあります。一度、先生という立場で指名したのであれば、答えるのは指名された側の責任です。いいえ、子供たちには答える権利があり、答えさせる義務が先生にあると言った方がよいのかもしれません。「わかりません」でも、「考えています」でもよく、表現は問いません。

待ちの指導ではありませんが、何らかの発言があるまで、授業は止めて、とことん待ちます。授業時間が終了しようが、休み時間に入ろうが、生理現象だけ許し、他はそのまま授業の延長であると宣言をするのです。何でもいいから、自分の声で切り抜けるように促しながら、待つことに徹します。もちろん、個人の気質や場の状況に応じて最小限の助言はあってしかるべきです。とにかく、初めのうちは特に忍耐が勝負となりますが、対話を成立させてから座らせます。

さて、この理屈に基づく指導法は冷血でしょうか。声が小さいと大きくなるまで言い直させ、答えなければ休み時間をも潰して発言を待つ。一見、冷血で厳しすぎるように感じるかもしれません。しかし、これは、すべて子供の成長という個人の利益に還元されていく事柄なのです。復唱厳禁の項で述べたように、子供たちの声が小さいとき、大きく言い直してくれる先生や、答えられなければ発言を免除してくれる先生が、本当の意味で優しいといえるでしょうか。筆者には子供の発言権を認め、子供自身が責任を果たすべく何らかの発言をするまで待つ先生より、よほど冷血だと思えるのですが、読者の皆さんはどう思われますか。

思いやりの持たせ方

集団には秩序が必要であり、秩序は他を意識する思いやりの心から生まれます。子供たちは、人に思いやりを持ちなさいと、幼い頃から繰り返し指導を受けています。しかし、どうすれば人を思いやることができるのか、具体的な方法を教わっていないことも事実のようです。思いやりを持つには、どう人と接すればよいのかを問うと、人に優しくするといった答えが返ってきます。これも友達に優しくしなさいと幼い頃から教えられているからでしょう。しかし、思いやりであったり優しさというものは、人が何某の言動を行った結果そう見える姿なのです。その結果としての姿にたどり着く思考の過程を教える必要があります。結果の姿を指導をしても、そうなるための方法や道筋が分かりません。私たちは結果を表す言葉で指導してはならないのです。だから、もう一歩踏み込んでこう考えたらその結果思いやりにつながるという、結果に至る思考の段階を解説して指示をする発想が必要になります。

では、集団として思いやりを持たせるには、どうしたらよいのでしょう。考え方は、三つあります。

「もし、自分だったら」と考える。

一つめは、個人の立ち位置で相手の立場に立って物事を考えるという思いやりの基本的な考え方です。もちろん、集団も個人の集合体ですから、原点はここにあります。

「もし、みんながしたら」と考える。

二つめは、集団の一員としての立ち位置から、集団を俯瞰するように物事を考える方法。これには、仲間に対する心配りの気持ちと、その気持ちを持つ結果として集団外に対する思いやりをもたせる両面があります。集団外にというのは、集団がまとまりを欠き、それぞれが好き勝手な行動をすることによって、集団的に周囲に迷惑をまき散らすことを指します。

休み時間に教室で暴れ気味に遊んだり、授業中に私語をしてしまう子は多くはなくとも必ず学級にいるものです。そんなとき、もしもみんなが暴れたら危なくてしようがない、もしもみんながしたらうるさくていたたまれないことに思い至らせる。自分は集団の中のたった一人として、自分を含めた集団を構成する人数分を分母として意識させることが、集団として思いやりを持たせる唯一の方法です。この意識が薄いと、集団内にいる個人は、集団の数に比例して相乗的に気分の高揚感を増していきます。いわゆる群集心理ですが、一人の時には決してしないであろうことを、平気でやってのけるようにもなるのです。そこで、三つめの考え方です。

「もし、一人でもするか」と考える。

象徴的に、一人でもするかと発想するわけです。大人でも同じですが、子供たちの集団は人数が増すほど、その性質を秩序から雑然へ変化させやすくなります。ひとりぼっちの状態から、友達が一人増えたら二倍気持ちが大きくなるとすると、三人になれば四倍、四人になれば八倍のように累加されるわけです。その高揚感を、遠慮なしに周りに振りまかれると、迷惑極まりないとなります。思いやりを持つ集団とは対称的な位置にある集団が、学級崩壊に代表される指導の入らなくなった集団です。学級崩壊では、この累加が崩れる方向に働くのですからその崩れ方のすさまじさ、速さには目を見張るものがあります。

そうなる前に先ほどの例に戻れば、一人でも暴れたり、私語をしたりするかと考えさせるのです。そして、もしそう考えることができずに、一人でも暴れたり、大声や奇声を発しているようなら、それこそ特別な配慮が必要な子ということになるでしょう。

特別支援教育と他を意識させる感覚

特別支援という言葉を聞くようになって久しいですが、当初から疑問を抱き続けてきたことがあります。それは、多動や注意散漫であったりして落ち着きがない、いわゆる広汎性の発達障害を持つといわれる子供たちに対して、個別の指導計画を立て、週に数時間程度を学級集団から切り離した状態で個別の指導を行う抽出型の特別支援です。それで、たとえその数時間だけ落ち着いた状態を取り戻しても、また学級集団に戻ると周囲との軋轢を生じてしまうことがほとんどです。そういう特質をもつ児童が落ち着きをなくしているとき、その少し前の対人関係を観察すれば、落ち着きをなくさせてしまう周囲の児童の言動が必ずあります。周囲の児童にしても、人は善意と悪意の両面を持ちあわせていますので、何をすれば琴線に触れるかを承知の上で、意地悪心にもてあそんでしまうこともあるでしょう。しかし、悪気なく対象の児童を落ち着きをなくさせてしまっている場合のほうが多いのです。そんな周りの集団は、何がその児童の琴線に触れてしまうのか、理解できないまま行動してしまっている。もしくは、子供同士の対等性から身勝手な行動、わがままととらえてしまい注意や意見をしてしまう。結果、対象の児童は落ち着きをなくし、周りの児童とのもめごとに発展してしまう。そのような特性を持つ対象児童を、特別な支援と称して、集団から切り離して教育をしても、集団になじめる資質を育むことができようはずがありません。対象児童に限らず、人ならば本能に近い部分の性質を変えることはできないものだと思うのです。

では、学級担任として、一年間という期間限定の中での支援対象者は誰でしょう。それは、学級にいる特別支援対象者以外の子供たちです。対象児童の性格的なものから表現される気質を変えようとするのではなく、その児童を取り巻く子供たちのその児童に対する見方や接し方を支援するのです。子供同士の目線に立ったとき、いかにもわがまま勝手に振る舞うように見える対象児童を、学級の一員として受け入れ、なおかつ学級の秩序を構築していくには、それ以外の子供たちへの支援が必要不可欠です。集団内で生起する対人関係の軋轢を、集団外で解決していくことは不可能です。筆者は、これを普通支援教育と言っています。

特別支援対象児童の様々な特性として表現される行動には、必ず因果関係があります。そっと見守ることができていれば表出させることのなかった特性が、集団内の子供たち同士の関係の中で、その琴線に触れてしまうことによって呼び起こされるのです。だから、不必要に呼び起こさない集団の構成員を育てねばなりません。普通の子供なんてこの世の中にいませんが、俗にいう普通の子供たちを支援することによってのみ、支援の対象とされる児童が教室でみんなと一緒に過ごせるようになるのです。

普通支援教育

では、どう支援していくのか。具体的に見ていきましょう。

思いやりの持たせ方の項で述べた「もし、みんながしたら」と考えることができずに「もし、一人でもするか」に対しても「する」という状態であれば、周囲との関係をどう持たせたらよいのでしょう。指導者としては、お手上げ状態だと、万歳をするわけには行きません。そうすると、先ほどの学級崩壊に象徴される指導の入らない集団への堕落が待ちかまえているからです。実際、支援を要する子供の特異な行動が発端となって、累加的に周囲の子供たちを巻き込みながら、集団が収拾のつかない状態に転げ落ちていくことは、崩壊への道筋の割合としてかなり高いといえるからです。そこで必要になってくるのが、全受容の発想です。全受容とは、無条件にその子を受け入れることで、簡単にいえば、その子は何も変わらなくてもよい。周りが変わって、その子を理解しましょうということです。

学年当初にしつけておきたい内容で、第四章授業規律で「体のことは絶対に言わない」ことを徹底すると述べています。なぜなら、人の心を深く傷つけることはもちろん、体のことを言われてもどうすることもできないからです。どうすることもできないことは、言わない。集団的発想が通じず、一人でも「する」という状態の子に、集団的発想の指導をしても、どうすることもできないでしょう。だから、すべてを受け入れるしかないのです。先生という立場では、たやすいことかもしれませんが、これを周りの子供たちが行うには難しいものがあります。子供たち同士の中には、対等性があるからです。もちろん、我々はそれを大切に育てているのですからあって当然です。その対等性を、その子の状況を可能な範囲で、できる限りわかりやすく説明をして、例外的にはずすよう指導するのです。周りの君たちは場所や時間をわきまえて大声を出してはいけないが、その子が出していても注意をするのではなく、あなた方が譲りなさい。つまり、我慢しろと指導するのです。なかなか納得のいかない指導ですから、ここは丁寧に、あなた方にはできるが、その子にはできないことがあるという事実を説明しなければなりません。周りの子の優位性を認めつつ納得を得るのも一法です。

これを実践していくときに、忘れてはならないことがあります。それは、周りの子供たちの譲る言動を見逃さずほめて、それでいいのだという評価を常に与え続けること。それと、言ってもできないことなのですが、毎回ではなくても対象児童にしてはいけないのだということを口にすること。厳しく注意するのは、先生が引き受けるので、あなたたち子供同士は注意するのではなく見守りなさい。なんなら、先生に叱られて落ちつかないときに、優しく一声かければよいと指導します。ただし、一度注意されたことを、繰り返してしまうのはその子の特性で、本来は認められることではないことは必ず押さえておく必要があります。そして、何より大切にしたいのが、その子と周りの子を含めて、先生がおおらかな包容力で包み込むことでしょう。

この全受容の方法によって、少し特異ではあるが軽微な対象児や、周囲からの不必要な刺激さえなければ落ち着いている対象児の場合は、見違えて学級になじむでしょう。

他を意識させてきた指導に一貫性を持たせることができてきていたか、次章で詳しく述べる価値観「師弟の一線を引く」指導を継続的に行ってきたかを試される瞬間でもあります。本書で述べている価値観が、その子を取り巻く集団に浸透していれば、この全受容も可能なはずです。

ただし、この全受容の方法をとり、学級内に秩序が保たれており、不要な刺激は一切排除されているにもかかわらず、落ち着きの度合いにまったく変化が見られない対象児がいれば、学級集団内で成長を期待するより、別の方法を考えた方がよいかもしれません。

不登校と他を意識させる感覚

春は、校種をまたいだり学年をまたいだりして、新しい環境に身を置くことになります。その変化に順応できずに登校を渋ることは、結構あると思います。そんな精神状態になった初めての時に、休むことを認めるか登校させるか、この選択がその子が学校生活になじんでいけるか否かの瀬戸際、人生の分かれ道と言っても過言ではないと思います。

もしも、一度休むという経験をしてしまえば、行きたくないときは行かなくても良いのだと考えるようになることは想像に難くありません。やがてそれは、繰り返されることによって経験値を積み上げて行き、不登校傾向を持つ子供と位置づけられるようになってしまいます。そんな人生の中の一番最初の登校渋りに、毅然と強く登校を促し、適切な手だてを受けられれば、おそらく不登校傾向にはならないでしょう。登校渋りに一番必要なのは、指導者側から子供に向けて発せられる「学校に来なければならない」という強いメッセージです。反対に、最も避けるべき対応は、頑張って来られたら来なさいという登校・不登校の選択肢を示し、登校不登校の選択権を子供にゆだねてしまうこと。それで、子供の側が休むという選択をしてしまえば、行く行かないは自分が決めて良いのだと考えるようになることも想像に難くありません。

では、残念ながら、そういう経験値をかなり積み上げて、来たり来なかったりという文字通り「不登校傾向」を示してしまっている子供たちにはどう対処すればよいのでしょう。こちらも毅然と強い態度で、学校は来なければならないところだというメッセージを発し続けるべきです。来たり来なかったりというまばらな登校状態は、家庭環境や周囲の状況等、原因と思われる事項は多々あっても、本人の怠業が最も大きな原因です。もし、家庭や特に学校に決定的な原因があるのならば、全欠となるはずだからです。だから、やはり登校を強く促すことはもちろん、校内体制を整え登校が定着するまで、できれば担任か担当者が毎朝迎えに行く。現場百回、足で稼ぐしか方法はありません。

その登校できた日の帰り際、必ずすべき説諭があります。それは、もしも今日登校せず家におり、今まさに帰宅しようとしているこの時刻を過ごしていたとしたら、今日学校であった楽しいことや、今から家に帰ることができる喜びは感じることができなかった事実を知らせること。そして帰宅後に同じ夕日を見るにも、休めば楽だという誘惑に負けて一日中家にこもってしまった延長上に見る色と、何とか学校へ行き、下校後に見る色の鮮やかさはきっと違うという説諭をすること。登校して良かっただろうと、一方的に価値観を移入することです。その子が、登校して良かったと思うようになるまで。

そして、登校できた日が連続で三日も続けば、すかさず次の諭しに移ります。それは、もし今日休んでしまっていたら、明日登校しても連続で登校できたという記録はなく、一からの再スタートであったこと。今日、休まなかったからこそ明日来るだけで、連続登校記録は四にのばすことができるのだということ。それが一週間、十日と続けばなおさらその記録の持つ自分に対する自信の度合いは大きくなるとともに、休めばまた一からスタートしなければならないその差の大きさに気づかせ、記録を更新する喜びを与えることです。

きざに聞こえるかもしれません。青臭いとお感じになるかもしれません。しかし、もちろんこの言葉だけではありませんが、私はこの諭しと現場百回で、たくさんの子供たちとその家族を救ってきたと自負しています。

最後に、全欠状態の不登校の子にはどう対処すればよいのでしょう。何らかの原因があって、不登校傾向を示した最初の頃に、登校するかしないかの選択権を与えられ、後者を選んでしまい、そのまま一気に全欠か、まばらな登校を繰り返すうちに、対人関係の中で決定的な軋轢を生じ、ついには不登校になってしまったのでしょう。もちろん、何度となく登校は促されてきたはずですし、今となっては登校刺激そのものが不登校の一因に挙げられてしまう状態に陥っているかもしれません。そんな場合は、学校へ来るべきだと説得する理由が、勉強や遊びといった本人の為を思う言葉だけではなかなか難しくなっているはずです。メッセージとしては、あなたが登校することによって、家族が救われるのだ。あなたとあなたの家族を救いたいから、登校すべきだと言っているという主旨のことを伝えるべきです。もちろん、すぐに聞き入れられるはずがありませんし、家族に学校に行かせたい、行ってほしいという願いのない場合には打つ手はなくなります。しかし、そうでない場合にはこれもやはり一方的にこの価値観、つまりあなたが学校へ来なければならないと説くのは、あなたのためだけではないということ。自分だけのことを考えるのではなく、家族の苦しみを考えるべきだということを伝え続けます。もちろん、原因を特定する努力や、登校したときの身の安全や精神の安定の保証をした上での話です。家庭の機能が崩壊していない限り、本人の登校できない状態を憂う家族の姿が少しでも残っているのであれば、その家族の苦しみや心配を代弁するように語りかけ登校を促す。ドクターストップがかかっているのなら話は別として、ありとあらゆる手段を使って働きかけるのは当然だと考えます。

子は、教師の写し鏡

自分が担任する学級の様子を思いうかべてください。もし、授業中に身勝手なおしゃべりが絶えなかったり、挙手なくわがままに発言をしてしまうことが多かったりという姿があるとしましょう。実は、その姿を作り出しているのは子供たちではなく、担任の先生そのものなのです。担任が子供たちのそのような姿を、子供らしさと勘違いしたり、言ってもきかないと子供に責任転嫁をして黙認しているから、子供たちがそのように振る舞うのです。

反対に、ある学級でよく気づく子供たちが多くいて、気の利く学級ならば、担任の先生はきっと気づきがよいはずです。また、品がよく礼儀正しい振る舞いが身に付いている学級ならば、その担任は品位高く礼儀正しいはずです。

先生であれば、近年の家庭の教育力を憂いた経験はあるはずです。家庭での躾ができていない子供は、礼儀を知りません。その通りです。それと同じく、教室での躾ができていない子供たちも、礼儀を知りません。これも然り。先生が学級担任として、どこまで指導できるか。それが学級内にいる子供たちの姿に色濃く反映するのです。

言葉遣いにしても、礼儀正しさにしても、子供たちの育ちが見られるのであれば、それはすべて担任の価値観とそれに基づく指導があっての子供たちの成長、変化した姿といえます。反対に、落ち着きがなく、私語が絶えない子供たちの姿があるならば、それは担任の先生がその姿を無意識に容認していることに他なりません。それは、ほんの些細な子供たちの姿にも当てはまります。たとえば、ある学級の担任が規律ある学級運営を目指すも、挙手をせずに発言をしてしまう子がいて、一度それが出だすと連鎖的に広がり、収拾がつかなくなると嘆いていたとしましょう。しかし、その学級担任が子供たちにそうあってほしいと望んでいるか、望まずとも許しているから、子供たちはそのような振る舞いを演じているのです。だから、学級内に勝手な振る舞いをし、荒れていたり、騒がしく落ち着きのない雰囲気があったりする場合にも、それは先生の指導がまずく子供たちが変化しているのです。言い換えれば、子供たちが映し出すその姿は、先生自身の指導性、道徳観、品位などなど、つまりは自身の人間性そのものなのです。

ところが、残念なことに現役の先生に、一部ですが荒れたり騒がしかったりする学級の様子について、手に負えない子や落ち着きのない子が原因であると決めつけているかのような言葉を聞く場合があります。そんな場合に、この業界では悪しき馴れあいの同僚性を発揮し、お互いに頷きながら子供が原因であると結論づけるのです。案外と、学級を荒らしたり、落ち着かない状態にしてしまっていても、そのことに当の本人は無頓着で、自身の指導法や価値観に何らかの原因があるのではと疑うことすら少ないようです。それどころか、悪しき同僚性を発揮する先生方から、先生は悪くないという悪魔のささやきのようなお墨付きをもらって、自分には落ち度がないと固く信じ、反対に周りの親身で良識ある同僚の助言には耳を傾けないか、あろうことか反発することすら少なくありません。そうしなければ、自我が崩れてしまうでしょうから、その心情はわからないでもないのですが、良きにつけ悪しきにつけ、子は教師の写し鏡なのです。荒れた教室の担任は、自分自身がその教室を荒らしているのです。
これは、真実です。ですから、この言葉が意味するところには重いものがあります。

教師たる者、子の鏡であれ

教師たる者、子の鏡であれという表題をつけると、いかにも先生が率先して道徳的な行いや、奉仕活動を行い、その姿を見た子供たちが共感して同様の行いをするようになるという形通りの話を想像されたことでしょう。

しかし、私がここでいう「子の鏡であれ」というのは、全く別の意味があります。それが、この章の主題であり、繰り返し述べてきた「他を意識させる」感覚なのです。たとえば、文字も言葉も先生が教育者である以上、もらさず字は上達させたいし、言葉遣いは失礼のないように使いこなせるようにさせたいはずです。筆者も、もちろんそのひとりです。しかし君のため、あなたのため、つまり子供のために上達させたいというメッセージを伝えるだけでは、子供には伝わりにくいのです。あなたのためばかりでは、あなたのためにはならないのです。

そこで、先生が「子の姿を映す鏡であれ」と言っているのです。この鏡は、礼儀の価値観も一緒に映る仕掛けになっています。先生に対して、丁寧な言葉すら使えない子供の姿を、先生自身を鏡として映してやるのです。乱雑な文字しか書けない子供の姿を、先生という鏡を通して、失礼にあたるという価値観を加えて映し出してやるのです。そうして、初めて子供たちは自分たちの言葉や文字、行いのすべてを客観的な対人関係の中で捉えることができます。いかがですか。こんな乱雑な文字を書いていたら先生に失礼だから、見やすく丁寧な字を書こう。子供たちにこういう心根が育ってきたら、それこそが君のためあなたのため、子供自身のためになるとは思われませんか。

わかりやすい話を一つ紹介しましょう。

寒い冬の朝、ポケットに手を突っ込んで歩いてくる子供に、ころんだら危ないから手を出しなさいという指導がされることがあります。まさに、君がころんで鼻でもすりむいてはいけないから、君のためあなたのためにポケットから手を出しなさいという指導です。しかし、その指導で、子供たちはポケットから手を出すようになるでしょうか。その場は出すでしょうが、またすぐに入れるでしょうし、明くる日も同じことが繰り返されるでしょう。なぜなら、子供たちは誰一人として、ポケットに手を突っ込んで歩いているとき、ころんで怪我をするかもしれないとは思っていないからです。余計なお世話なのです。とはいうものの、子供たちの考え方を責めているのではありません。我々も、車に乗るのに毎回、事故に遭う危険を憂いているわけではありませんから、ころばないと考えるのは自然な発想です。そういう心理の子供たちに、子供自身の姿だけを捉えて、指導しようとしても無理があることにこそ気づくべきです。

そこで、ポケットに手を突っ込むという行為は、たとえば見守りの地域の方に失礼な姿になるのだという社会性を伴わせた相対的な人間関係の中で、礼儀という価値観とともに伝えるのです。完璧ではないにしろ、ころぶかもしれないからという指導よりは、説得力はあるはずです。その結果、子供自身の安全ももちろん守られることになりますし、地域社会という枠組みの中で、自分の姿はどうあるべきか、という社会性も育むことにつながります。

その地域の方に失礼であるという感覚が、教室の中では先生に対するものに置き換わるだけなのです。子供の能力を伸ばすためには、社会性を伴わせた価値観の下、相対的な人間関係の中で、自分自身の姿を客観視させることが極めて重要といえます。

発想の転換を

人の社会は、極めて相対的な関係で成り立っていることを述べました。子供のためという価値観を、前面に押し出さないほうが、子供のためになるとも述べました。だから、学校という場所の主役は子供たちなのですが、どういう形で主役を演じさせるかは、我々指導者の指導力の試されるところです。つまり、主役だと意識させずに、主役の座を務めさせる感覚が試されると言い換えてもよいでしょう。そこには、発想の転換が必要になります。

そのような感覚を持って、次のような行事に参加するとまた違った角度からいろんな子供たちの姿が見えてくることはたしかです。

どの学校でも、休日に年に一度くらい、ＰＴＡ活動の一環として行われているであろう「子供ふれあい祭り」のようなイベント行事を例にとって考えてみます。

読者の学校で行われている、そういう行事の目的は、どの辺りにおかれているでしょうか。主役である子供のために、子供が喜ぶこと、子供のためになることといった、子供中心の考え方に基づいた目的意識が、前面に打ち出されていないでしょうか。私が、今までに所属した学校の目的意識はみんなそうでした。ＰＴＡの実行委員会の場でも、「子供のために、何か子供が喜ぶことを」といった会話が大手を振って、何の疑いもなく交わされていました。そういう環境ですから、地域の出しものに交じって、先生も有志で出店を手伝ったりして、子供たちに軽食をふるまったり、ゲームを提供したりしています。ですから、そういう行事に参加している子供たちの姿は、当然、お客様そのものです。

私は、ここに強く違和感を感じるのです。

さも、お客さんであることが、当然であるかの振る舞いや言葉遣い。汗をかく大人たちと、涼しげな子供たちという、まるで、子供サービスデー感覚。「子供のために、何か子供が喜ぶことを」この意識を前面に打ち出し、正面から実行していくと、副作用として、わがままであったり、自己中心的なものの考え方をする子供たちが、増えてくるような気がしてならないのです。誤解はしないでください。子供たちがわがままで身勝手だと批判しているのではないのです。そういう姿を演じさせている大人側の責任だと言っているのです。

だから、発想の転換です。

それらの行事の運営を、子供たちにさせるのです。出しものや出店といった運営を、できる範囲で子供にやらせる。そして、日頃、お世話になっている先生や地域の方を招待するのです。もちろん、子供はたくさんいますから、輪番で務め、自分たちも楽しめばいいのです。だから、実質は同じです。変わるところは、意識の部分で、自分たちが日頃の感謝の気持ちを、周りの方々に表現しているのだという部分です。

　どうでしょう。現状では、休日のことですから、勤務外のボランティアとして参加する先生方は、そう多くはないかもしれません。それを、こういう形にして、子供たち手作りの招待状を先生に配れば、参加率は大幅に伸びるのではないでしょうか。先生方も、ふるまわれた軽食だけを食べて退散するわけにはいかないですし、何かの役割分担を、それこそＰＴＡの実行委員会という、大人同士の話し合いで決めておけばよいのです。名を棄てて実を取れば、本当の意味で子供のためになると思います。

第二章

師弟の一線を引く

なぜ、師弟の一線を引くのか

なぜ、師弟の一線を引くのかといえば、子供たちが、安心して子供のままでいられるようにするためです。つまり、先生によい意味で、甘えることができるようにする環境作りの要といえます。良い意味での甘えの関係は、困りごとの相談や、わからないことを尋ねるというような教育に欠かせない行為を、より相談しやすく、より尋ねやすくする潤滑油の役割を担います。先生が上に立ち、その下に子供たちがいるという関係が教育の出発点です。この関係なくして、教育は成り立ちません。なぜなら、この関係は、子供たちが先生に教えを乞うという形で表される良い意味での甘えの構造を支えているからです。その証拠に、友達同士の対等な関係では、教育に必要な甘えは許されません。つまり、友達のような関係の下では、教育は成り立たないということです。それは、スポーツの世界を例に取ってみると非常にわかりやすくなります。コーチや監督といった指導者が選手に技術指導をする場合、その指導者に対して選手が指導技術や理論について全幅の信頼を寄せ、畏敬の念を持っていないと成り立たないのと同じだからです。

師弟の一線を引くとは、子供たちとの友達目線から、一歩も二歩も引き下がるということです。先生が、指導者としての立ち位置を、子供たちと一線を画したところに置く。それを、言葉や態度で子供たちにわかりやすく、見える形で示すのです。そうして初めて、子供たちは先生を目上の存在として意識するようになり、結果、先生に甘えることができるようになるのです。甘えることができるとは、言い換えれば安心感を持つことができるということです。子供たちにとって見れば、さらけ出してしまった自身の至らぬところを、目上の経験豊かで尊敬する先生にならば、指摘され説諭されても、安心もし納得もしてその教えに従うことができるでしょう。これがすなわち、野球でいうコーチと選手の関係、全幅の信頼に基づく真の甘えの構造です。

若い先生の中には、たとえ一線を引こうとしても先ほどの野球の例のように、子供たちから全幅の信頼を置かれるような指導技術や理論を持ち合わせていないので、実体が伴わないと考える向きがあるやもしれません。しかし、今子供たちが通ろうとしている道は、たとえ若い先生であってもかつて通ってきた道であるのです。だから、先生である以上、大人として社会人として、幼い考えに基づく子供たちの言動に一定の評価は下せるはずです。ただ、その伝え方に指導技術が求められることは確かです。この伝え方を間違ってしまえば、全幅の信頼どころか信頼そのものを失い、子供たちから対等に見られるか、下手をすれば見下されてしまうことにもつながりかねません。その方法論を、本書で学んでいただきたいのです。

さて、師弟の一線を引くとは、友達目線から一歩も二歩も引き下がることだと申しました。

その辺りのところを、もう少し具体的に見てみましょう。

授業中や休み時間といった学校生活で、子供たちは、子供たち同士、あるいは先生に対してを問わず様々な姿を見せます。先生も、当然、その姿に、相対的に呼応するように、様々な姿を見せるわけですが、その見せ方に、一線の引き方が問われるのです。


子供たちの集団に自身も渾然一体となって、対等な姿を見せるのか。

子供たちから一定の距離を保ち、観察眼を持って、見せる姿を目上として演じるのか。


前者は、子供たちにとけ込むように友達関係に似た親近感を醸しだし、友情に近い感情をよりどころに指導しようとします。しかし、それでは一線が引かれていないというよりは、子供たちの集団に埋没してしまって、その集団の姿を捉えることはできません。集団内で、個人がどんな感情を出して、ぶつかり合っているのかはよくわかると思います。ところが、あちらでもこちらでも、感情がぶつかり合って、その渦巻く感情に自身も巻き込まれていては、指導はおろか、収拾をつけるだけでも大変です。集団内にいては、その集団の姿を正確に捉えることはできない上に、正しい方向へ導こうにも、集団の構成員、子供たちはそんな対等に振る舞う先生に、甘えることもできません。弱音を吐いたり、困り果てた状況を相談することもできず、勢い虚勢を張り、指導に背くことも起こってしまうというわけです。

対して、後者は、集団とは一定の距離を保ちますから、集団内での個々の感情を、逐一知ることは、少々難しいかもしれません。しかし、そもそも、その時々の感情のおもむくまま、はき出される感情を知ったところで、できることといえば、なだめることくらいでしょう。それならば、集団外にいて、落ち着いた頃を見計らい、後から先程の感情のぶつかり合いは何だったのかを聞いてやる方が、お互い冷静に応対できます。子供と同じ目とは一歩引くから冷静でいられるし、渦巻く感情に巻き込まれないから、本当の姿も見えるのです。そして、何より子供たちから見て自分たちより上に立つ先生にならば、弱音や泣き言も見栄を張る必要なく相談できます。先生としても集団外にいれば、全体像を把握できますから、内側で悪戦苦闘、もがき苦しんでいる子供たちの本音や弱音に、落ち着き払った態度で、適切な助言ができます。

よくドラマに出てくる先生像は、前者の姿といえるでしょう。ドラマには第三者として、視聴者がいますので、共感を呼ぶために、集団の中に埋没するような熱血先生が、もがき苦しみ、それを乗り越えていく姿を見せる必要があるのです。我々は、現実の教育現場にいます。我々がもがき苦しめば、その指導を受ける子供たちは、さらにもがき苦しむことになります。また、現実の世界はドラマの世界とは違い第三者がいないので、我々を見る視聴者はいません。ですから、我々がスポットライトをあびる必要は全くなく、我々指導者がドラマでいう視聴者になって、集団内にいる一人ひとりの子供にこそスポットライトをあて、共感もしつつ評価もして、よりよい方向へ、より高みへと導けばよいだけです。

そして、人は弱いものです。誰かに見られていて、充実感を増すことができ、見てくれている人がいて安心できるものなのです。先生に見ていてほしい。これが子供たちの本音でしょう。

ですから、先生がドラマを見ている視聴者役とでも言いましょうか、第三者的な立ち位置にいる必要があるのです。すると、見てもらっているという安心感を得た子供たちは、当然、次には先生によく見られたい。こう考えるようになるはずです。友達に対する優しさを積極的に評価する取り組みを重ねれば、決して先生にだけではなく、友達にもよく見られたいと欲求するようにもなります。つまり、自身の良い面を出そうと考えるようになり、どんどんと自分のいいところを表現するようになります。もちろん、そのためには第一章他を意識させるで述べた「一挙手一投足にこだわる」感覚や、第三章ほめ方・叱り方で述べる「通常の状態をほめる」手法によって子供たちの良い面を引き出す必要があることはいうまでもありません。

師弟の一線を引くとは、甘える甘えられる関係をはっきりさせることです。そして、甘えることはすなわち、安心して善を行うことを可能にする前提条件であるのです。子供への関わり方を埋没型から観察型に改め、子供たちの行う善行を高く評価することによって、師弟の一線は引かれるのです。

厳しさの中の優しさ

ここから先、師弟の一線を引き、先生と子供をはっきり区別し、友達感覚を排除して厳しく物言うところは厳しく言う、という論調で話を進めます。読み進めれば、まるで鬼のような先生だと思われるかもしれません。

しかし、私は、本当の優しさは厳しさの中にしかないと思っています。

俗な話をすれば、もしも子供たちの能力を伸ばすことに熱心でない先生がいたとしたら、きっとフレンドリーに人当たりが良く、優しいはずです。別に伸ばす気がないわけですから、厳しく言う必要もないわけです。ただし、誤解のないように申し添えますが、人当たりが良く、優しい先生が、すべて熱心でないと言っているのではありません。

詳しくは後で述べますが、師弟の一線を引く価値観の中で、言葉を丁寧にさせるのも、将来、社会へ出て礼儀知らずと世間からそしりを受け、恥ずかしい思いをすることがないようにとの思いがあってのこと。字を丁寧に書かせるのも、目先、先生に失礼であると対人関係を教え、丁寧に書かせることで、上手な字が書けるように導こうとしているのです。今までの学校現場は、子供の能力を伸ばすことだけに、とらわれすぎてきました。いや、今もそうです。学校だからそれでいいわけですが、伝え方、指導法を間違えています。あなたのため、あなたのためばかりでは、あなたのためにはなりません。人の社会は、非常に相対的な人と人の関係で築かれているのですから。

あなたのため、つまり子供のためにと本当に思うなら、子供と相対する先生の存在をもっと積極的に前面へ押し出すべきです。先生という他人の姿へ、相対的に子供自身の姿を投影させることにより、子供たちは初めて自分自身の姿を、社会性の中で捉えることができます。今まで学校はあまり熱心ではありませんでしたが、先生に対する礼儀に代表されるように、人との関わりを含めた視点で、個人を捉えることがいかに大切か。そして、先生に見せる字だから失礼のないように、先生に話す言葉だから失礼のないようにと、先生に映し出された子供たちの姿を、子供たちに返していくのです。結局は、あなたのためなのです。あなたに潜在する能力が、よりよく伸びることを期待しているのです。

この価値観というか感覚は、言葉で言い表したり、文字にして直接伝えたりする類のものではありません。文字にしたり、口に出してしまうと、子供にとってみれば、やはり自分のために厳しくしてくれているのだと、高をくくってしまう気持ちが、体のどこかに芽生えてくるやも知れません。決して口には出さないが、十分感じ取られるようにする。これが、厳しさの中の優しさだと考えているのです。

子供は厳しさの中の優しさを求めている

子供たちは表面的にも優しい先生を好むというのは、大人の勝手な思いこみではないでしょうか。高圧的な態度で押さえつけるのではなく、厳しさの中の優しさで愛情をふり注ぐことを惜しまない。表向きは厳しく見えるが、指摘する内容は厳しさの中にも優しさが満たされている。そんな内面的な優しさを求めているはずです。

優しさにも、いろんな優しさがあるので、一概に論ずることはできませんが、子供たちは、自分たちに気を遣っているような優しさや、指導の甘さに通じるような優しさは嫌います。少なくとも、一部のわがままな子供たちが、好き勝手な行動を取ってしまうような、いわゆる教室の荒れにつながりかねない偽りの優しさには、はっきりと拒否反応を示すでしょう。それよりも、優しいときは優しくしてほしいが、厳しくするところは厳しくしてほしいという、メリハリを求めています。間違った行動に対して、厳しく物言わないのは、教室の荒れにつながることはもちろん、半ば無視されているのに近い印象を受けますから、悪いことをした時には、叱ってほしいというのは頷けます。

厳しさの中に優しさがあって、その優しさで秩序は保たれます。愛情の存在しない厳しさの中には、秩序は構築されません。従属の関係があるだけです。子供たちも感覚的にそのことは分かっているのでしょう。ただ、彼らが嫌うのは自分だけに厳しいことや、人と比べて自分に厳しいことなのです。叱られやすい子は、叱られやすい。先生の立場で言い換えれば、叱りやすい子は、叱りやすい。これは、事実です。叱れば、半日でも落ち込むような子は叱りにくいが、数分もすればけろっとしている子には叱りやすい。また、女子には叱りにくいが、男子には叱りやすい。または、その反対など。叱るという行為も、人と人の相対的な営みの中で行われるので、絶対的な価値観を持って対処することには、結構難しさがあります。このことの認識が甘く、気分の赴くまま、叱りやすい子供たちにはよく叱り、叱りにくい子供たちには叱ることを躊躇すれば、叱られやすい子は、自分には厳しいと感じるはずです。

上辺の話をしてしまいましたが、本当の厳しさは叱る行為にあるのではなく、指摘する内容にあります。子供たちが求める厳しさというのも、内容の厳しさと捉えています。つまり、間違った行いに対して、どうして判断を誤ってしまったのかという追及の中身にのみ、厳しさが存在します。詳しくは、第三章「ほめ方・叱り方」で詳しく紹介していますが、事実の追認や、言い訳に留まらず、憎しみや敵意といった、心理の真相に近い部分を吐露するまで追及して初めて、真に厳しいといえます。そして、内面的な優しさは厳しさの中にしか存在しませんから、真に厳しいことそのものが真に優しい本物の優しさを子供たちに体感させるのです。

先生は指導者であることを宣言する

さて、具体的な、教師と子供の一線の引き方です。

この教師と子供の一線を引くことは、我々教員の職務遂行上の必要最小条件であり、以後、子供と交わす言葉や先生自身の学校生活で子供に接する態度によって、その一線を強固なものに仕上げていきます。反対から言うと、この一線が引かれていない状態では、指導そのものが成り立たないといえます。

具体的には、自分は先生であって指導する立場にあることを毅然とした態度で伝えます。友達同士のように、仲がよくなったり悪くなったり、好きになったり嫌ったりする対象ではないことを理解させます。

指導者なのだから、もちろん何事につけて厳しく言うべきところは、はっきりと指摘するし、いいところはどんどん伸ばせるように、ほめもすれば支援もすると宣言するのです。

ただ、気をつけてほしいことがあります。それは、私は指導者だからほめもするが、厳しく物言うと宣言するのです。しかも一方的に、それも毅然とした態度で、職務遂行の一環として業務するわけです。人間味がない感覚を受けるかもしれません。そこで、君たちの信頼を得るために精一杯努めるとか、この先予想される様々な苦難をともに乗り越えていきましょうとか、誠意や一体感を醸し出すような儀礼的な言葉がほしくなってしまうかもしれません。しかし、そういう話の流れ、つまり先生も頑張るから君たちも頑張ろうになると、どうしても最後は「よろしくお願いします」というへりくだりに結びつきやすくなります。そう言ってしまうと、子供側からすれば先生によろしくとお願いされて、一線を引くことを子供自身が許諾する形になってしまい、出だしからつまずきかねません。「よろしくお願いします」という極端な子供たちへの気遣いは一例としても、へりくだった先生の姿を見て、子供たちは先生を本当に下に見てしまうのです。案外、こんな些細な文末表現と思われがちな一言が大きな意味を持ってしまっていることが多いものです。よろしくの代わりに、指導者なのだから安心して相談事を持ちかけてもよろしい。指導者という立場なのだから、決して無視したり、ぞんざいに扱ったりはしない。そして、指導者だからよろしくと懇願するのではなく、よろしいと許可する形で結べばよいのです。あくまで、子供たちとの間には踏み越えられない一線があり、先生は指導者としてその一線の一段先にいる存在であること。先生は指導者であると宣言することは、子供たちに安心感を与えるためなのです。

まとめると、一線を引くことは私の職務遂行上の必要最小限の態度表明である。そして、その私の職務は、君たちの成長をより高みに導くことであり、それは友達感覚ではなしえないことである。だから、私とあなた方との間には踏み越えられない一線があり、先生は指導者としてその一線の一段先にいると、立場の違いを明確にするのです。もちろん、先生は指導者であると宣言しただけで、この一線が構築できるわけがありませんから、更に掘り下げて考え方や指導方法を紹介していきます。

先生は、友達ではない

先生は、子供たちと友達ではありません。当たり前のことを、何を今更と思われるかもしれません。しかし、師弟の一線を引くということは、先生と子供が常体の言葉遣いで、タメ口とも言いますが友達感覚に語り合い、なあなあの感覚でふれあう対等な関係を排除することです。子供たちと仲の良い状態と、子供たちの心をつかんでおく状態を混同してはならないのです。子供たちと仲の良い状態というのは、子供たちと常体で話しやすい先生を演じ、友達感覚の親しみやすさを醸し出すことによって、子供と対等という悪い意味で子供目線に下りて、子供たちの本音や相談事を聞こうとする状態です。少々辛口に言い換えれば単なる友達、ただの仲良しです。この仲の良い関係が指導の基礎部分を担っていれば、子供たちと仲が悪くなったらどうするのでしょう。というより、この指導法では、子供たちと仲が悪くなることはできないのです。

ところが、我々の仕事はそういつも仲良しでいられるものではありません。厳しく物言わねばならないことも多々あります。そんな時に、厳しく物言えない。言えば当然、友達関係にひびが入り、そっぽを向かれることが懸念されます。この懸念を、先生が少しでも感じたら、時すでに遅しで、子供たちと仲良しで良好な関係に見えても、すでに指導が入らなくなってしまっている状態といえます。そしていずれ、先生の指導できない姿を子供たちに見透かされ、勝手気ままな行動をとるようになるのです。仲が悪い状態に陥ることを恐れて、しなければならない指導もできなくなってしまうのですから、当然の結果かもしれません。

対して、子供の心をつかむとは、必要なときに話せる存在で、いつでも相談事に親身に対処してくれるという安心感を与えることと等しいのです。先生は、あなたと友達ではないから、あなたのことを好きや嫌いになったりする存在ではない。反対からいえば、あなたも先生のことを、好きや嫌いになる友達感覚の存在としてとらえてはならない。もちろん、先生という立場上迎合はしないし、厳しく物言うときは厳しくするが、それとて、あなたを嫌ってのことではない。だから、安心して相談してきてよろしいし、私は、あなたを受け入れる立場としていつもあるという不動感を伴った存在として理解させるのです。

ちなみに、実践的には教卓周りに子供たちをたむろさせないようにします。特に四月の学年当初はたくさんの子供たちが先生の周りに群がるように集まります。その理由は、先生と仲良くなるよりも、友達同士で仲良くなりなさいという指導者側の意図を明確にするということが第一の理由。第二の理由として、教卓周辺に活発で社交的な子供たちがたくさん群がると、その陰に隠れて本当に配慮のいる子やぽつんと寂しげにしている子の姿を捉えにくくなるということです。先生との距離感をこれ見よがしに縮めていき、まるで先生の権威を笠に着るかのように、社交的に振る舞えないでぽつんと離れてしまっている友達に見せつける。そんな意地悪根性の持ち主は、日本の学校にはいませんと言い切れますか。

加えて言えば、低学年に多いようですが廊下などで先生の肩や腕にぶら下がり、まるで葡萄の房状態で歩く先生の姿を見ることがあります。先生も人ですから人は弱い者で、そうして子供たちに囲まれていると、子供たちとの関係が良好であると感じて安心したり、何よりご自身が寂しくないのでしょう。しかし、老婆心ながら、その陰に隠れて、自分もぶら下がりたいのにできず、ぽつんと寂しげにする子供の姿を想像してしまうのです。考えすぎでしょうか。冷たすぎるでしょうか。私には、一部の快活で自由闊達に振る舞える子供たちと仲良く馴染む先生の方が、本当に配慮のいる子供たちには冷たく感じさせてしまうように思えるのですが。

子供目線に下りない

子供の目の高さに合わせてかがんだりしながら話を聞く。私もそうすべきであると若かりし頃に教えられた記憶があります。それは、それでいいでしょう。大人同士であっても、背の高い人と話すときに、無用な圧迫感や威圧感を受けることがあります。ですから、物理的な高低を埋める作業は時と場合によっては必要です。子供目線に立って考えることも、必要だと思います。我々大人から見れば、子供同士の力関係の中で起こるいざこざ、たわいない暴力も子供目線では死活問題といってよいほど怖いものです。そういう子供の心情に思いを寄せて、先生に任せておきなさいと安心させる。子供目線に立って考えながら、その結果は先生としての目線で伝えるわけです。物理的には、時として子供目線に下りる必要はあるでしょうが、精神的には子供目線に下りてはいけないのです。

精神的上位で考えの深い先生は偉いのです。だから、できる限り上から目線で偉そうにした方がよいのです。変なことを言い出したと思われますか。でも実は、上から目線で偉そうにするのは、子供たちの能力を伸ばすためにするのです。子供たちとの関係を、仲の良いフレンドリーな状態にしていると、先生の指示に対して悪気なく、拒否する場合があります。

たとえば、物語文で登場人物の心情を想像させて、ノートに書かせているとしましょう。そ机間巡視するわけですが、先生が近づくとノートを手で覆い隠すような素振りを見せ、それを、見せなさいと言ってもいやだとばかりに見せない姿です。そんな経験はないでしょうか。もちろん、全員がそうした態度をとるわけではありませんが、一部、先生との関係を見透かした子供たちが悪気なくそうした行動をとるのです。何を書いているのかわからない状態で、助言も指導も注意も、何もかもがあったものではありません。確実にいえることは、子供たちは学びの機会を失してしまっているという事実と、先生の友達感覚に頼る指導法が、この事実を招いた原因であるということだけです。

先生の偉そうで上から目線な態度は、先生が子供たちより知識や人生経験が豊富で、目上の人なのですから当然なのです。だから、先生の言うことをきく気になるし、叱られても素直に聞き入れられるようになるのです。

そして、先生が上にいれば上にいるほど、子供たちは幼くいられます。必要以上の背伸びは、自立心とは別の領域にあります。学校の中で、教室で、その枠組みから踏み出す行為は、先生の指導が届く範囲で自発的な行動をとるのとは違い、管理の届かない無法な行動につながりかねません。まだまだ未発達な思考で、未発達な論理を振りかざせば利己的な主張が幅をきかせてくることは簡単に想像できます。だから、先生の指導や注意は、絶対でなければならないのです。上から目線で徹底的に子供扱いすることによって、子供たちは安心して子供のままでいられるのです。子供のままでいられれば、良い意味で先生との間にある敷居が高くなり、その敷居を挟んで甘える、甘えられるの関係が子供から先生への一方通行で保証されます。その心地よい関係がある以上、簡単には一線を踏み越えようとしないはずです。

ちなみに、私は子供たちに語りかけるとき、「人」とは言わないようにしています。「〜できた子」「〜した子」というふうに、「子」で言うようにしているのです。それも、あなたたちはまだまだ子供なのだ。背伸びする必要はないから、安心して子供でいなさいというメッセージを含ませているのです。

礼儀正しくさせる

学校の指導事項は実に広範囲に及びます。もちろん学校は勉学の場ですから、学習指導が基本的指導事項になります。そして、学校は子供たちの生活の場ですから、生活指導も重要な指導事項になります。

その生活指導上の決まりには「授業中は静かに先生の話を聴く」「廊下は静かに右側を歩く」という基本的なものから、学習にふさわしくない服や靴の禁止、茶髪やマニキュア・ピアスの禁止という身だしなみに関するものまでこと細かに定められている場合もあります。

そのほとんどは、集団生活を送る上での規律を求めるもので、当然その内容は個人の自由度に制約をかけることになります。学校では集団生活を送るので、個人の自由ばかりを主張して気ままに振る舞うこと、わがまま勝手は許されないのだという立場を明らかにしており、自分だけのことを考えて行動してはいけないと規定しています。

しかし、たとえば言葉遣いを初めとして、礼儀についてはどうでしょう。決まりの中にも礼儀に関する規定が盛り込まれているものをあまり見たことがありません。時々見かけるものに、職員室の出入りの際に、「失礼します」「失礼しました」と言い、ノックやお辞儀をしましょうというのがあるくらいで、「先生に礼儀正しくしましょう」や「丁寧な言葉を使いましょう」という決まりを見たことがありません。たしかに言葉遣いや礼儀は決まりで規定する類のものではないかもしれませんし、決まりで規定した方がよいというのではありませんが、言葉遣いはその人の内面からしみ出す身だしなみの最も基礎的な部分ではないでしょうか。

さて、現実的には、もうかなり遠い昔から、教室では子供たちが先生に常体で話しかけ、先生も常体で返すことが当たり前になってしまったように感じています。単純に考えても、学校という所は身だしなみにはこと細かに決まりを設けて指導するのに、言葉遣いや礼儀にはなんと寛容なのか。それでは人間の外見ばかりに規制をかけて、内面の育みをおろそかにしていることと同じです。将来、社会に出て恥ずかしくないだけの人間的な資質を育むことも、学校で行われる教育の大切な一部であるはずです。そして、教員なら誰しも、子供たちに社会に通用する資質を身につけさせてやりたいと願うはずです。この言葉遣いや礼儀こそ、人を育てる学校現場で、今以上にもっと大切にされるべき指導事項ではないでしょうか。

先生に優しく、先生を大切にさせる

何も指導されていない学級の子供たちは、提出物のプリントやノートを出す際に、自分の都合だけで向きはバラバラに、ずれていようがいまいがお構いなし、挙げ句の果てには下に落ちていようが拾わないといった出し方をします。たいていの場合、それを先生が拾い、向きをそろえて回収するのではないでしょうか。もし、そんな子供たちがいるとすれば、その教室に先生に対する思いやりというものは全く育っていないといえますし、もちろん、先生を思いやれない子供たちであるならば、子供たち同士でも思いやる感情は育まれていないでしょう。

だから、提出物のノートやプリントを、角がそろうようにきちんとそろえて出させます。もちろん、先生に出すなら先生が見やすい向きにそろえ、自分から見て反対向きに出す。たとえ先生が居なくても、向きは同じく日頃先生が手に取るであろう向きにそろえて出す。例えば、黒板の前にある教卓に出すのであれば、黒板の側が提出物の下側にそろうように出させるのです。なぜ、ここまでこと細かにいもしない先生の立ち位置にまでこだわって出させるかというと、基準をはっきりさせることで、提出物の向きを固定化することができるのです。いちばん初めに出す子が向きを決めて出すのであれば、途中で向きが変わっても次の子が指摘することができず、互いに気をつけあうという環境は成り立ちません。向きを固定化すれば、途中で向きをまちがえて出してしまった個人を特定できるだけでなく、反対向きに出そうとする子に、次に出す子がそっと教えることもできるのです。つまり、互いに気をつけようという集団の自浄作用が働く期待があります。にもかかわらず、中に上下逆さまに出されている物があれば、すぐさま提出者を呼び出し出し直させる。ずれていたり、雑に出されていたらすかさず説教をする。その説教は、「先生は三十数人分もの提出物を点検しているのに、途中でいちいち上下を向き直させねばならない。そんな先生の作業の手を止めさせてしまうような出し方をされては、面倒であるし迷惑きわまりない」という主旨のものなのです。

さて、「面倒である」「迷惑だ」と言い放ち、続けてもっと先生のことを思いやりなさいと説教を続けるのです。何と思い上がった指導だと思われますか。しかし、私はこの感覚こそが今、大切にされなければならないと信じています。

なぜなら私たち教員は、子供たちが接する社会人の中で、いちばん身近な存在です。私たちの後ろには、体の不自由な方や、目の見えない方、妊婦やご老人、普通のサラリーマンから主婦まで実に様々な立場の人々やその暮らしが、たくさんの見えない糸でつながっているのです。たまたま、教員として子供の前に立ち、それが子供たちにとっては社会人の中で最も身近な存在であるというだけで、我々は子供たちにとっていわば社会人の代表選手なのです。その先生に、優しくできないならば、礼儀正しくできないのであれば、後ろにつながる様々な立場の人々に優しく、礼儀正しくできようはずもありません。

お互いが、思いやって譲り合って暮らしていくのが、社会なのです。その社会と子供たちとの接点に立つ我々が社会の常識を、そして人との接し方を子供たちに伝えなければ、それこそ無責任と言うほかありません。

提出物を出すという日常的な些細な行動ですが、回収する部分は先生の務めであると、職業意識を持って上下の向きや左右のはみ出しを自身でそろえる。何でもないことです。時間にしてわずか数秒の労力かもしれません。実はその方が面倒ではなくて手っ取り早いのも事実でしょう。それを、わざわざ上下の向きの逆を探し出し、その提出者を特定して提出し直させる。本当の面倒は、この作業にあります。しかし、その手間暇をかけてきめ細かな指導をすることによって、先生に対する思いやりの心根が育まれるのです。さらに、本当の目的は先生、つまり自分が思いやられたいわけではなくて、先生を思いやれる集団ならば、子供たち同士も思いやれる集団であるという事実に尽きます。「面倒である」と言い放ちながら、実はいちばん面倒なことをしているのです。

言葉遣いを丁寧にさせる

先生は友達ではありません。しかし、言葉遣いが友達同士のような常体表現で、いわゆるタメ口を許してしまえば、結局先生には友達感覚で接していいんだという印象を与えてしまうでしょう。

授業中であろうが、休み時間であろうが、子供たちには先生に対して、「です」「ます」の丁寧語を必ず使わせます。なぜなら、我々教員は子供たちに指示を出すとき、「～しなさい」という尊敬語「なさる」の命令形を使っているのです。「～しなさい」という指示に対して呼応して取る子供たちの行動は、何某の行動をなさったと言うことができるのです。「なさる」は、「する」の尊敬表現です。先生が尊敬語を使って接しているのに、子供たちが常体で返していいわけがありません。本来は、尊敬語あるいは謙譲語で返すべきところですが、まだまだ学習途中の子供たちです。ましてや大人でも難しい敬語ですから、そこまで求めることもできませんので丁寧語を使わせるのです。

また丁寧語には、その言葉自体に相手を思いやる心根が含まれています。喧嘩状態になってしまったお互いの言い分を聞く場合でも、常体表現では、感情のおもむくままに自分の主義主張や相手への誹謗を、はき出すように言うことも可能です。対して、語尾に「です」や「ます」が添えられるだけで、自然とその表現は和らぎ、相手に対する憎悪の念も薄らいで表現されるのです。

そんな訴えの場面でも、和らぐとは別に意外な効果があります。それは、我先に訴えるのではなく、誰かが先生に話をしていると、それを待ってから話すようになるのです。心の中で、丁寧語に変換しているうちに気持ちが落ち着くのでしょうか。それとも、変換するのにかかる時間が、間をとらせているのでしょうか。とにかく、子供たちの言動に落ち着きが見られるようになります。

それだけではありません。

時と場に応じた言葉遣いができるようになると、文字通り場の雰囲気、いわゆる空気を読めるようになります。常体表現を使う子供たちは、授業中にもかかわらず先生に無駄話をしてくることがあるそうです。たとえば、集会や朝礼、また運動会の学年練習といった複数の先生が関わる場面です。そんな場面で中心指導者が話しているにもかかわらず、並びの後ろの方にいる子供が平気で近くの先生に話しかけてくるというのです。そんな場合で見られるのは、決まって常体表現でしか話せない子供たちの姿だといいます。なるほど、近くにいる先生に身勝手な話を持ちかけるには、常体表現しか不可能だろうと想像がつきます。なぜなら、丁寧語を使えるようになるということは、相手に対する思いやりの気持ちが根付いてきたということと同義です。中心指導者の先生が話しておられるという場の認識ができ、時と場に応じた行動をとることができるようになった結果、丁寧語を使える子供たちは私語をしなくなるのでしょう。将来、社会で通用する常識的な感覚、つまり互いを思いやる心が根付いたと言い変えることができます。

前に子供たちにとって先生は、広く社会一般の大人たちの中で一番身近な存在であり、子供たちと社会の接点として存在すると申しました。その先生の後ろには、社会の様々な立場の人々が連なっています。たとえばからだが不自由な方、ご老人、妊婦といった社会的に弱者と呼ばれる人々。また、会社勤めのサラリーマン、商売を営む自営業の方、学生などなど、実に様々な立場の人々が生活を営んでいらっしゃるわけです。私たちはいわば、社会一般に暮らす人々の中で、子供たちと接する最前線にいる代表選手なのです。言葉遣い一つとってみても、先生に、礼儀正しい言葉を使うことができなければ、その背後に広がる様々な人々に礼儀正しくできるわけがありません。先生に優しくできない子供たちであれば、社会的弱者と言われる人々にも優しくできるはずがないのです。

それは、言葉だけの問題ではありません。先生を見下すとまでは言わずとも敬う気持ちはなく、あくまで常体表現で対等に振る舞い、先生に対して気に入らないことがあれば、反発もすれば文句も言い、主張が通らなければ平気ですね。それが高じれば、教室の機能は失われ荒れた状態に陥り、先生の話が聴けなくなってしまうかもしれません。先生の指示が通らない環境下では、子供たちの学習権を保証することはできません。荒れた状態といわずとも、いつもざわついていたり、身勝手な行動やわがままが通る雰囲気が漂う学級があるとすれば、その原因は、我々指導者側の言葉遣いに対する感覚に潜んでいると言っても過言ではないと思うのですがいかがでしょう。

丁寧な言葉遣いと人権教育

「死ね」「殺す」といった暴力的な類のものから「うざい」「むかつく」といった生理的な暴言まで、挙げていけばきりがありません。差別発言や落書き、いじめなどにまつわる人権を無視したような言葉が、子供たちの間で抵抗感少なく使われてしまっている現状があります。そういう学校現場で生起してしまった人権問題に対して、よく耳にする言葉が、授業であれだけ力を入れて何々の教材を使って人権教育を推進してきたのに、何も子供たちに伝わっていないという教師の嘆きそのものです。それはその通りで、当事者の悲観は十分に理解できます。

しかし、それら反社会的な言葉が少なからず、学校という教育の場で見聞きできるのは、現行の教育のどこかになおざりにされてしまっている価値観があるからではないでしょうか。筆者は、その価値観こそが、日常的に実践させる先生に対する丁寧な言葉遣いだと考えているのです。日常的にというのは、授業中だけではなく休み時間や放課後に至るまで、いわば四六時中場面を問わずという意味です。そして、それは小学校の低学年であろうが、中高学年であろうが、そして中学生に至ってはなおさらと考えるのです。残念ながら、私の接する近隣の中学校に通う生徒たちの中には、人を食ったような傍若無人な姿をさらけだす光景を散見することができます。そこまで言わずとも、情けないことですが先生に対して対等に振る舞う態度は、義務教育という制度の中に位置する子供たちの姿を見る限り、成長を重ねるごとに育つようです。

さて、授業の場でいくら教材を精選して効果的に学習させ、人を傷つけてしまうような言葉を使ったり、ましてや落書きをしたら、人権侵害や疑心暗鬼の社会をまねいてしまうと力説しても、授業が終わればさっきまで教わっていた先生にタメ口でしゃべりかける。また、それに対して先生も常体表現で友達感覚よろしく何の抵抗感もなく会話する。

ここに問題点が潜んでいると思うのです。

先ほどの中学生の例では、中学教員の多くはお互いに常体表現でなれ合うことが、生徒との関係を保った指導に欠かせないと思っているかのようです。小学校でも、子供たちから本音や困りごとの相談に乗るためには、馴れ親しむ雰囲気は欠かせないと多くの教員が考えています。

しかし、よく考えてみてください。

人権感覚を養うとは、自分ではない他者を大切に思う心を育て、それを目の前にいるあなたに態度で表したり、言葉で伝えることができうる資質を身につけさせることです。これらを表現する際にはもちろん、思考過程にも常体表現は馴染みません。人権を軽んじた表現は、知能的に敬意表現を逆手に取る場合を除いて、必ず常体表現です。ということは、人権軽視の思考も、常体表現で行われているはずです。だから、心内語の段階から丁寧な言葉遣いを心がけながら思考させる。思考段階の丁寧語は、その思考そのものを研ぎ澄まされた人権感覚にそぐうものなのかというふるいにかけ、丁寧な思考を更に精選し言葉として表現させるはずです。そうすることによって初めて、人としての人権感覚は磨かれていくのです。

本書の中で何度も述べますが、我々先生は子供たちが接する社会人の中で最も身近な存在なのです。その身近な存在に対して、学習した人権感覚が日常的に実践され生かされているのか、はたまたそうでないのか。先生を練習台として、実践させる訓練を積ませていなければ、社会の様々な立場の人々に学習した人権感覚を生かした接し方ができるわけもありません。たまたま社会人として、児童生徒のいちばん身近にいる先生に、人権を軽んじた接し方しかできないならば、その後ろに続く障害を持たれていたり、お年寄りであったりという社会的弱者の方にも、先生にしたのと同列に人権感覚を軽んじた接し方しかできないであろうことは、想像するまでもありません。授業中だけの言葉遣いや、授業中だけの礼儀を重んじるならば、子供たちに授業と実践は別物ですよと先生自ら模範指導しているようなものです。しかも、今子供たちが社会に出て過ごす時間は、おそらく放課後であり授業中ではないのです。

いかがでしょう。筆者は、人権教育は日常生活の礼節を土台としてしかあり得ないと思うのですが。

相談すべきことはさせる

丁寧な言葉遣いを、学校ぐるみで推し進めようと話し合いを持ちますと、危惧する意見としてよく出されるのが次の三つです。

一つめは、授業中は「です」や「ます」をつけて発言させているが、休み時間まで丁寧な言葉遣いをさせる必要があるのか。

二つめは、丁寧な言葉遣いを休み時間までさせると、子供が先生と話しにくくなり、子供の本音を聞いたり、相談事を聞いたりできなくなるのではないか。

三つめは、支援や配慮のいる子供たちにまで、丁寧語を使わせる必要があるのかというものです。

しかし、これらの懸念を抱く先生方のほとんどすべては、そういう懸念があるから丁寧語を使わせたことがなく、単なる想像で話されている。または、丁寧語の持つ相手に対する敬意表現の意味するところの説明が不十分なまま、理解させずに使わせたため、児童が丁寧語をどう使って良いのかわからず、結果、先生に話せなくなってしまったかのどちらかです。感覚的な想像ですが、前者の丁寧語を使わせたことがないのに、話しづらくなると決めつけている方が数としては多く感じます。

さて、それら指摘に対する見解です。

一つめの「丁寧な言葉遣いを休み時間までさせる必要があるのか」については、授業中の「です」「ます」は当たり前です。教えてくださる先生にわからないところを丁寧な言葉で質問したり、先生の発問に対して礼儀正しく答えたりできないのであれば、授業の成立さえ疑ってしまいます。では、休み時間はどうでしょう。友達同士のトラブルや、友達から意地悪をされたり、体調が悪くなったり。自分では解決できないことを相談するのです。友達に相談するのではありません。先生にするのです。相手は先生なのですから、丁寧な言葉で接することは、道理に適っています。ただし、経験的に授業中は「です」や「ます」をつけて発言させているが、休み時間までとおっしゃる先生方の多くは、授業中の発言形態にも寛容であったという事実も付け加えておきます。

二つめの「丁寧語を使わせると話しにくくなるのではないか」についてですが、丁寧語を使わせるという環境に慣れていないと、先生自身が子供たちとの距離を測りかねるようです。もっと親しげに友達感覚で子供たちと接していないと、子供たちの大切な訴えや相談事を聞き出せないのではないかと、不安になる場合があるらしいのです。

しかし、発想を転換すべきです。

子供たちの大切な訴えや相談事は、先生に言いやすいから伝える性質のものではなく、伝えなければならないものです。言いやすかろうが言いにくかろうが、言わなければならないのです。ただ、勘違いをしないでください。丁寧語を使うことで、言いにくくなるが頑張って言わせるようにしましょうと、言っているのではありません。丁寧語を使うことで、言いにくくなることは決してありません。丁寧語を使わせる使わせないにかかわらず、伝えるべきことは伝えねばならないことをよく理解させておくことこそが大切なのです。

三つめの「支援や配慮のいる子供たちにまで、丁寧語を使わせる必要があるのか」という考えを持たれる方は口をそろえて次のように言われます。子供たちの中には、どうしても常日頃使っている普通のしゃべり方、つまりは常体表現のタメ口なのですが、そういうしゃべり方でしか話せない子供がいるではないか。そういういわゆる支援や配慮のいる子供たちにも、丁寧語を使わせる必要があるのか。

しかし、思い返してみてください。誰が、その子たちが常体表現でしか話せないと決めたのですか。最低一度は、丁寧語を使うべきだという事実を伝えましたか。

確かに、支援や配慮のいる子供たちが、親しげに常体表現で話している姿を見て筆者もほほえましく感じます。でも、その子供たちは本来は丁寧語で話すべきなのだよと、教えられたことがないのではないでしょうか。我々指導者側の支援がいる、配慮がいるという思いこみから、この子たちは丁寧語を使うことはできない、できるはずがないと思いこんでいるだけではないでしょうか。子供たちは、指導者側の期待するところまで育つ可能性を持ちます。それらの思いこみにより、丁寧語を使うべきだという事実を一度も伝えないならば、使えるようになる可能性をも、つみ取ってしまっているのです。一度は伝えて目標到達点を示し、それでもできなければ大いに常体表現でよいでしょう。

学級運営、集団作りという観点からは、配慮や支援を必要とする子供たちにも伝えたが、まだできないようだという事実さえあれば、それを公とし子供たちの間で共通認識すればよいだけです。その手続きがなければ、たとえ配慮や支援の必要な子供であっても、子供目線では教室内に不平等が存在することになります。先生に対する常体表現、タメ口を無計画に許すことによって集団全体として失うものは数多くあります。

何度も述べますが、児童の先生に対する常体表現は、良い意味での先生と児童間の上下関係、つまり甘え、甘えられる関係を取り払ってしまう最も近道であることは間違いありません。教室で幅をきかせていそうな児童が、先生にまるで友達感覚、もっといえば見下すような態度で敬うでもなく対等にしゃべっている。そんな姿を見て、もしもその幅をきかせている児童にいじめられている子がいたら、その子は先生をどう見るでしょうか。いじめられていることを相談できるでしょうか。頼れる先生は、幅をきかせている児童と友達のように振る舞う先生ではなく、幅をきかせている児童にきちんと指導できる先生です。きちんと指導するためには、幅をきかせている児童にも、先生に甘えられる環境を保証する必要があります。もちろん、丁寧語を使わせるだけでそれが実現すると言っているのではありませんが、丁寧語を使わせることができる先生であるならば、それなりの裏打ちがあるはずです。

「相談すべきことはさせる」という言葉は、観念的な言い回しかもしれません。しかし、それを現実のものにするために、先生に対する言葉遣いや態度といった当たり前の礼儀を大切にさせることは社会通念上、それこそ当たり前ではないでしょうか。筆者には、丁寧な言葉遣いをさせると、子供が先生と話しにくくなり、子供の本音を聞いたり、相談事を聞いたりできなくなるという主張の方が観念的と思えるのですが、いかがでしょう。

先生が子供たちの困りごとに配意することと、先生に対して節度を持って接させることとは、全く次元の違う価値観だと思います。

文字は丁寧に書かせる

誰しも、字は上手になりたいと願っていると思いますが、なかなか上手に書けと言われても書けるものでもありません。しかし、丁寧に書くことはできます。子供たちに、この価値観をはっきり区別して伝えて、丁寧に書かせるのです。万が一、乱雑に書いてきたら、書き直しさせなければなりません。

では、なぜ字は丁寧に書く必要があるのでしょう。

文字は伝わって初めて、その意味を果たします。手紙として人に伝える場合でも、覚え書きとして将来の自分に伝えるにも、読めなければ意味をなしません。人に読めない字は論外ですが、読み取るのに苦労するような乱雑な字は書いてはいけないのです。書かせてもいけないし、黙認してもならない。大人の社会では、できるだけ失礼のないように丁寧な言葉で人と接します。同じく、できる限り丁寧な文字で用件などを人に伝えます。会社で上司や同僚に、あるいは地域社会のご近所に、何らかの用件を伝えるためのメモ書きをする必要があるとき、乱暴に書きなぐった文字で伝えるでしょうか。もちろんそんなことをすれば、人格を疑われることになり、社会での信用は得られないことは明らかです。我々、大人の社会で通用しないことが、本来社会性を身につけさせるべく学習や訓練を行うはずの学校で許されてしまっている。具体的に述べれば、乱暴に書き殴った文字で提出された漢字の練習ノートに、グルグルと何重丸かを付けて返す先生の姿が当てはまります。そこには、まだまだ字は上手に書くのは、子供ゆえ無理だから大目にみるという勘違いの寛容さがある気がします。それとも学習指導要領には、漢字の点画、はね、はらいには許容範囲が認められているので、大目にみているのかもしれません。文字は記号ですから、その記号が示す意味や音が伝わればよいというのは、記号としての側面だけです。ところが漢字を含めた文字は、意味や音以外に、その時々の感情や対人関係の気遣い・考え方、詰まるところは書き手の人となり・性格までをも表すという側面も併せ持つのです。活字と違って、手書きの文章には温かみがあるとはよく言われます。誰しも実感できる話でしょう。それならば、乱暴に書き殴ったような文字は何を伝えるでしょうか。相手に温かみを伝えるどころか、反対に冷たさというか、自分の存在を無視され、邪険に扱われている印象さえ伝えてしまうのではないでしょうか。子供たちが書く乱雑な文字は、子供たちの乱暴な意志を先生に伝えてしまっていることになります。ただ、子供たちはこの事実に気づいてはいません。そして、乱暴に書き殴られた文字に何重丸かを付けて返す先生も、この事実を知ってか知らずか、子供たちに教えることすらしていません。

繰り返しますが、上手に書かせるのではなく丁寧に書かせるのですから、子供であろうがなかろうが、字の上手下手に関係なくできるのです。

しかし、乱雑な文字で相手の方に伝わらなかったら困るから、丁寧に書きなさいと説諭するのではありません。あなたの文字が相手の方に伝わるようになるため、つまり、あなたのためだから、字を丁寧に書きなさいと言うのでもありません。なぜなら、手紙や作文、漢字練習であれ、学校で書く字の大半は先生に見せるのです。先生に見せる文字を、乱暴に書き殴って良いわけがありません。本人のためだけではなく、先生に対して失礼であるという価値観を伝えて初めて、他を意識した社会性を育む観点での指導が可能になります。

あいさつは頭を下げない

授業の開始時には、先生と子供たちが礼儀正しく頭を下げあっている。また、朝会などでは、先生も子供たちといっしょに朝礼台の校長と一斉に礼をしている。こういう光景が一般的ではないでしょうか。しかし、あいさつは頭を下げない、つまり礼をしないことをお薦めします。

上から目線で、偉そうに接するから、頭を下げないのではありません。子供たちと一緒に頭を下げあっていると、子供たちのあいさつの出来具合がわからないからです。

あいさつの仕方、頭の下げ方から下げている時間など、礼儀正しく振る舞うことができているかを見る必要があるから下げないのです。案外子供たちは、物をさわりながら片手間に軽く頭を下げていたり、椅子や机に手をついて自らの体重を支えるような仕草で頭を下げていたり、首を少し傾けるだけでまったく頭を下げていない場合もあります。低学年の幼い頃から、あいさつの仕方は学ぶものの、先生も一緒に頭を下げあっているため、意外と点検を受けていないことが多く、どういうあいさつ、つまり礼の仕方が適当であるのか、判断基準そのものを持ち合わせていないことが多いのです。

もし、どうしても先生も頭を下げないと気持ちが悪いと考えるなら、私たち教員も社会人として実践しているあいさつの仕方、つまり、時間的に相手方と少しずらせて頭を下げればよいだけです。ただ、学校という号令がかかる下で行われるあいさつの特殊性から、違和感があるかもしれませんが、子供たちのあいさつを見届けてから、ご自身が頭を下げても決して非礼ではなく、作法に適っています。

それよりも大切にしたいのは、私たちは一歩引いた所から、あいさつの様子を観察し、礼儀を失したあいさつの仕方をしている子供たちに、そのことを指摘し、気づかせてやるという指導者感覚です。反対に、しっかりあいさつできていたのであれば、その様子を観察して、しっかり頭が下がっている。頭を下げている時間もそろって、気持ちの良いあいさつができているなどとほめてやればよいのです。この過程があって、子供たちは初めて正しいあいさつの仕方ができているか否かの評価を得ることができ、礼の仕方に自信が持てるようになるのです。

そして、一定の期間が過ぎて、正しい礼の仕方が身に付いてきたと判断できたら、号令のかかるような同時に頭を下げ合う特殊なあいさつへと移行させれば良いのです。

率先したあいさつの機会を譲る

みなさんは朝一番、子供たちが登校している教室に入って行く時、どんな雰囲気で入って行かれますか。明るく元気に「おはよう」と声をかけて入室するでしょうか。実は、私は黙って入っていきます。もちろん、私が先に教室にいる場合も、入室する子供たちに私からあいさつの声かけをすることはありません。ちなみに、廊下で出会う子供たちに私から率先してあいさつの言葉がけをすることもありません。

その目的は、子供たちが先生の姿に敏感に反応し、「おはようございます」と自発的に発声できるようになっているのかを見るため。そして、それを行う時間的余裕を子供たちに与えるためです。それを聞き届けて一言、「おはよう」と常体で笑顔とともに返す。もちろん、できていなければ場面によっては指導を入れるし、反対にめざとく率先してあいさつをしてきた子をほめることも忘れません。あいさつをするときに頭を下げないのは、礼儀正しく頭を下げてあいさつできる子供に育っているかを検証するためでした。また教師自ら率先してあいさつをしないのは、教室に入るときや廊下で出会ったときという号令のかからない場面でのあいさつを、自然な形で行うことができるようになっているかを検証するためです。これは子供たちが先生から常にあいさつの言葉がけを受けている環境ではわかりません。

もちろん、日頃からあいさつの世界だけは早い者勝ちです。相手からあいさつを受ける前に、あいさつできる気配りや思いやりを持たねばならないことを説いておかねばなりません。詳しくは、授業規律の項で述べていますが、相手より先んずるあいさつが、集団生活を送る上で円滑な人間関係を築く初めの一歩であることを理解させておくことは大変重要です。

しかし、現実の学校では先生から率先してあいさつの言葉がけをして、子供たちは返事としてあいさつを返す程度という場合もあります。そういう学校では、あいさつは率先して行うべきものであるから、模範を先生自らが率先して行うことを是としている場合もあるはずです。また、子供を大切に思う気持ちを前面に強く押し出そうとして、笑顔のあいさつを積極的に子供たちに向けて表現することを推進している場合もあるでしょう。率先することで模範を示し、その姿を見せることによって自発的な行動へ導こうとする考え方です。もちろん、その考え方に異議を唱えるつもりは毛頭ありません。しかし、語弊を恐れずに申しますと、そこまで子供たちは学びに敏感でしょうか。その環境では、子供たちは先生からあいさつしてくるのは当たり前なことで、あいさつはされて返せばよいものと考えてしまう場合もあるのではないでしょうか。残念ながら、私が見てきた通学途中の子供たちの中には、地域の見守りの方から朝のあいさつをされているのに、返事としてのあいさつすら返せない寂しい光景もままありました。その姿を見て、答礼すらできない子供たちを責めるというよりは、学校でも日常的に先生からあいさつされていて、受け流すことに抵抗を持たなくなってしまっているのであろうと、不憫に思っていた記憶があります。

子供たちから先生に対して率先してあいさつをすることは、目上の人に対して敬意を払わねばならない大人社会の価値観と照らし合わせて合理性があります。この事実を知らせることこそが、本当の意味で子供たちを大切にすることだと私は考えています。師弟の一線、つまり、教える側と教わる側という立場の違いを明確に教え、子供は先生を敬い自ら率先してあいさつをする。つまり、これは社会に出て、あいさつもできない礼儀知らずと誹りを受けぬよう、恥ずかしい思いをさせぬようとの親心といってもよいかもしれません。社会とは、そういうところですから、そうした子供たちに育てるのは、師としての義務であると思うのですがいかがでしょう。

授業中の話術

いかがですか、教室に入るときから礼儀正しく迎えることを求め、先生は友達ではないと言い切り、時と場を問わず必ず丁寧語で話すことを求め、上から目線で接するのです。さぞかし、殺伐として人間味に欠ける教室環境の中で、授業を行う印象を持たれたのではないでしょうか。

しかし、私は授業中に冗談も言えば駄洒落も言います。だから、基本的に常体表現で語りかけますが、対する子供たちには丁寧語で返すことを求めます。授業は、平板な語りで進められると、ただですら持たない子供の集中力ですから、つまらないという気持ちが蓄積され、不満となり、学習意欲を削ぐ結果につながります。私たちが参加する講演会でも、講師に平板な口調で延々話されると、知らず知らずのうちに睡魔におそわれる。誰しも経験したことがあるはずです。

しかしまた、先生の冗談や駄洒落がきっかけで、せっかくの学習への集中がとぎれてしまうこともあります。緊張とくつろぎ、いかにこの両者のけじめをつけるかが肝心ですが、このけじめは、師弟の一線というけじめがあって初めて成立します。

師弟の一線が構築できていない教室で、ユーモアを交えた話を進めるとどうなるでしょう。単なるおふざけ、茶化しと捉えられてしまうことは間違いありません。そして、師弟の一線というけじめのない世界では、先生がすることを真似て悪いわけがありません。そこから、先生と子供を同一視しておちゃらける子供たちが複数出て、収拾がつかなくなります。

緊張状態が長く続いてしまっているので、このあたりで少しほぐしてやろう、とユーモアを醸し出すのは、先生の職権であり、特権です。大人と子供は違うのだ。ましてや、先生と子供では立場がまるで違う。だから、授業中に冗談を言うことができるのも、先生の特権である。決して、一緒になって冗談を言ってはならないし、悪ふざけ、悪のりの類も一切禁止であるという区別をしっかり理解させておく必要があります。

特権は、同一視の中には存在しません。

季節のあいさつ状

学級担任をされている先生が、受け持つ子供たち全員に暑中見舞いや年賀状といった季節のあいさつ状を、差し出しておられる姿をよく見てきました。かくいう私も、正月に留守をする場合に返事を出せないからという事務的な理由で、全員に差し出した経験があります。また、先生の居所を子供たちに教えていた頃のことです。

しかし、季節のあいさつ状を先生からは出さない方がよいと考えています。かつて、郵便制度が普及するまでは、日頃お世話になっている方々に直接出向いてあいさつ回りをしていたそうです。師弟の一線を引く感覚からは、先生はどんと構えて不動の立ち位置でいます。その立場を考えるに、先生からあいさつをして回るのはちょっと感覚的に違うのです。ただ、全員に季節のあいさつ状を出す目的が、師という立場の人からあいさつ状を受け取ったにもかかわらず、返事すら出さない失礼を説くというものならばわかります。しかし、私はかつて全員に差し出していた頃に、そうしていたかといえば、そうではありません。わずか数十円のことかもしれませんが、金銭がからむ話を強制するような指導はいかがかと思ったからです。結局、差し出した枚数の七、八割の返信率といった程度だったと記憶しています。返事を書かなかった子供たちにも、いろいろ事情はあったとは思いますが、企業や法人から届いたあいさつ状と同列に扱い、返信の必要も感じなかったのかもしれません。金銭に換えがたい大切なことを伝えるべきであったと反省しています。

まったく別の次元の話ですが、同じ季節のあいさつ状をだす目的が、機嫌を伺うとまでは言わないものの先生の方から気にかけているという気持ちを伝えるためであるならば、それは絶対にやめた方がよいと思います。かつて、夏期休暇は特に長いので、暑中見舞いを出すようにと上の方から指導されたことがあります。どう考えても順序が逆で、そこまでへりくだる必要はないというよりも、師としての立ち位置が下がりすぎますし、個人的には教育上の弊害すら感じます。気にかけていることを伝えることで、子供たちに伝わることは何でしょう。先生は、休みの間も自分のことを気にかけてくれている。大切にしてくれているのだという実感は確かに伝わるでしょう。

しかし、先生がその手段を率先して実行するのではなく、あいさつ状もあいさつそのものですから、先んじてあいさつする機会を子供たちに譲るべきだと考えるのです。そして、たとえば先生に年賀状を出した子供たちの礼儀正しさを、受け取った側として、その心地よさを伝え、教室で全員の前でほめ讃えればよいのです。そうすることで礼儀も教えられるし、日頃お世話になっている感謝の気持ちを伝えるには、あいさつ状は有効な手段であることを学ばせることもできます。それならば、先生も率先して差し出し、その上であいさつ状が届いた子供たちをほめればよいのでは、という声が聞こえてきそうですがそうではありません。お互いに差し出し合う環境で、あいさつ状を出すのは当たり前。当たり前の感覚をほめるということはできますが、率先してという感覚をほめることはできず、意味合いがまったく違ってきます。

先生であるならば、自分が礼を尽くそう、自分が気持ちを伝えようという自分が主体的になる考え方ではなく、季節のあいさつ状の持つ意味を説き、その機会を譲り、子供たちが社会人となって世に出たときに恥ずかしい思いをせぬよう、礼をわきまえる資質の礎を築いてやらねばならないと考えます。そういう意味で、先生から差し出したにもかかわらず返信がなかった子供たちには、礼を失している事実を伝えるべきだと思います。

お茶

ある夏の暑い日のこと。休み時間に、もめごとの仲裁に忙しくてお茶を飲む暇もなく、次の授業時間になってしまい、のどに渇きを覚えながら、授業を進めておりました。

その時、ふと思い至ったのです。子供たちに授業中にお茶を飲むことを禁じているからといって、先生は立場が違う。休み時間がつぶれて飲めなかった時だけでなく、先生はお茶を飲んでもよいのだ。いや、飲むべきなのだと。

私たちが聴衆として参加する講演会では、講師に水やお茶が用意されています。聴衆も飲むことは禁じられてはいませんが、やむなくのどを潤す程度ならまだしも、頻繁に飲むのは失礼な行為とされます。

同様に考えれば、講師ほどしゃべらないものの、子供たちよりはよくしゃべり、それだけ体への負担は大きいにもかかわらず、現状は、先ほどのもめごとの仲裁などのように、やむなき事情で休み時間に水分の補給すらできなくとも、授業中の我慢を子供同様に強いられる。もし、何の説明もなしに飲もうものなら、休み時間に飲んでいたであろう子供たちから程度の差こそあれ、不満の声が出てきてしまう。

この子供たちと先生の関係がおかしいのです。

たとえ、休み時間がつぶれていなくとも、先生はお茶を飲んで水分の補給をすべきなのです。先生という立場と子供という立場は違うという理性により、立場の違いを、人間の生理的な部分で受け入れられる。そんな子供たちを育てられれば、将来は明るいと感じます。

ところが、大人と子供は違う。この当たり前すぎるほどの常識を、保護者の多くはもちろんのこと、先生の中にも疑問視するような感覚を持ってしまっている場合がよくあります。たとえば、学校の決まりで髪の毛のおしゃれ染めを禁止していたら、先生もしてはならないというものや、子供に校内でのおやつやジュース類の飲食を禁じているから、放課後に先生がおやつを食べるのはおかしい。子供たちに裸足で運動会の練習をさせるので、先生も裸足で指導するという滑稽なものまで、挙げていけばきりがありません。

それならば、子供たちに自転車通学を許可していなかったら、先生も徒歩で通勤するのでしょうか。物理的な距離、条件が違うからではなく、精神的に一線を引き切れていず、何か罪悪感に似たものを感じてしまっているのではないでしょうか。先生が、自転車、自動車、電車を使って通勤するのは、そうすることの必要性を説明する自信があるからです。言い換えれば、大手をふれるわけです。では、放課後におやつを食べることは、そんなに説明しづらいことでしょうか。子供は、さっさと帰宅しますが、先生は子供たちと比べれば、よほど遅くまで居残りをして仕事をしているのです。小腹が空いたときに、お茶の時間を取るのは至極当然なことです。そもそも、勉強と仕事はまるで性質が違います。また、毛染めは自分の稼ぎで、自分の責任で社会的な常識と、照らし合わせてなさっているのでしょう。必要に迫られた白髪染めなのかもしれません。たしかに、金髪に染めるのは、その社会的な常識と照らし合わせても、いかがなものかとは思いますが、それとて子供と一律に論ずることはできないはずです。さらには、子供を裸足にさせるから、先生も裸足でというのは体育の授業として危機管理上からもいかがなものでしょう。子供たちの体調不良や、怪我対応から見ても、先生は先生という立場で靴をしっかり履き、不測の事態に対応できるよう努めるのが本務ではないでしょうか。

子供たちが、先生と自分の立場の違いを理解し、自分たちと同一視することをやめ、一目置くところに教育の原点はあるはずで、その感覚を養ってやるのが師としての務めだと思います。

担任に礼を言う習慣

子供たちにとってみれば、校長や教頭であろうが保健や専科であろうが、みんな先生です。だから、担任であろうが、やはり同列の先生なのです。担任は、受け持ちの子供が校長や教頭といった管理職の先生に話をするときには、丁寧な言葉や態度で接するよう指導するはずです。保健室の先生にも丁寧な言葉遣いや、怪我の手当、測定などのお礼を言うように指導するはずです。専科教諭や公務員さんに対しても、すべて同じ指導をするはずです。

では、担任に対してはどうでしょう。担任にノートの点検をしてもらったときや、友達との接し方で相談をして、助言してもらったことに「ありがとうございます」と礼を言うのは変でしょうか。

私たち教員は、担任を受け持ったとき、受け持ちの子供たちのノートを点検したり、困りごとの相談にのったりするのは、担任として当然の仕事であり業務であるから、それに対して礼を言わせる必要はないと考えてしまいがちです。それとも、担任は家族同然だから、身内感覚で他人行儀になる必要はないと考えているのでしょうか。後者ならば重症ですが、前者ならば案外気づきにくい部分で、盲点といえるかもしれません。

我々の日常生活で、買い物をするときに店員さんに商品についてあれこれ尋ねたり、レジでおつりを受け取るときなど、「ありがとう」とお礼を言う場合があります。レストランで支払い時に客の立場でお礼を言う姿は素敵なものです。反対にお客様風を吹かせて、ふんぞり返るように偉そうに無言で立ち去る姿を見ることもあります。店員さん達は、当然の業務をこなしているだけで、礼を言われる立場ではないので何とも思わないかもしれませんが、礼を言い合う姿には互いを尊重する大人の礼儀であったり、その人の持つ磨かれた社会性を感じます。また、医者にかかった患者が、診察に対して礼を言う行為や、保護者が日頃お世話になっている学校の先生に礼を言う姿も同じことでしょう。

その価値観を子供に当てはめれば、丸つけや相談にのることが、担任として当然の仕事であり業務であるのではなく、もちろんある意味そうなのですが、そのように世話になっている先生に礼を言える子供を育てることが担任の仕事であり業務ではないでしょうか。近い将来、大人になったときに、自分ではない他者を尊重することができ、礼儀正しく振る舞える清々しさを身につけさせてやりたい。そのためには、大人になる前にそういう価値観を伝えるべきであることは、あまりにも明らかです。決して子供たちにとって、担任は家族同然にはなり得ない他人なのですから、丁寧に接するよう身を挺して指導する。つまり礼儀正しく振る舞う模擬体験の練習台として自らを提供し、担任に礼儀正しく振る舞わせることで、これら価値観を教えていくべきだと思います。

掲示物の外れを直さない

子供たちの作品や約束事、学級目標から当番表などなど、教室には様々な掲示物がはられています。その掲示物が外れてしまっていたり、片側が外れて傾いていたりすることはよく見かけます。そんな場面に出くわしたら、もちろん修復はします。しかし、いつも必ずするわけではありません。できるだけ、周囲の誤解を招かぬ範囲で、放置するよう心がけています。

子供たちにしてみれば、先生が常に直していると、それは先生の仕事であると思ってしまうようです。掲示物が外れているのを見つけると、悪気なく先生の仕事なのに気づいていませんよというように、先生に教えに来る姿をよく見ます。もちろん、できることはあなたもしなさいと、見つけた子に直させる指導は入るでしょうが、意識は変わらず、また同様のことは繰り返されます。もし、先生が掲示物が外れているのを修復したならば、直した旨を子供たちに伝え、本来は気づいた者が直すべきであること。気づくことが大切であり、気づいたならば行動することがもっと大切である旨を諭さないと、いつまでたっても先生ばかりが修復係をさせられることになるでしょう。

だから、掲示物が外れていても可能な限りそのままにしておきます。そして、三日なら三日と、指導者側で期限を設定して観察を続けるのです。当然、先ほどのように報告に来る子がいたならば、その子に直すように指示を出し、気づいて報告に来たことを全体に向けて評価することになります。そして、もし誰も報告にも来ない。その上、そのまま外れた状態であるならば、誰が直すべきなのかを諭すことになります。もちろん、報告に来たことを評価する場合も、本来誰が直すべきかという指導は必要です。ただ、押しピンで止める作業は結構な力仕事ですから、学年相応の配慮は必要であることは言うまでもありません。

では、本来は誰が直すべきなのでしょう。教室環境の整備ですから、その教室を管理する者と利用する者の双方が、その責を負うことになります。いいえ、そんな責任論より、お互いに気づいた者がさりげなく行えばよいのです。しかし、我々は指導者ですから、意を決して心を鬼に一歩も二歩も下がって、気づかぬふりをするのです。そして、教室は教育の場ですから、自分だけのことを考えて行動してはいけないことを、自分の掲示物でなくともお互いに気づきあって直していこうと、気づくという大切な能力や主体的な実行力を実践的に育む場です。それを過保護のように先生ばかりが率先して行えば、せっかくの育まれる機会を、子供たちから奪ってしまっていることになります。だから、私は押しピンが落ちていれば、率先して拾いますが、掲示物の外れは可能な限りそのままにしておくのです。

掲示物の外れだけの話ではありませんが、私は、そのような様々な乱れに気づくことが、そして、自らの判断で行動できることが大切だと考えます。そして、そのためには環境整備は指導者側の責任とばかりに、率先して修復するのは早計だと思います。

率先してしない感覚

あいさつ、廊下に落ちているゴミを拾うなど掃除に関すること、掲示物のはずれを直すなど教室内の環境整備等々、先生が率先する形でやってしまえば手際よく、しかも見栄えが良くなるであろうことを、あえて率先しない理由は次の一点に尽きます。それは、プラスの評価を子供たちに伝えるためです。山本五十六の有名な言葉に「して見せて、言って聞かせて、させてみて、ほめてやらねば人は動かじ」とあります。その通りだと思います。人は、ほめられ認められなければ動けません。率先する姿を見せることも、時と場合によっては必要であることは承知ですが、その姿をいつまで見せ続けるのかという見通しをはっきり自覚しておくことが重要だと感じています。先生ばかりが率先していては、子供たちの気づきを奪うばかりか、プラスの評価を与える機会をもつみ取ってしまっています。先生が率先しても、プラスの評価を受ける人物はその場に存在しません。

私たちは国語や社会といった教科指導では、事実を伝え、新しい知識を教えます。そして、理解度を測るために試験をして評価しますが、それは理解度を測り、不足の部分を補うことが重要な目的の一つです。決して、教え続けるということはしませんし、教えっぱなしで理解度を測らないということもしません。にもかかわらず、我々学校関係者の間で、率先して見本や手本を見せるべきと考えられている日常の礼儀や徳行など、あいさつ運動もその代表的なものでしょうが、道徳的な価値観については、見せ続けることでよしとされているのではないでしょうか。徳育に評価はなじまないといいますが、それは点数化のことで、できているのかできていないのかという事実を伝える評価とは別物です。たとえ率先して行う姿を、ある一定期間見せたのであるならば、その期間が過ぎればぴたりとやめて、子供たちにその姿が再現されているのかを見極めて、評価という形で返すのは指導者であるならば当然の責任です。それをしないと、礼儀や徳行について受け身的な発想しかできない大人になってしまうのです。二、三、例を紹介しましょう。

学校自己診断のアンケート等で、にわかには信じがたいですが、保護者から次のような意見が寄せられることがあります。それは、参観や用事で学校に出向いたときにあいさつをしてくれる先生が少ないから、もっと率先して先生からあいさつをするよう心がけてほしいというもの。あいさつはお互いのものですから、気づいた方からあいさつをすればよいのですし、ましてや日頃我が子がお世話になっている学校の先生に、それこそ保護者の立場から率先してあいさつすべきだと思うのですが、あくまでも受け身的で先生から先にしてほしいという要望を述べているのです。たぶん、そんな保護者の方は幼少時代に、学校で先生方から率先してあいさつをし続けてもらっていたのでしょう。あいさつを受けることが、当たり前の感覚になってしまっていて、自分からあいさつをするという主体的な発想を欠いたまま大人になってしまったと考えられます。ある意味、率先を良しとした受け身的な価値観の下、教育を受け続けた犠牲者といえるかもしれません。

よく似たことですが、現場では率先しながら子供と一緒になって活動することが大切であると信じられていることがあります。読者は、掃除を子供たちとともにしているはずです。私もいつもではありませんがしています。あえてその掃除の時間に、ただ突っ立って子供たちが掃除する様子を観察している自身の姿を想像してください。罪悪感に似たものを感じたはずです。その感覚は、普段勤勉である姿を、ここでは掃除をするという形で子供たちの前に示し、模範となって率先している自身の姿との対比から生み出されてはいないでしょうか。ところが、確かに指導者自身が掃除に集中すればするほど、本来注視しなければならないはずの子供たちの掃除の仕方が捉えられなくなります。これでは、評価のしようがありません。我々が掃除をするならば、方法を示し、後は子供たちに任せる。そして、良くできていることをほめるという形で評価して道徳的な価値観を育てるべきです。

率先する姿を見せ続けることのみによって、決して礼儀や徳行に関する主体的な感性は育まれません。それどころか、そんな環境下で掃除という徳行を学び続けた子供たちが大人になって保護者の立場になったとき、掃除の仕方や様子を観察して子供の主体的な感性をのばそうとしている先生に、先生も一緒に子供たちと掃除をしてほしいという意見を寄せるのかもしれません。

間違いだらけの教育施策

法の整備の下、学校自己診断で保護者や児童にアンケートをとり、先生の教え方や児童に対する接し方を尋ねることが当たり前のように行われるご時世になりました。また、全国的にではないものの先生の教え方そのものを問う授業アンケートなるものを、保護者に向けて行う自治体もあります。しかも、新学期が始まって間もない時期に、授業を一度か二度参観しただけの保護者に向けて行うのですから、分からない保護者は当然、自分の子供たちに先生の授業の仕方は分かりやすいか否か、もしくは上手か下手か、つまり信頼のおける先生か、はたまた信頼できない先生なのかを聞いて親子で相談して書くのです。言葉は消えますから、家族で先生の悪口を言って評価をしている光景ならば、ほほえましくはないですがよくある話でしょう。その後そんな話をしていた頃もあったかなあ、と懐かしく思い出しながら信頼を寄せて先生と接する姿も想像できます。

しかし、雑談ならまだしも宣言させてはいけません。アンケートに答えるという形で、先生そのものを評価する行為は、その先生に対する信頼度を宣言することに等しいのです。想像してみてください。読者が教員であるならば、職員室にいる主義主張のあわない同僚や管理職がいたとして、その先生のことを雑談で愚痴る場合と、学年の会議など少々公の場でその先生のことをあわないと公言、宣言してしまった場合を。愚痴っただけならばその後の状況の変化に、あわないと思っていたがそうでもないかと思い直せるのですが、後者は宣言してしまったがために、周囲と交わした合意に束縛されてしまうのです。つまり、宣言を聞いてしまった周囲の同僚が自分を見る目は変化しないのに、宣言した自分だけが変化することが難しく、自分の立場を守るためにあわないと思った人との関係を思い直すことに躊躇する結果を招くのです。その上、アンケートという形で文字に表してしまうと、とても消えにくくなります。消えにくくなるというのは、記憶からという意味です。文字には思考を整理し、定着を促す働きがあることは誰しも理解しているはずです。宣言した上に輪をかけて、子供が先生を何段階の記号や言葉を用いて評価するのです。低い評価の記号や言葉を答えとして書いてしまえば信頼などできるわけがありません。

さて、その光景を想像して、もしもまだまだ経験も浅く授業力が足りない現実があるとの結論に達したり、経験ばかり積んでいるのにまったく教え方がなっていないとの結論を導き出してしまったらどうするのでしょう。そして、それを文字や記号に表してしまって記憶に定着させてしまう。それでいちばん不利益を被る犠牲者は誰になるのでしょうか。だめな先生というレッテルを貼り付けてしまい、信頼を寄せるどころか不信感をつのらせる姿が想像できてしまうのです。子供たちが先生の言うことをきかねばならないという約束事は、先生との信頼関係、もしくは先生の言うことはきくべきものだという親の躾によって担保されます。

もし、理由はどうであれ先生との信頼関係が崩れかけたとしても、親の躾があれば子供は一定期間、それが担保となって先生の言うことをきくことができます。つまり、教育が保証されるのです。そして、その時間稼ぎをしている間に、子供には聞こえぬ場で先生と保護者の大人同士の懇談をし、話し合うということもできるでしょう。これが本来の教育の共に育む姿ですが、いきなり訳も分からぬまま評価を下させ、立ち位置を宣言させてしまうことは、いたずらに信頼関係を損なわす愚策としか言いようがありません。そもそも、保護者というのは形だけで、実際は子供に先生を評価させるような教育施策は絶対に間違いなのです。私は、子供たちに来年以降に同じような機会があったら、先生のためではなく、自分自身のために是非とも最高評価をつけてアンケートを提出すべきだと諭しています。

師弟の一線と、いじめ問題

この章の冒頭で、師弟の一線を引く目的は、子供たちが子供のままでいられるようにするためであり、目上として振る舞う先生に、困りごとの相談や、わからないことを尋ねるというように、良い意味で甘えることができるようにするためだと申しました。この甘え甘えられる関係、つまり良い意味での上下関係が教室環境を整えます。いじめ問題を考えてみますが、陰で執拗に行われ、指導者も気づかないままに重大な結果を招いてしまうという構図がある一方、指導者が気づいていても止めさせられないという事例も多くあります。どちらも、先生と子供たちの良い意味での上下関係や、甘え甘えられる関係がないからといえます。

まず、気づかないという場合について考えてみます。たしかに一定期間気づかずに、いじめいじめられる関係が陰湿に進行してしまうことはあるでしょう。しかし、良い意味での甘えられる関係が成り立っていれば、先生に相談するという可能性が多少なりとも期待できるはずです。そのためには子供たちとの間に良い意味での上下関係があって、相談したら解決に導いてくれるだけの力量があると信頼を寄せる気持ち、つまり甘えられる気持ちが裏打ちになる必要があります。また、本人からは難しくとも、我々指導者が気づかない間にも、気づいている子供たちはそのいじめられている子の周囲に必ずいます。その子供たちが、傍観者とならず周囲の大人に相談できるか否かの分かれ目も、そういう甘えられる関係、つまり頼られる関係が成立しているか否かが鍵になります。

また、気づいていても止めさせられないという場合には、もっと明確に師弟の一線が引かれた関係が必要です。反対からいえば、師弟の一線が引かれていないから、言い換えれば良い意味での甘え甘えられる関係や、良い意味での上下関係が成立していないから止まらないのです。教育の世界では近年、いじめはあって当然で、いじめがあることが恥ではなく、いじめに気づかないことが恥であるといわれます。でも、その先にあるいじめに気づいても止めさせられないことは大恥であるという部分はあまり語られません。いじめをなくすためにはいじめている子供たちに、「いじめを止めなさい」という指導者側の警告を、素直に受け入れる資質が求められます。平板にいえば、先生の言うことをきくことができるかできないか。もっといえば、先生の言うことをきかせることができるかできないか。すべてはこの関係が成り立っているか否かにかかっています。

先生が、止めなさいと言って止めさせることができないと、いじめは継続します。至極当たり前の話です。だから、師弟の一線を明確に示し、良い意味での上下関係を重んじて、先生の言いつけは守らねばならない事柄だ、先生の言うことはきかねばならないのだという感覚を大切に育ててやるべきなのです。これは、友達感覚を醸し出す先生にはできません。なぜなら、友達ならば参考意見は述べることができても強制はできないからです。一方が他方に強制できうる関係は、友達とは言いません。それこそ、いじめの世界に通じる関係かもしれません。だから、先生は指導者であり友達ではないことを宣言し、子供目線に決して下りず、良い意味での上下関係を構築する。そして、先生に対する言葉遣いはもちろん、立ち振る舞いを礼儀正しくさせる。その上で、先生に優しく、先生を大切にさせる感覚を養い、それらのすべての価値観が統合されて子供たちの社会に還元されることを目指すのです。先生に優しくさせるさせるのも、先生が気持ちよく過ごしたいからではないのです。先生に優しくできる子供たちならば、友達同士でも優しくしあえるはずなのです。同じく、先生を大切にさせるのも先生自身だけが大切にされたいわけがないのです。先生を大切にできる集団であるならば、子供たち同士でも大切にしあえる集団のはずです。

もちろん、いじめは起こってしまうかもしれないけれども、当たり前ではないし、子供同士の気づきや親の気づき、そして指導者の気づきなどなど、多くの気づきの目で、起こってしまったいじめも、その拡大や継続の被害を最小限にとどめたい。それを実現可能にする道は決して力ずくではなく、先生の言うことをきかせるということの師弟の一線なくしてはあり得ないと思います。

師弟の一線と、不登校問題

もし読者が不登校気味な児童を担任し、最初の欠席の日に連絡を取ることになったとしたら、なんと語りかけるでしょう。おそらく、体調や精神の安定度合いを推し量るため、体の具合を尋ねて気分の具合を気遣う問いかけなどをしながら、登校できそうな状態か否かを「明日はがんばれるかな」などという文言で打診するでしょう。しかし、そのような打診をするから不登校傾向に拍車がかかってしまうのです。不登校と他を意識する感覚の項でも述べましたが、登校できるか否かの選択権を子供側に託してはならない。人は弱いものです。ましてや人生経験の乏しい子供ならば、楽な道である不登校を選んでしまうことは目に見えています。

では、どう声かけをすればよいのか。それは、当然のことなのですが登校すべきである旨をできるだけ愚直に、そしてできれば冷たく言い放つように伝えるべきと考えています。登校を促すのは先生の仕事であるし、それが君にとって最善の選択肢であると信じるから学校へ来なさい。こう言い放って、あとは本人の努力を信じて待つ。こんな対応は冷たいと感じるかもしれません。厳しすぎると批判があるかもしれません。しかし、本当の優しさは厳しさの中にしかないと申しました。これら一連の冷たく、厳しすぎるように感じるような対応には、理由はどうであれ登校していない現状を心地よいものにさせないという意図があります。つまり学校へ来させたいのです。たしかに、不登校の原因は本人の怠業傾向だけではなく、深刻な原因が潜んでいることも少なくはないでしょう。登校刺激が本人をかえって危険な状況に追い込んでしまうことが予想される事例、たとえば医師の診断を受けているような事例には適応できないことはお分かりいただけると思います。そうではなく、生活習慣の乱れや遅刻や欠席を繰り返すような、本人をとりまく環境と本人の自立度の未熟さなどに起因する不登校状態に心地よさを感じさせることは危険だと言っているのです。

その遅刻を例にとって、もう少し掘り下げて考えてみます。たとえば朝の集会に遅刻してきた児童にどう接するでしょう。おはようと笑顔で迎え、手を引いて列に加わるように並ぶ手助けをするでしょうか。遅刻して頑張って登校したと誉めたりするのでしょうか。どちらも遅刻した当の子供にとってみれば心地よい状態です。これではこの先遅刻が改善されません。遅刻しても心地よく接してもらえる。この感覚は、堕落への道へ導きませんか。ましてや、遅刻していない真面目に立派に登校している子供たちは、先生から何ら心地よい声掛けをしてもらっていないのです。現実ですが、本末転倒です。

本当は、先生ならば愛想よくせず、遅刻せずに登校すべきだという注意をすべきではないでしょうか。注意されて心地よいはずがありませんから、できるかできないかは別として改善しようという動機にはなるでしょう。それも、できればできるだけ冷たく言い放つ方がいいと思います。その厳しさで、遅刻が軽減されたならば、本当の優しさはその厳しさの中にあったといえるはずだからです。

第三章　ほめ方・叱り方

ほめ方

◆なぜ、ほめるのか

ほめて育てるとよく言われます。確かに、叱られてばかりではやる気をなくしてしまうどころか、反発の元となりかねません。しかし、だからほめてちやほやするでは、話になりません。一般的にほめるということには、自己の肯定感や有益感などを養い、自信を持たせたり、意欲増進を図るねらいがあると言われます。

しかし、本書の主題の一つである「師弟の一線を引く」観点では、ちょっと違った角度からほめるという行為をとらえます。なぜ、師弟の一線を引くのかの項で、良い意味での甘えの関係は、教育活動の潤滑油の役割を担い、先生が上に立ち、その下に子供たちがいるという関係が教育の出発点であり、この関係なくして、教育は成り立たないと申しました。

そして、ここではほめるという行為は、目上の立場から目下の立場に行われるものだととらえているのです。一般社会においても目上の方に対して、ほめられないわけではありません。しかし、ほめる行為とは、ほめる側がほめられる側の行為を価値判断して一定の評価を与えて認めるということです。学校社会で、子供たちが先生の行為に対して価値判断をして、何らかの評価を与えほめるということはない、と言って良いでしょう。それが証拠に、私は長い教職経験の中で、子供からほめられたことは、一度たりともありません。先生にとってほめること自体が、上位者としての立ち位置を確立し、子供たちにとってはほめられることで、先生に対する敬愛の念をより一層深めさせるといえます。そして、それは教育に欠かせない良い意味での甘えの構造を支えるのです。わかりやすい一例を、ご紹介します。

ある時、若い同僚の先生が、なぜほめることが大切なのか、という質問をしてきたことがあります。その時に、私はこう答えました。

「では、先生、私をほめてみてください」

その先生とは、年齢で一回り半は離れています。日頃から、いろいろと子供への指導の方法を伝えていましたし、ありがたいことに伝える内容に、納得してくださっている様子でした。だから、私の知識や方法論を、ほめようと思えばほめられたはずです。しかし、その先生は私をほめる代わりに、次のようにおっしゃったのです。

「いいえ、そんなおこがましいこと、私にはできません」

そうなのです。日頃から、いろんなことを教わっている先輩の先生をほめること自体、はばかられるのです。先輩、後輩の関係でこれですから、これを先生と子供の関係に置き換えてみれば、ほめることの持つ本当の意味が見えてきます。

つまり、ほめること自体がいい意味で上位者である先生の専売特許であり、ほめること自体が先生の立場を確立させていると言っても過言ではないのです。子供たちの行為に価値判断を下して何らかの評価をする行為そのものが、良い意味で彼らの上に立ち、その間に一線を引くための必要条件となるのです。ただ、もちろんほめること自体にこういう意味合いがあるということを、そして、そういう意図を含ませてほめていることを子供たちが理解しているわけではありません。それでも、ほめてくれる先生に好感を持ち、慕うようになることからも、直感的もしくは本能的に、そのことを理解したり感じ取ったりしているのかもしれません。

人は弱い者です。ましてや子供ですから、誰にも評価されない環境下では、なかなかよき行いを実践しようとするのは難しい面があるのです。誰かに見られていてほめられたい。これが子供たちの本音でしょう。そして、友達がほめる立場にいないことも事実ですから、やはり先生に認められほめられたいのです。

◆ほめて育てるとは

親であれ先生であれ、大人が子供を教え育てる目的は、対人関係をよりよく行い、集団行動をより適切にとれるよう導くためです。その営みは、子供たちに社会性を身につけさせるためと言い換えることができます。

社会性とは、複数の人が集まる中で対人行動や集団行動をより適切に行う技能を身につけた結果、表現される行動様式です。その行動様式は、人が様々な体験から学びとり積み上げてきた経験の度合いによって決まります。子供たちの場合でも、日々自らが取った言動から成功事例を記憶し、次回の行動様式にすべく備えとして蓄積します。そして、新たに遭遇した前回とよく似た事象にたいして、備えとして蓄積していた経験値から最適の表現方法を導き出す。結果、適切に対処できるようになるのです。

われわれは、子供たちの言動に価値判断を行いほめ認めることで、成功事例としてその記憶に刻む指導をしているといえます。

また、「ほめる」ということには、その言動を繰り返して表現してよいという示唆が含まれています。つまり、ほめられたことには再現への期待があるのです。そうして、ほめられたことを再現させ、またほめられることによって追認される。そして、その再現性は積み重ねることによって行動様式として定着し、社会性となって形成されるのです。これが、ほめることによってのみ社会性が培われる所以です。

反対に、叱ることはどうでしょう。

「叱る」ということには、ほめることとは正反対にその言動を繰り返して表現してはいけないという示唆が含まれています。もちろん、何度言って聞かせてもわからないという場合はあるでしょう。誤って再現してしまったときには、また叱られて再度の表現を禁止されるはずです。つまり、叱られたことには再現への期待がないのです。このように叱る行為は、誤った言動を行わせないようにすることですから、経験値として蓄積されるものはないといえます。平板にいえば、叱るだけでは再現してならないことはわかるけれど、何を再現させればよいのかがわからない状態に陥るのです。もちろん、してはならない言動を繰り返させないことが目的ですから、叱ることも必要です。そのこと自体を否定しているのではありませんが、叱るならばどこに戻ればよいかを示してやらねば、子供たちは堕落の道を進むことになります。

ほめることと叱ることは車の両輪ですが、ほめることによってのみ成功経験は蓄積され社会性は培われます。反対に、叱ることによって社会性に結びつく経験値の蓄積はないといえます。

◆常体表現を意識してほめる

ほめること自体が上位者としての先生の立場を保証します。そして、良い意味で子供たちの上に立つことができる素地を固めます。上に立つからこそ、子供の集団を俯瞰するように観察できるようになり、人間関係の全体像もつかみやすくなります。

また、ほめるという行為は、上下関係の中で上位者からのみ行えるものであるとも申しました。しかし、我々の日常生活や会社などで、目上の方に対してもほめることができているのではないかと思われたかもしれません。たしかに、「〜の解決に導かれる手腕はさすがですね。感服いたしました」や「よくそんなところまで気づかれましたね、お陰様で助かりました」というふうに敬体はもちろん、かなりへりくだってならばほめることができるともいえそうです。しかし、ここでいうほめるという行為は、常体表現で何某の行為を評価する表現方法を指します。「よくできました」に代表されるように、敬体のほめ言葉を使って悪いわけではありませんし、日常よく使われています。常体表現を意識するとは言葉の問題だけでもなく、肝要なのは、そのほめ言葉に伴う先生の立ち振る舞いが上位者として保たれているかということなのです。「よくできました」「偉いぞ」と常体表現を加えたり、言葉は付け加えなくてもよしよしと頭をなでたり、そういう雰囲気を醸し出せていれば常体表現でほめることを意識できていることになります。

反対に、それが意識されていないほめ方も日常的に見ます。たとえば、「みんなのことを考えて意見を出してくれたんだね。ありがとう」や「すごい、さすが○○君」など、おだてるとまでは言わないものの多分に気遣っている様子が読み取られてしまうようなほめ方です。修学前の幼児ならまだしも、低学年でも通用するかどうかのぎりぎりの線で、年齢を重ねるほどほめられても何もありがたくないどころか、反対に恥ずかしささえ感じさせてしまうことになりかねません。ありがとうとお礼を言ってみたり、すごいと持ち上げてみても、子供自身のそれぞれ内側に対する評価が抜け落ちており、上辺だけの軽いほめ言葉として子供たちの腑に落ちないものになりかねません。ほめるという行為は、目上の立場から目下の立場に行われるものだととらえていると申しました。そして子供たちの直感力は驚くほど優れています。理屈ではなく直感なのです。

このように先生がほめる意味合いをよく理解しておらずほめたとしたら、子供たちは直感的にどう捉えるでしょうか。多くの素直な子供たちは、理解してほめた場合と違わないでしょう。しかし、一部のずる賢い子や早熟な子、教室の約束事からはみ出そうとする子やちょっと指導に配慮のいる子たちは、ほめるという回数が増えるほど先生が下手に出てきていると見透かすはずです。

先生は、子供たちの上に立つ者としてふるまう必要があります。なぜなら、先生という立場は時に強制力をもって指導せねばならぬ時があるからです。教室でいじめがあれば、「やめろ」と制止をかけて、それに素直に従う子供たちでなければならないのです。教室で暴力をふるう子がいたら、やめさせる必要があるからです。

上意下達とそれを素直に聞き入れる関係は師弟の間、つまり先生と児童生徒間に必要不可欠ですが、この関係は互いの信頼関係から導き出されるものです。決して、暴力的な威圧を背景に先生が指導をしても、それらの問題行動はやみません。水面下に移行するだけです。先生が上位者としてふるまい、子供たちがその上意下達に納得して従う素地は互いの信頼であるということ。そして、その信頼関係を築きあげる為にはほめて認めるという行為のほかに手段はないのです。

◆通常の状態をほめる

たとえ話として集団開きの頃を取り上げてみます。学級が組織されて一番初めの集まりでは、担任の先生はどんな先生だろうか、周りの友達はどんな子だろうかという期待感、あるいは不安感から、しんと静まって話に集中していることが多いと思います。これは、当たり前のことであり、この状態を普通の状態として捉えるところから以後の指導を始めます。

たしかに、子供たちにとってこの状況というのは期待感とともに一定の警戒心をもって、環境の変化にともなう不安から自己防衛を優先させている状態といえるかもしれません。そういう意味では、ある種特殊な緊張状態におかれていると捉えることもできますが、そこをあえて普通の状態と捉えるのです。この状態を、特殊な状態と捉えてしまうから、だんだんとたがが外れるように緊張状態がほぐされていき、そのうち、身勝手わがままな姿さえも子供らしさと解釈してしまったり、子供はこんなものだ、仕方がないと大目にみてしまう。極端な話が、集団の騒がしさも子供らしさと捉えてしまう感覚。そういう感覚の対応の行く末には、指導の困難な状況が待ち受けます。

誤解のないように付け加えておきますが、緊張感を保つために一年間縛り付け、押さえつけるなど以ての外。一人ひとりをできるだけ深く理解していくのも当たり前。何も鬼のような振る舞いで、緊張感を継続させると言っているのではありません。学級開きの頃のいい部分としての緊張感を持ち続けられれば、落ち着いた雰囲気の中で授業を受けることができ、継続的に子供たちの学習権が保証されるということに異論はないでしょう。

話を戻しますが、反対にもし学級開きの頃にざわついて収拾がつかないようだと話は別（待ちの指導）になります。しかし、この緊張感を当たり前で普通の状態としてほめるのです。ほめられることによって、当たり前に過ごしている普通の状態を追認されることになり、この状態を最低は維持していける素地が、指導者により保証されるのです。この水準を最低維持していれば、心地よくほめられる。子供たちにこの感覚が目覚めれば、普通の状態が繰り返されることになり、通常の状態へと進化を遂げます。そして集団の感覚は、正の思考回路に入ります。指導者はこの水準、つまり学級開きの頃の良い意味での緊張感が通常の状態になった集団を、高みへ引き上げていくための要求を、小出しにしながら、育てていけばよいのです。

この手順を踏まないと、集団行動に対する善悪基準の裏付けがゆるみ、行動の堕落へつながりかねません。危険なのは先ほど述べた、騒がしさも子供らしさと捉えてしまうような指導者側の感覚です。そして、いずれこの状態を崩していくような行動が出てきたら、叱ることになるのです。しかし、それはすでに時遅しで、善悪基準は叱られた地点まで下がってしまっていることに気づかねばなりません。子供たちの感覚には、ここまでわがまま身勝手な行動をしたら叱られるという事実が刻印されます。反対にいえば、叱られた地点までは許される。集団の感覚は確実に負の思考回路に陥ってしまいます。

このことは、学級にも個人にもそのまま当てはまります。平たくいえば、普通に過ごしている姿をほめておけば、普通に過ごしていくものなのです。普通に過ごしていく頻度が高くなれば、それが通常となり日常の姿となるのです。少々ぶれて羽目を外して叱られても、ほめられている基準点がありますので、どこに戻ればよいか非常にわかりやすいのです。極端な話が、いつも悪さばかりして叱られていた子に対して、普通に過ごしていれば、その姿をほめればよいのです。あくまでも極端な話ですが、少なくとも悪さをしていない状態、言い換えて普通に過ごしている状態をほめることにより、行動の水準点を示してやるのです。そうすることにより、たぶんその子は、悪さをせず普通に過ごすことが多くなるはずです。

ほめて育てるの項で述べましたが、普通の状態の再現を願ってほめる。その普通の状態を、学級開きの頃の良い意味での緊張状態と捉えれば良いだけのことです。また、たとえ話として学級開きの頃を取り上げましたが、初めから継続的に行わなければならない指導でもなく、静かにしていたり集中している瞬間を捉えて、いつからでもどの地点からでも始められる指導であることは言うまでもありません。

◆できるだけ放っておいてほめる

集団は、できるだけ放っておく。つまり指示を減らすことが、子供の主体性を引き出すことにつながります。この項では、集団を導くときの「ほめる」と「叱る」という正反対の価値観について、もう少し掘り下げて考えてみます。

もちろんほめながら集団を導けるとしたらそれに越したことはありませんが、なかなか現実はたやすくないことも事実です。

しかし、それを可能にする指導法が、第五章でご紹介する「待ちの指導法」なのです。「目的を持つ」「自分の頭で考える」という基本を前提に、「言われる前にする」、「周りの様子に気配りする」という価値観に基づいた行動の規範や基準をきっちりと伝えていることが前提となります。子供たちの意識にある程度それらのことが身に付いてきたら、子供たちは集団として何も指示を出さなくても、自ら判断し行動しようとするようになります。

例えば、学年順に集会活動の場へ集まるような場面を思いうかべてください。先に集合している学年は、並んで座って待っている。その並びに後から加わるとします。通常の状態をほめるという行動の水準点が示されておらず、しかも先生が先導して指示を出し、前から順番に座らせていくという、よくある指導を日常的にしているとしましょう。そういう指導の下では、子供たちは考える必要がないわけですから、先生の指示をよく聴いていない子がおしゃべりをしていたり、後ろを向いていたり、集団の枠からはみ出す行動をとりがちです。周囲の批判的な視線が気になった担任の先生が、叱ったり、個別に注意をして前を向かせて静まらせてということに陥ってしまいます。少々皮肉っぽく言わせてもらえるならば、子供たちにとって見れば、先生が指示を出すまでついてきているだけでいいよ。指示が出れば、その通りに動けばいいのだから。と、担任の先生が態度で示しているのに、その通り考えず横を向いていたら叱られてしまったといった具合でしょう。先生自身が、子供たちにそのような振る舞いを許しているのですから、叱ることはお門違いかもしれません。

しかも、個別に関わってもらえることは子供たちにとって先生を独占できる状態ですから、少しでも甘い態度で注意をしていると、次から次へと自分も関わってもらおうと考え、手のかかる子を演じてしまうことだってあるのです。

そこまで想像を豊かにしなくとも、先生が指示を出している状態では、子供たちは指示通りに動いて当たり前ですから、指示通りに動いたとしても、よほど指導者の意図的な思惑が入らない限り、そこでほめようと思うことはまずありません。反対に指示通りに動かなかったときは、減点対象の行動ということになりますので、叱らなければならないと感じてしまうのでしょう。

対して、何も指示を出さず、ただ待っているだけの指導ではどうでしょうか。もしも、まだ子供たちが指示の出ない指導になれておらず、自分たちでうまく動けなかったとしても、指導者としては動けなくても当たり前と思えるかもしれません。そこまでは思わずとも、仕方がないとは思えるでしょう。子供たちだけの力で並びに加わり順番に座って行くということができなくても、評価感情の増減はないわけです。次回できるようになろうと期待を寄せておいてやればよいのです。反対に、自分たちで周りの座っている様子を見習い、静かに座って待つことができたら、評価感情はほめる方向へ倍増といって良いでしょう。

できるだけ指示を出さず何もしないで放っておく。つまり、ただ待つだけという一見消極的にも見える「待ちの指導法」（五章参照）というのは、待つことによって子供たちのプラス面を引き出し、ほめながら集団の自治意識を高められる最も積極的な指導法なのです。

◆叱りながらほめる

いくら集団が育ってきても、個々に子供たちの抱える生活上の課題は尽きません。授業中はよそ見や私語が多く、宿題や持ち物は忘れてばかり、友達にもよく意地悪をするのでトラブルが絶えない。そんな子のどこを探してほめればいいのか。

答えはもうおわかりだと思います。友達にもよく意地悪をするから叱られるのですが、意地悪をしていない時間の方が圧倒的に長いはずです。ただ、そんな普通の時は、全く目立ちませんから、ほめられません。そこを、意図的にほめるのが通常の状態をほめるやり方。

そして、意地悪をしてしまったら、その理由を問い、何某の心情を吐露できたら、その内容についての評価は別として、正直に心情を語ることができたことをほめる。これが、行動の細分化を行い、その一つの過程を取り上げてほめるやり方。こうすることによって、あなたのした行為は許されないが、今、正直に話したことは認めよう、というように叱りながらほめることができます。

学校生活上の約束違反が起きてしまったとしましょう。違反者一名はわかっているのですが、単独で違反をしたのではないようです。そんなとき、当然他に誰がしたのかを問い質します。すると、一緒に違反をしてしまった数名が立ったとします。ほめるタイミングはここです。一言、よく名乗り出たとほめるのです。ただし、それとこれとは別で、違反したことはいけないが、正直さを認めて繰り返さないであろうことに期待すると指導すればよいのです。

この指導を続けていると、誰がやったかわからない事例でも正直に名乗り出ることが多くなります。名乗り出た正直さと、してしまった約束違反とを区別してそれぞれに適正な評価を与える。これを区別せずに叱ってしまったら、次からは正直に名乗り出るという行動に対して消極的になるのではないでしょうか。

同じように、意地悪はしてしまったのだが、正直に話した心情までも身勝手だと批判されたら。そして、勇気を出してその心情を打ち明けた行為までも、叱られて否定されてしまったら、人はどう感じるでしょう。おそらく、次からは叱られるであろう予想が自らの行動に思い当たるとき、堅く口を閉ざしておこうと決心するでしょう。

ほめられないというのは、指導者側の思いこみで、ほめられるまで行動の細分化を行い、その部分を取り上げてほめる。それは、甘やかしや手ぬるいおべっか的な指導ではありません。人は弱いものです。叱られっぱなしでは、叱られている内容を、受け入れることはできないのです。

◆ほめられ方を教える

日常の何でもない行為、つまり通常の状態をほめたり、極力放っておいて気づきの芽生えをほめることとは、集団の規範意識を高める上で至極重要です。まず、自分のことは自分でできることや、自分の立ち振る舞いの身勝手さに自分自身で気づくことは、その個人が属する集団の育ちに欠かせません。

そういう個人の自立の態度が育ってきたら、次に期待し、子供たちに求める態度は自分だけのことを考えず、周囲との調和の中で自分のためにではなく誰かのためにする行動です。わかりやすいところでは、教室に落ちているゴミを拾うということでもよいでしょう。習字や図画をするために用意された用紙類を、使い終わった後に所定の場所に戻す作業でもよいでしょう。とにかく、先生や友達など誰でもよいのですが、自分のためにではなく誰かのために自分の労力を使う行為を推奨します。

そういった滅私奉公と言ってよいかもしれない行動をすればほめられるという経験を積ませ

るのです。自分だけのことを考えてはいけない。できていても自分だけのことではいけない。利己主義ではなく、他を意識する感覚を大切にした協調性が賞賛される価値観であることをわかりやすく伝え、そういう行動をとれば、認められ心地よく過ごすことができる感覚を養うのです。子供たちは、先生に認められるところを出そうとします。置き換えれば、自分だけのことを考えない所を出そうとするようになるのです。それは紛れもなく子供たちの持つ人としてのよい面であり、そこを伸ばしてやるのです。それができなければ、自己中心的で他人のことはお構いなしという殺伐とした雰囲気が教室にただよってしまうことになります。また、いい面をみせようとする姿は大人でいえば社会性であり、子供でいえば集団の中でよりよい人間関係を築こうとする態度です。それらを統合し、更なる高みへ導いたとき、自分たちだけのことを考えず先生の立場を慮れるようになるのです。つまり、教室で先生が忙しく子供たちにかまえないとき、子供は待つことになるのですが、従前は勝手なしゃべりがでたり身勝手な行動が目についていたはずです。そうではなく、先生の忙しくする姿に思いを寄せ、静かに待つ。先生の目の届かないときほど、自分たちで自身の態度を律する。この価値観と真逆の様相が、目を離したら何をしでかすかわからないというよく耳にするぼやきの様子です。

つまりほめて育てるのは、社会性です。そのほめられ方を教えるのです。それらはすべて、協調性を持った自主性として子供たちの行動に還元されることになり、その姿を我々指導者は成長とよんでいるのです。

叱り方

◆なぜ、叱るのか

叱ることによって間違った考え方に気づかせ、その行動を改めさせる。もちろん、この意味合いの上に更にという観点で話を進めます。

これも、実はほめるという行為と全く同じとらえ方をします。叱る行為も、目上の立場から目下の立場に行われるものだととらえているのです。それが証拠に、私は長い教職経験の中で、子供から叱られたことは、一度たりともありません。

ただし、感情をむき出しにする、怒るという行為とは別物です。怒りの感情は、立場の上下を問わず、そして辺り構わず我を忘れた興奮状態の中で、はき出すように表現されます。対して、叱る行為には、感情の起伏は伴いません。冷静沈着に、叱る側が叱られる側の行為に対して価値判断を下し、一定の評価を与えて戒めるということです。学校社会で、子供たちが先生の行為に対して価値判断をして、何らかの評価を与え戒めるということはない、と言って良いでしょう。

ところが、子供たちの行為に、価値判断を下せない指導法を、世の中でよく見かけます。それが、本書の主題の一つである「師弟の一線を引く」ことを疎かにした、友達関係のような先生と子供の関係を軸に、学級経営を行うやり方です。そのやり方の下では、子供たちは先生に対して常体で話します。そして、言葉だけでなく、先生に友達のように対等に振る舞うようになります。しかし、そのような対等な行為、友達感覚を許す先生は、子供たちを叱ることができません。なぜなら、友達関係は対等な関係ですから、上から目線になってしまう叱るという行為は成立しないからです。そして叱ることができないまま、許容限度を超えてしまったとき、子供たちを大声で怒ったりして、表面上静まらせるのです。そうしないと、収拾がつかないからです。その行為は、叱るではなく、ただ単純に感情を露わにぶつけるだけの怒る行為そのものです。怒る行為というのは、上下関係を問わず表現されます。対等な関係を許してしまった先生は叱ることができず、感情に頼って怒るという人として恥ずべき行為によって、相手を威嚇するしか方法が見いだせなくなるのです。しかし、その行為は露わにさらけ出されたとげとげしい感情を見せつけてしまう行為で、誰がどんな立場で怒ろうが、その人物評価は対等以下に見なされることは言うまでもありません。先生が怒る姿を見て、冷静に対等以下だと評価を下している子供たちがいたら、と考えるだけでぞっとします。ただし、なかなか非行の収まらない子供たちに、わざと感情を露わに見せる必要があると判断した上で、「怒ってみせる」という行為は、時と場合によりあっても良いと考えます。興奮状態で怒るという行為と、冷静沈着に怒ってみせる行為は全く別物です。

ただし、怒鳴る行為は暴力そのもので、怒鳴ってみせるのも許されることではありません。人として恥ずかしい行為であり、それが暴力である以上、必ず自分より立場の弱い者に対して行われる行為だからです。怒鳴ったら、それ以上に怒鳴り返してくる予想がつく子供に怒鳴る先生はいないはずです。そこには、やはり怒鳴れば静まるという力関係の読みが働いているのです。さらには、怒鳴る行為は学校や、もっと限定的に教室といった閉鎖的な空間で行われることがほとんどです。たとえば遠足の引率時に、子供たちの様子に腹に据えかねた先生が、駅のホームで子供たちを怒鳴り散らすことはまずないでしょう。そんなことをすれば、衆人の視線を一斉に集めてしまいます。社会では、大声を出す行為そのものが、すでに犯罪とかなり近い雰囲気をにおわせ、忌み嫌われる行為であることを、大人は知っているからです。社会で通用しないことを、学校で通用させるべきではありません。

詳しくは「師弟の一線を引く」の章で述べましたが、とにかく、友達関係を温存したくて叱るに叱れない先生が、指導に行き詰まった挙げ句の果てには、ついに怒り心頭に発するわけです。怒りを露わにする行為を、私たちは指導とは呼びません。もはや、指導の困難な状態に陥っているると表現します。

つまり、叱ることも先生の専売特許であり、ほめることと同様に、叱ることもまた、先生の立場を確立させていると言っても過言ではないのです。

◆注意はしないほうがよい

ほめるということは、詰まるところ安心して先生に甘えてよいという目上と格下の関係を築き上げることが究極の目的であるといえます。そしてやはり、格上の者から見て肯定的な評価に値しないという言動に対して、叱るという言動是正を求める行為を行うわけです。叱ることは、ほめることの何倍もの慎重さを要し、そして言うまでもないことですが、ほめることが先行し、その次に叱るという行動是正を求める必要があります。当たり前のことですが、ほめられるということは無条件に受け入れられることで、ほめられたからほめた人物を上位者と認めるという順序で認識されますが、叱られるというのは、なかなか受け入れがたく、上位者の人物つまり信頼できうる人物から叱られた場合のみ納得できるという違いがあります。要するに、自明のことですが、まずほめることで格上を確立し、次に至らぬ所を叱るという手順で行動是正を求める必要があります。

ここまで、理解した上で注意ということについて考えてみたいと思います。

それでも、注意はしない方がよいのです。

注意の仕方に叱るという方法があるわけですが、注意をする行為そのものには注意する側の価値判断を一方的に伝えるという宿命があります。何某のよくないと思われる行動に対して、否定的な価値判断を下して注意という行動を取るわけです。裏返せば、注意される側は価値判断をしていないと言い換えることができます。

だから、注意はしない方がよいのです。

人が本当に物事を分かるときというのは、自分の頭で考えて納得できた時、そしてその事柄に対してのみです。他人からの価値判断を受け入れられるときというのは、その相手が上位者であり、尚かつ納得せざるを得ないと判断したときに限られるのです。そこまで、追い込まれねば、自身の言動を否定できないほど人は弱いものなのです。

では、注意をせずによくない行動をどう改めさせるのか。

答えは至極簡単、訊ねるのです。そのよくないと思われる言動を、本人にそれで良いのかと。繰り返しますが、人が本当に物事を分かるときというのは、自分の頭で考えて納得できた時です。だから、訊ねて本人に考えさせる必要があります。そして、考えた結果を本人の口から言葉として言わせる。少々、強制的な圧力がかかっている環境でも、その環境下で自分の考えの結果として口に出した言葉のもつ意味には絶大なものがあります。注意をするということは、価値判断の主体は注意をする者です。注意される側に回ってしまう子供たちはいわば客体で、注意されてから何を注意されたのか、またどうして注意されたのかという手順を踏んで、何が間違っていたのかと自らの言動を振り返らねばなりません。ところが、価値判断の主体に立場をおかない為、何を注意されているのかもわからない。その注意の仕方が、語気が強くなればなるほど、どうして注意されたのかという二段階目の思考に進めなくなってしまうのです。人は、怒鳴られれば怯え萎縮します。怒られれば、殻に閉じこもります。注意されれば、血が上った状態になり思考停止させます。注意ですら、そんな状態に人を追い込んでしまうのですから、それでよいのかと訊ねても初めのうちは思考停止させます。それを、叱ってはいないのだという安心感を与えながら思考を再開させる。これが、よくない言動があったとき、再発防止への近道と信じます。

◆注意を笠に着ることに注意

教室内で、子供たちが互いに注意しあう環境があり、その注意の言葉が厳しい口調で行われることが許されている環境ならば、気をつけておきたいことがあります。それは、注意という行為の正当性を笠に着て、弱い者いじめや仲違いの延長戦を演じている場合があるのです。残念ながら、落ち着かない学級であればあるほど、特定の個人に対して厳しい口調で注意をするが、同じことを他の子がしてもとがめない光景はまあまあ見聞きします。加えて、注意をしている子供たちを観察していると、間違でいわゆる勢いのある子であるはずです。そういう子供たちをリーダーとして扱い育てる場合もあるでしょうが、いずれにしても一定の覇権を手に入れた子供たちによって注意は行われているのです。そのようによく観察していると、互いに注意しあう関係というのはあり得ず、強い立場からの一方通行になっていることが多いものです。また、立場の差がそれほど目立たない関係で、注意が行われていても、個人対個人で注意の応酬をしている場合もあります。弱い者いじめはひどいとしても、喧嘩や仲違いの延長戦に注意を使ったり、注意された相手に対して後日注意を仕返すなど、注意という行為そのものが人に与える痛手を子供たちはよく知っており、それを教室内の合法性にのっとって利用している側面があるのです。

それほど、人にとって注意されるということが受け入れがたく、自尊心を最大限に傷つけられる行為であるのです。それなのに、厳しい口調で注意しあうことが許されている教室の雰囲気がおかしいことに気づかず、先生もまた学級運営に利用しているのではないでしょうか。もし、どうしても注意をしなければならないのであるならば、相手の気持ちに最大限より添った優しい注意をすべきです。それは、間違ってても威勢のよい大声でこれ見よがしに行われる注意ではなく、そっとさりげなくその相手にだけ聞こえる声で行われるはずです。また、教室という環境上、呼びかける形で行わなければならない場合にも、できる限り優しく周囲の気分を害さない言葉と口調でさせるべきです。注意は正論ですが、正論であるが故に正々堂々と言い放ってしまいがちなのです。言い放たれて、受け止められるほど人は強くありません。私たち、大人の社会で注意を逆恨みして、暴力的な行為に訴えてしまう事件もよく目にします。そこまで言わずとも、職員室で同僚の先生に、何某の注意をするとしたら、どのような言葉や口調で、どのような配慮をするか。そこまで考えても、やっぱり注意をすることに二の足を踏むかもしれません。大人の社会が、そして職員室の同僚が受け入れがたい行為を、年端のいかぬ児童が受け入れられるはずがない。そういう発想に立って、子供たちの行う注意の行動を見ていく必要があると思います。

子供たちがもめごとを起こしてしまったとき、その原因を追及していくと結局、注意の言葉がきつく、根に持ってしまっていることはよくあります。注意はしない方がよいが、やむを得ないのであるならば、極力丁寧な言葉で相手を思いやらせるべきでしょう。

◆会話を成り立たせる

残念ながら、叱りながらほめられず、叱られるときに叱られるばかりで、何一つ認めてもらえないような叱り方をされてきた子供たちは多いものです。

そんな子供たちは、叱られていると感じ取ったとき、できるだけ口数を減らして身を守ろうとしけます。大声を出されたり、怒鳴られたりして怒られていると感じた場合はなおさらでしょう。大声や怒鳴ると言った行為は、もはや暴力の域ですから、堅く口を閉ざし、表情を硬くして黙り込むほか手段がないことは頷けます。そんな怒られ方をしている時に、言い訳や理由などを言えるはずもありません。もし、言おうものなら輪をかけて怒られることは簡単に想像がつくからです。

だから、指導者は冷静沈着に怒るではなく、叱る必要があります。時には語気を強める必要はあるでしょうが、なるべく穏やかな口調で諭すように叱る。言い訳や理由があったら言えるという雰囲気を醸し出しながら叱るのです。

そうして初めて、指導者の問いかけに何も答えず、その場を時間に任せるように黙ったまますり抜けようとしたら、黙っていること自体を叱責できるようになるのです。穏やかに何某のもめごとに至った理由を問うているわけですから、叱っているのではないのです。ましてや、怒っているわけではないのですから、黙り込まれては意思疎通の手段である会話そのものが成り立ちません。そこを厳しく追及します。

黙ってその場をすり抜けられたという経験は、必ず次回に生かされます。自分は何も話さないのに、指導者が一方的に叱って勝手に納得して許してくれるのですから、叱られている子供にとって見れば、喉元過ぎれば熱さを忘れるで願ったりかなったりでしょう。

また、休み時間に廊下を走る子供を見つけて「廊下を走るな」、誰かが誰かをこづいて逃げる姿を見つけて「そんなことをしたらダメでしょ」と声で追いかけるように叱る。

聴いていない相手に、何かを伝えようとしてもそれは無理というものです。中には、初めは正面向いて叱られながら、指導者が叱り終わったと子供自身が感じたとたんに背中を向けて無言で立ち去ろうとする子供もいます。たぶん、そんな子供はそういう経験を積んできてしまっているのでしょう。叱ったという事実を重視する指導者の「自己満足叱り」の犠牲者ともいえます。態度も気持ちも後ろ向きの子供に、叱るだけで許してしまうことが、話を聴けなければ理由も説明できない。もちろん反省もできない。よくない行動でも、何度も同じことを繰り返してしまう子供に育ててしまっているのです。

叱るなら、正面向き合って諭す。問いかけられたことに、答えさせることは言うまでもなく、今回の行動の反省点と今後の行動の改善点を、自分の口から、自分の言葉で、自分の声で言わせること。叱られたときは、反省点や改善点を言うまで、許してもらえないのだという経験をたくさん積ませたいものです。

◆あやまらせない

人は様々な間違いをします。そんなとき、過ちを認めて謝罪することは、勇気ある行動で褒め称えられることです。しかし、人は弱い者ですから、なかなか自分の非を認めることはできないのもたしかです。表題の真意は、だからあやまらなくてもよいわけではなく、強制的にあやまらせても仕方がないという意味にとっていただいて結構です（本当は、先生の都合であやまらせても仕方がないというのが本音ですが）。

たとえ、自らの行為に反省点を見いだし納得していても、さてあやまる行為に結びつけるには、相当の素直さや勇気が必要です。ましてや、いくら説諭されても納得できていない場合には、なおさらあやまる気にはなれないでしょう。納得しきれていない段階で、先生の強制力を持ってあやまらせることに意味はあるでしょうか。たしかに、相手の立場や気持ちを考えて、両者の感情の均衡を保つためにはあやまらせるという行為も必要悪の場合があるかもしれません。しかし、その裏側に先生の立場として、いつまでももめごとを引きずり振り回されるわけにはいかない、という打算が無意識のうちに働いてはいないでしょうか。つまり、納得できないのはあなたのわがまま故のことで、間違っていることは確かなのだからあやまりなさいという指導の裏には、言い過ぎかもしれませんが、あやまって終わりにしましょうという打算が見え隠れするのです。

もちろん、あやまらせるには先生が両者の関係を完全に把握し、双方の主張に含まれるうそや言い訳も見抜き、真実に符合する事実のみを整理し、互いが事実確認をした上で、非はどちら側にあるのかという判断を両者で合意形成しなければなりません。そこまで突き詰めても、先生の立場としては、どちらに非があるのかは参考意見として述べるにとどめ、あやまるべきか否かの判断は本人にさせた方がよいのです。実はこの時、指導者側は内心、三日なら三日といった非のある側が謝罪する猶予期間を設定します。ただし、あやまらせることとは別に、同じ過ちは繰り返さないという将来に向けての約束は、強制力を持ってさせるべきです。それがなければ被害者は、安心して学校生活を送ることができません。

そして、その猶予期間が過ぎた時、もう一度両者から話を聞き、謝罪の言葉があったかどうかを尋ねるのです。あれば、その勇気を大いに称え、互いの仲が修復された事実を喜び合えばよいのです。しかし、なければ謝罪に結びつかないわだかまりがあるのか、単にそのままにしておいたのかという事実確認をして、前者の場合は継続指導を行い、後者の場合はここで初めてあやまらせます。このときに、相手に謝らせるだけではなく、親身になって指導助言をもらったにもかかわらず、受け入れなかった態度を反省させて、先生にもあやまらせることを忘れてはいけません。

あやまらせないというのは、あやまらせて終わりにしないという意味なのです。

◆生かすも殺すも授業参観

ほめるにも叱るにも、授業参観というのはちょっとやりづらいものです。特に、叱ることに躊躇してしまったという経験をお持ちの方は多いと思います。自戒の言葉として、普段怒るような叱り方をしていると、参観時に親の視線があると、子供たちの言動の叱るべきところを、いつもの調子で叱ることができず、勢い大目に見るというしてはならないことをしてしまうのです。これを避けるためには、普段から演技として見せる必要がある場合を除き、怒るというのはもってのほか、叱るや諭すといった穏やかさの中に追及の厳しさをひそめた叱り方を心がけるしかありません。

また、授業中の軽いふざけや調子に乗って言うおちゃらけ。たとえば慣用句の勉強をしていて顔の部分を発表させているときの目・鼻・口・耳という真面目な答えに続けていう「鼻毛や耳くそ」などの発言。普段なら見逃さない言葉や態度を、参観時にはついつい許してしまう。そんな経験はないでしょうか。しかし、許されてしまった子供の中には、必ず許された経験値が一つ増えてしまっています。毅然とした態度で、でもちょっとだけ我が子を叱られる親の気持ちにも寄り添いながら、ダメなものはダメと言い切ることは、親の信頼を得ることはあっても、失うことはないでしょう。

対して、ほめるというのは叱る場合と比較して、やりやすいはずです。そこで、ちょっとテクニックなのですが、子供たちの集団としての成長を、親向けにほめるのです。授業をちょっとだけ止めて、話をよく聴けるようになったことなど、時々の成長の様子を、お母さんやお父さんという接頭語をつけて語り始めるのです。直接、子供をほめず、親に向けてほめる。何のことはないのですが、親の信頼・満足を得ることはもちろん、子のよりいっそうの成長も見込め、効果は抜群のものがあります。

これは年齢には関係ないようです。何年生でも関係ありませんし、親とて同じことです。いくつになっても、ほめられることは純粋にうれしい。我が子の様子をほめられた親は、自分をほめられるよりもうれしいかもしれません。どうでしょう、そんな我が子をほめてくれるような先生のことを、家で悪く言うはずがないのです。よく言われる保護者と学校の連携ができている状態です。考えてみれば、連携というものは互いに認め合うところにしか存在しないのです。子供たちのことを、親にほめる。一石二鳥の効果を狙っての、この方法を是非試されてはいかがでしょう。

◆暴力にどう対処するか

暴力は、常に弱い者に向けられる卑怯な手段だから、卑怯者に成り下がってはならないと日頃から諭していても、子供は未熟ですから手が出てしまうこともしばしばです。怪我をさせるに至るような暴力は論外として、つねられた、こづかれたという類の事例にどう対処しましょうか。

被害者となる子の持ち物を見せてほしいと頼んだのに、見せてもらえなかった。それで加害者となる子が叩いてしまったとしましょう。

私たちが犯しやすい間違った叱り方は、「加害者の良くない行動を正し、被害者の心情をなだめるために叱る」というものです。この手法では、叱られた加害者となだめられた被害者が存在するだけで、そこには、両者共に雨降って地固まるような生産的に得るものは何もありません。それどころか、その指導を見ている周りの子供たちは、「何か意地悪をされたら先生に言いつければよい。叱ってもらえる」と感じるでしょうし、最悪の場合、先生に言いつければ仕返しをしてもらえると感じるようになります。

本当は「良くない行動を正し、再び同じような行動を起こさせないという意図を持って叱る」のです。まず加害者を、叩くような子ではないと両者、もしくは全員の前で公言します。こうすることで、先生は自分を悪いことをする子ではないと認めてくれていると感じるはずです。

次に、被害を受けた子から拒否されたことに傷ついたことを説明。そして、人は拒否されたまま傷心できるほど強い存在ではないということ。そのままでは崩れてしまいかねないので、勢い相手を叩くという愚行に走ってしまったこと。つまり、それは自己防衛というか、自尊心を取り繕うためのあがきにも似た行動であることを知らせ、暴力は当然認められないが、相手のことが憎くて傷つけてやろうというよりも、自分を守ろうという意味合いが濃くて叩いてしまった人間の弱さをよく表した行動であったことを分析的に示してやるのです。だから、叩いた子のこともわかってやらねばならないし、当然、叩いた方は本当の勇気を見せなければならない。

叩いた、叩かれたと訴えている間は、赤面させて興奮状態に陥っていますが、こういう心の奥深くの動きを説明してやっているころには、落ち着きを取り戻します。そして、その中に自分を認めてくれていると感じる言葉に出あったとき、子供の目には涙が浮かんでいるはずです。

◆理由の問い方

理由というのは、人の内側から語られます。人の行動の理由を外側に求めているうちは、言い訳です。対して、内心や本音が吐露されたとき、それが理由です。そのあたりの指導法を具体例で見ていきましょう。

誰かが誰かをののしったとしましょう。指導者であれば、当然なぜののしったのかを問い質します。すると子供たちの多くは、「冗談で」と言うでしょう。指導者は、冗談でののしってはいけないと諭し、謝罪させる。これは、ずいぶんまずい指導です。

「冗談で」というのは、理由ではなく単なる事実説明です。「ののしった」の前に「冗談で」という事実説明を付け加えただけです。指導者がここで納得して説諭を行ってくれれば、子供にとってみれば、理由を明かさずに誤魔化したまますり抜けられるのですから、万々歳でしょう。

指導者は、「冗談で」というのは単なる事実説明であることを伝え、続けて理由を問います。すると、子供たちは「おもしろ半分で」とか「からかって」とかいろいろと言うでしょう。

しかし、それらもやはり単なる事実説明で、たとえば「おもしろ半分にからかってののしった」と事実の説明が長くなるだけであることを伝え、尋ねているのは、なぜ「おもしろ半分にからかって冗談でののしった」のか、その理由つまり気持ちであることを伝えます。

そこまで追及されても、初めのうちは答えに詰まってしまうことがほとんどです。そのため、できるだけ学級会の場を利用して、個別の事案を全体に返しながら、事実と理由の違いや、理由というのは自分自身の内面から語られるものに対して、自分以外のものに理由を求めている限り、それらは単なる言い訳、もっといえば気持ちの誤魔化しに過ぎないことを指導するとよいでしょう。

ここで指導者の求めているのは、「自分のことをバカにされたから」「無視されたから」などという自分の存在を否定されることに類する言葉です。もしかしたら、初めは「誰々が嫌いだから」「誰々が憎たらしいから」などという人間の醜くどろどろした内面からにじみ出てくるような言葉が理由として語られるかもしれません。確かに内面は語られているのですが、嫌うというのは現象で、嫌いになった理由を見つめさせなければなりません。相手のどこが嫌いなのかと、自分以外の言い訳に思考を導く問いも愚問です。

内面が語られ、真実が見えて初めて人は反省の入り口に立ちます。

ここで指導者が「バカにされたからといって、無視されたからといって」ののしってはならないと諭してはいけません。ましてや間違えても、「誰々が嫌いだから」「誰々が憎たらしいから」といってののしってはいけないという指導でお開きにするなどは論外です。お茶を濁すように諭す指導で終わりにしたいのであるならば、決して内面に秘められた本音そのものを語らせてはなりません。ましてや、相手の友達がいる前で、話をつきあわせる形で嫌いだという内面を語らせて、嫌いだからといって暴力的な態度をとってはいけないと締めくくったのであれば、嫌われた者はたまったものではなく自己嫌悪の極みに落ち込んでしまいます。

どこが嫌いなのかではなくなぜ嫌いと感じたのか。どこが憎たらしいのかではなく、なぜ憎たらしいと感じたのか。それはバカにされたり、無視されたりしたからかもしれない。そうであるならば、バカにされたり、無視されたりすることによって自分自身の存在についてどう感じたのか。つまり、自分の内側に潜む感情はどう変化したのか。こうして内側へと思考を導くのです。端的にいえば、相手に原因を求めているうちは理由を語っていないのです。理由というのは、相手のことに原因を求める思考ではなく、自らの内面に焦点化して自分自身の心情を深く掘り下げて初めて見いだされるものなのです。

そして、その上で初めて、そうであればののしるという行為は正当化されるのかと問うことになります。もちろん、答えはそうであってもののしることは許されない。されたら仕返してよい訳がないのです。

ただし、本音の出所を見抜き、自分が強者であるという残虐性が原因であると推測したならば、理由は指導者だけが聞くべきです。人が動物として持ち合わせてしまっている弱肉強食の残虐性は、決して嫌われている本人には聞かせてはならない配慮事項だからです。本人に聞かせてよいときは、嫌う社会的な理由が存在する場合だけです。社会的な理由というのは、人と人が関わる中で生み出されてしまう摩擦やすれ違いのことです。

人が誰かを嫌いだとか憎たらしいと思う理由について表現方法は様々ありますが、真実はたった一つしかありません。何らかのもめごとがあり、相手に抗議したが取り合ってもらえなかった。反対に、馬鹿にされるなど理不尽な扱いを受けた。また、反撃されてしまい暴力を受けたなどなど。すべての根っこでつながる心情は、自分をないがしろにされたというものです。

自分というかけがえのない存在を無視されたり、存在そのものを否定するような理不尽は人には受け入れがたいものなのです。人は、ここに気づいて初めて人に優しくなることができるのです。人は弱いものだから、自分が大切。そして、自分以外の人も、弱い存在なのだから自分が大切なのです。

この真実に気づかせ、認めさせる過程そのものが、指導者の真の厳しさであり、もし日々起こる様々なもめごとを和解へ導く指導があるならば、この過程を経るしか方法はありません。

◆させようとしたことは叱らない

「会話を成り立たせる」項で、言い訳や理由があったら言えるという雰囲気を醸し出しながら叱ると申しました。しかし、よくない言動をしてしまった時に、何某の理由を述べたら余計に叱られてしまったのでは、次回から自分の頭で考え反省をすることに抵抗感を持たせてしまいます。

たとえば、友達を叩いてしまった子がいるとしましょう。指導者であるならば、必ず理由は問うでしょう。いや、理由など問う必要はない。暴力は絶対に認められるものではないから、理由の如何を問わず叱るべきだとはいえないでしょう。確かに、暴力をふるったという事実関係は決して許されずその通りなのですが、それでは、ひどい罵りや挑発的な言動に堪りかねての暴力に対する指導ができていないことになります。暴力的な行為を止めるには、理由を聞き、たとえひどい罵りや挑発的な言動が相手にあったとしても、心情的には十分理解できても、それでも暴力は許されないものなのだという諭しが必要なのです。とはいうもののそういう情状酌量の余地がある場合ばかりではありません。どうして暴力をふるってしまったのかという先生の問いに対して、子供は未熟ですから、理由として心情的に寄り添えない身勝手な論理を振りかざす場合があります。

しかし、そこは決して叱ってはならないのです。反対に、きちんと理由として自分の考えを言えたことをほめるという形で評価してもよいくらいの場面なのです。いくら身勝手で自己中心的な理由であれ、先生の問いに対して答えた理由であるならば叱ってはならない。なぜなら、叱れば次回からは確実に何を問われても口を閉ざすからです。会話が成り立たなくなれば、指導のしようもありません。

現実には、このポイントで叱る先生は多くいます。中には感情のおもむくまま、あるいは子供の語る身勝手な論理をじっと耐えて聞くうちに、たまりかねて激高し子供を怒鳴り散らす。これでは、先生自ら会話を成り立たせていないことになります。暴言暴力で話し合いを止めてしまうのは、民主的にはほど遠い行為です。

更に、なぜそういうことをしたのか正直に言ってごらんと問われて、やっと正直に胸の内を語ったらひどく怒られてしまった。この経験を積ませることは、いかにもまずい。いくら納得のいかない稚拙な理由であれ、その地点でその子供の本音に近い心情を、問うた先生に信頼を寄せて語ったのです。そして、語られた言葉から読み取れる事実は、その子の現実であり、その子が今正しいと思っている価値観そのものなのです。

そこを叱れば、ましてや逆鱗に触れたならば、そこから子供たちは何を学ぶでしょう。正直に語れば先生に突き放される。自分の主張は認めてもらえなかったし、先生は自分のことをわかってくれない。ましてや、先生が言えと言うから言ったのにと、そう思わないでしょうか。指導者である先生自ら、子供たちからの信頼をなくさせているのです。

◆「やられたら、やり返せ」にどう対処するか

やられたらやり返す。報復や復讐といったいわゆる仕返しを正当化する場合への対処法です。言われたから、言い返した。叩かれたから、叩き返した。特に前者の場合は、正当な場合もあるでしょう。しかし、一般に暴力の場合、報復には負の連鎖がつきもので、最終的には殺りくまで行き着きます。もちろん、子供たちの世界でそこまで連想することは無意味に近いですがないとは言い切れません。とにかく、やられたらやり返してもよいという価値観は、日常茶飯事です。家庭で、この価値観に保護者がお墨付きを与えてしまっている場合もあります。そういう間違ったしつけを受けて育ってきた場合は、悪びれず報復に出てはばかりません。

更に、やられたから仕返したと、自分の行動を正当化してしまっている場合は、仕返しという身勝手な大義の下、受けた暴力以上に輪をかけて攻撃してしまっていることもよくあります。単に言いがかりをつけ、一方的な暴力を仕返しと銘打って、粗暴な行動を繰り返す場合だってあり得ます。なぜなら、暴力行使は強者の論理だからです。仕返しもそれが暴力である以上、強者にしか行使できないのです。暴力的に強い立場の者が、弱い立場の者に対してしかできな

いのが、やられたらやり返してよいという暴力的な仕返しの本質であり、弱者が強者に暴力的な仕返しを制裁として加えられるわけもありません。保護者の間違った価値観の下のしつけはやっかいです。

また、そういう価値観の下に育てられた子供たちは、自らの行為に正当性を認めていますから、謝ることに抵抗感を持っていることが多いものです。この抵抗感がある以上、和解は難しくなります。

そこで、「やられたら、やり返せ」と教えられている事実を逆手にとって「謝られたら、謝り返せ」という価値観を追加するのです。それが仕返しと銘打って行使したと主張する暴力ならば、その仕返しの原因だと主張する部分について、本来謝罪の必要もないと思える弱者側が真の勇気を発揮して、たとえばそこの部分は自分も悪かったと謝ったならば、自らの行使した暴力行為を恥じて謝るのは人として当然でしょう。

暴力を背景にした強者は卑怯者ですが、和解を選択すべく謝意を表す強者は勇者です。やられてやり返すことを認めるわけにはいかないが、それを主張するならば、最低限「謝られたら、謝り返す」ことも条理であると説くのです。

さて、この条理の教え先ですが、子供にはもちろん保護者にも教える必要があります。やられたらやり返すことをまるで権利といわんばかり一徹に主張する保護者を変えることは難儀を極めます。間違った価値観を認めてしまってはいけませんが、大人の意識変革は一朝一夕にならせる技でもありません。そこで「やられたら、やり返せ」を権利として子に教えるならば、「謝られたら、謝り返せ」と教えるのも親の義務であり責任ではないかと説くのです。

学校と家庭が真逆のことを教え続けたら、おそらく子供は家庭の教えを選択します。子供たちに伝える内容は、保護者も納得できるものであることが望ましいことは当然です。根本的な解決には、個人の意識の変革を待たねばならず相当の時間がかかるとして、当面の対処としての付加価値は大きいと思います。

◆切れる子供に

「切れる」という言葉は、個人的に好まないのですが、激高の挙げ句、常軌を逸した振る舞いを行い、まるで人が変わってしまったような状態に陥っている様子を指すとします。

指導者がもめごとの聞き取りをしている最中に再度切れて、感情的になって相手をののしったり、けんか腰に態度を荒げて、汚い言葉を投げつけるといったことはよくあります。

そんな場合の対処法を考える前に、人が感情を荒げる理由を探っておく必要があります。

なぜ、人は怒りの感情をもつのか。

これを諭すことは、次回からの子供たちの言動を適正に導くには欠かせないからです。怒りは社会の中で自らの他者への期待値と、現実の値の開きによって引き起こされます。期待を裏切られたという感情を、相手への不満として表現するのが怒りです。

怒りという感情の裏側に隠されているのは、悲愴、疎外、羞恥、無念等々の人にとって受け入れがたい感情や状況です。どれも確実に自尊感情を崩壊させます。その自尊感情を守るために人は怒り、不満をぶちまける。暴力は、相手の存在を消すことによって、わが身の存在意義を担保する卑怯ではあるけれども人間の本能的な行動。罵詈雑言を浴びせ相手の感情をずたずたに引き裂く行動もしかり。もしも、人が山奥で独り暮らす仙人のように周りとのかかわりを一切断っていたとしたら、怒ることはまずないでしょう。人は、一人では怒りにくいものなのです。この事実を子供たちに伝えておくことは有意義です。人は人に認めてほしい生き物なのです。だから、人は一人では生きていけない。社会を形成し、その中で自身の存在意義を認められるという形で確かめながら生きていく。しかし、認められず追い詰められたとき、相手を攻撃してしまうことがある。愚かだが、人は寂しく弱いのだと。こう諭すことによって、切れる子も寂しいという認識を育むのです。周囲の理解は、環境を落ち着かせます。

さて、現実に戻ってどうしましょう。

一番まずいのは、切れている子供に叱る、怒鳴るといった指導者自身が腹を立てて挑発的な行動をとること。先生も一緒になって切れていたのでは笑い話にもなりません。次にまずいのは、指導者が切れている子に輪をかけて諭し、拘束力を持った指導をすること。切れている状態というのは人が変わってしまっているのですから、何を言っても無駄なことは確かです。とは言うものの、つかみ合いの喧嘩になっているのならば、すぐさま止めなければなりません。しかし、ただ切れているだけならば、放っておくのがよいのです。

そして、わめいていたり悪態をついている間は放置。周囲にも関わらぬよう宣言してしまいましょう。他の関係者に事情を尋ねるなど、するべきことは山ほどあるのですから。

しかし、本当は忙しいから、他にすべきことがたくさんあるから放っておくのではなく、その間に落ち着かせる目的があります。先ほど述べましたが、怒りは他者との関係の中で生み出されるので、一人では怒り続けられません。

しばらくして、元の自分を取り戻してきたなと見て取ったとき、落ち着いたかと尋ねてやり、静かな口調で、具体例を挙げながら、常日頃はあんなに優しい仕草が見られるあなたが、さっきはいったいどうしたというのか。よほど腹に据えかねることでもあったのだろうと、寄り添いながら尋ねていけば、涙ながらに本当のことを語るはずです。

そして、すべての心情を理解し、必要に応じて、謝罪や和解を行った後、普段のあなたからは想像できないくらい、さっきの姿は恥ずかしかったと評価をしてやるのです。乱暴な姿を見せたのは、本当は寂しかったからだという感情を共有しつつ、人が変わってしまうような立ち振る舞いをすることは、恥ずかしいことであることも共通認識するのです。この価値観も伝えられて初めてわかります。

私たちの仕事は、人が相手ですから、相手が押してくれれば引くという気持ちのゆとりは常に持ち合わせていたいものです。

◆止まらない匿名性のいたずらは

靴隠しから落書きまで、誰がやったかわからない匿名性のいたずらに困り果てた経験は、先生ならば誰にもあるはずです。靴が隠されて見つからないまま、代わりの新しい靴まで隠されてしまうことだって平気で起こってしまいます。あるいは、人権侵害の内容を含む落書きが執拗に繰り返され、良心に訴え、止めるように指導を繰り返しても、一向に止まないこともあります。そして、保護者からは学級での指導を問われ、担任は八方塞がりの窮地に陥ることになります。

相手が見えないだけに、直接的な働きかけはできません。こういった解決の糸口さえ見つけることが困難な匿名性の行為に、どう指導してやめさせるか。筆者の経験の中から、抑止効果の高いものをお伝えします。

匿名性の真の意味を理解させるステップと、発覚したときの責任のとらせ方を知らせるステップの二段階に分けて指導をします。

〈初めのステップ ――匿名性の真の意味を教える〉

匿名での行為は、単に対象の相手を傷つけたり、仕返しをしたりするにとどまりません。被害者は、特定できない犯人を特定しようと身近にいる者をすべて、学級であれば学級全員を疑いの目で見なければならないのです。被害者にとっては、誰も信用できない状態です。加えて、無実であるのに疑いの目を向けられた無作為に抽出した一人についてはどうでしょう。被害者からは疑われているが、あらぬ疑いをかけられた自分も被害者といえます。そして、同じく自分以外の全員を、疑いの目で見ることになってしまいます。これが学級の人数分、正確には真犯人の一人分を差し引きますが、全員に当てはまります。いいえ、学級だけにはとどまらないでしょう。学級から学年へ、事と次第によっては学校へと疑いの連鎖は広がるはずです。つまり、犯人以外の全員が全員を疑いの目で見る環境ができあがるのです。もっといえば、被害者の自作自演だって疑えますし、まさかですが、先生だってその気になれば疑うことはできるのです。これは、誰一人として例外なく先生ですら疑うことのできるまさしく疑心暗鬼の世界といえます。

犯人にとって見れば、対象の相手に何らかの打撃を与えようと、匿名での嫌がらせをしたわけですが、その打撃は相手だけにとどまりません。関わりのある人間関係をずたずたに引き裂く卑劣極まりない軽率なその行為は、学級や学年といった関わりのあるすべての人間関係を、疑心暗鬼の世界に引きずり込んでしまいます。まだまだ人生経験の少ない未熟な子供たちが、この真実を知る由もありません。

〈次のステップ——発覚したときの責任のとらせ方を知らせる〉

匿名性の軽率な行為を行う者のすべてが、バレないと信じています。ここで、バレていないと思ってもこの世の中に一人だけ見抜く者が存在する。それは自分であるとの価値観を伝えるのも一法でしょう。しかしここではもっと強烈に、これだけの説明を聞き、自らの軽率さとその愚行の反社会性に気づいてもなお繰り返すならば、発覚時には真犯人であるあなたの名前を、こういう集会の場で公表する用意があると宣言するのです。実際に発覚した場合、宣言通りに公表できるか否かは、個別の事案によりますが、具体的な責任のとらせ方を予め知らせることにより、抑止の効果をねらうのです。

もちろん、改心して密かに名乗り出た場合には、その情報は守秘することも伝えます。それは、安心して名乗り出てよいという意思を伝えるというよりも、それほどに羞恥の愚行であり、打ち明けて謝っても簡単には許される行為ではないこと。なにより被害者は多数に上っており、直接物理的な被害を受けた相手だけに謝罪をしても意味がないこと。精神的な被害者は真犯人のあなた以外の全員であり、もし謝罪するならばこのような集会で壇上に立つ必要があること。それは、真犯人のあなたにとっても、あまりにもつらい状況であり、そういう状況は人にとって耐えがたいことである。だから事実上謝罪は不可能であること。つまり、謝りようのないことをしてしまっているという事実を強烈に印象付けるという意図も含ませて、名乗り出た場合に我々が守秘する意味を伝えるのです。

これら一連の諭しの狙いは、ただ一点。現在継続中の匿名性の軽率な行為を止めさせることです。正直さを求めて、名乗り出やすい環境を整備する目的はありません。それは、経験上からこういう匿名性の事案で名乗り出てきたためしは皆無に等しいこと。名乗り出て、被害児童と加害児童を面会させ謝罪させても、先ほどから述べた理由で意味がないことに加え、たとえ謝罪させて表面上の人間関係を修復させたと指導者側が勘違いしても、やはり怨恨は増幅してしまうことが容易に想像できるからです。

それほど取り返しのつかない愚行を続けてしまっているという事実に対して、この公表する用意があるという宣言を、単なる脅しと捉えさせないためには、日頃から生起する様々な生活指導上の問題を、学級や学年全体にできうる限り実名を挙げて返しながら、みんなに知らせて全体で考えていく姿勢を培い、集団思考の素地を築いておく必要があります。

◆脅しは禁物

叱るという行為の範疇にも入らない行為なのですが、脅しに似た注意の仕方を見ることがあります。ただし、ここで言う脅しとは、子供を怖がらせる類の脅しではなく、できもしない懲罰を与えることを口にすると言った、いわば、から脅しとでも言いましょうか、単なる口先だけの軽はずみな注意を指します。

具体例を示してみましょう。

悪ふざけなどを繰り返す子供に、「つまみ出しますよ」「廊下に立たせますよ」と言ってみたり、授業中の態度の悪さに、幾度注意をしても改めない姿に業を煮やして「もう勉強しなくてよろしい」「教室から出て行きなさい」と言ってはみるものの、実際にはつまみ出したり立たせたりという、具体的な懲罰的な行動は行わないという注意の仕方です。

問題点は、築けてもいない先生と子供の信頼関係が築けていると、勘違いをした甘えの構造の上に立っての注意であること。勉強しないでよいとか、教室から出て行けと言っても、実際には出て行かないだろうという先生側の甘い読みが問題で、この部分が勘違いに当たります。

これでは子供たちに足元を見られてしまいかねません。もっといえば、先生が自ら自分自身の言葉を、軽く受け取ってもいいよ、というメッセージを出し続けていることに気づくべきなのです。その言葉を実行すれば、体罰に当たったり、結局先生自身が困る内容であればもちろん、できもしない軽はずみな言葉だけの注意は、厳に慎むべきことなのです。

子供たちにとって見れば、文字通り、脅し文句だけで行動が伴わないわけですから、そんな注意のされ方をしても、痛くもかゆくもありません。もちろん、効き目もありません。

そんなことを繰り返すうちに、反抗心が露わになり、先生の予想に反して、出て行けと言われたから出て行くという、強硬な手段に訴える子供が必ず出てきます。

その時になって、ふざけるなや授業中の態度を改めよという、再三繰り返される注意事は無視するのに、挙げ句の果ての出て行けという注意だけ、なぜ素直に聞くのかとぼやいてみても後の祭りです。

本来は、指導者が一度でも口にしたことであるなら、必ず実行されなければなりません。第一、再三繰り返される注意の仕方そのものが、そもそも問題の始まりなのですが、それは別項に譲るとして、一旦、先生が子供につまみ出すと言ったのであれば、どんなに子供がいやがろうが、抵抗しようが、必ずつまみ出さねばならないのです。もちろん、法的に問題のある内容を、口走ってしまったため、それを実行しなければならないというのでは、本末転倒、お粗末な限りですが。それだけ、先生の言葉には重みがあり、軽はずみな感情の揺れによって、発せられるものではないことを常に戒めねばならないということ。言ったことは必ずするという言動一致の重みがあって初めて、迫力を伴った指導力を発揮するのです。その積み重ねは、やがて先生の言葉への、いや先生自身への信頼感となって子供たちから支持されるようになる筈です。

◆見逃さない

先生の言葉は、有言実行でなければならないことを述べました。口先だけの脅しなど、もってのほかですが、次の場合はどうでしょう。

体育の時間を例に取ってみます。

駆け足で集合と指示する。もしくは、体育の場所移動は駆け足が基本と日頃から指導していて集合と指示をする。にもかかわらず、全員ではないもののごく一部、歩いて集合する姿を見かける。ところが、先生は、ほとんどの子が駆け足集合していることに満足しているのか、二、三名の歩く姿に注意する様子もなく、全員が集合するのを待って話を始める。

さて、子供たちはどう感じますか。この先、この学級で体育時、集合の仕方はどう変化していくでしょう。おそらく、だらだらと歩いて集合する姿が微増していくでしょう。それが、先生の目にとまるようになったら、二、三人ではなく、大勢の子供たちが叱責されることでしょう。そこで、初めの二、三人が、先生を乗り越えているような子供でなかったら、また元通り走って集合する姿に戻るとは思います。しかし、一定期間、先生の指示を守らずとも、見逃された無用の経験を積ませている事実は重いものです。

これは、指導者側の指示に対する責任感が希薄であるから生み出される光景なのです。根底には、まだまだ発達段階の幼い子供たちであるから、先生の指示や注意を、一回で聞けないのはやむを得ず、無理からぬことである。こういった無用のものわかりの良さで、子供たちへの理解を示す。しかし、それは単なる甘やかしでしかありません。もしくは、先生側に指示や注意を、しっかり聴き取らせ、守らせるだけの力量が備わっていないからなのかもしれません。

もちろん、我々は機械ではありませんから、すべて網羅して、事に当たることは不可能です。日頃から、廊下は静かにと注意はしていても、先生の目の届かぬ所では、やはり騒いでいる。これは、各自の良心に委ねられるところはあります。これについては、次の「検証」の項で詳しく取り上げます。しかし、少なくとも先生が直接指示を出し、目の前で展開される行動には、指示通りに動いているかを、確かめる必要があります。そして、指示通りに動けていないのであれば、どんな些細なことでも見逃さない。気づいていて、見逃すのは以ての外、それは黙認です。気づいていようがいまいが、指導者が黙っている姿を見て子供たちは許されたと理解します。不注意に見逃してしまっても、見逃された当事者にとってみれば、許されたという印象を持つのですから、我々は自身の指示事項の徹底に厳しく責任を持つべきです。

◆検証

さて、目の前で指示通りに動くことができているか。これは、一目瞭然です。では、先生の目の届かぬ所で、先程の廊下を走ったり、騒がしくする事例にどう対処すべきでしょう。特別教室への移動時や、始・終業式、学年集会などの集会活動から教室へ戻るときなどに、廊下でのしゃべり声が収まらず、うるさい状態になってしまっていることはよくあります。もちろん、それら集会活動の終わりには、静かに教室へ戻るように指示されているのです。にもかかわらず、喧噪に包まれたような廊下を見るのは、情けなくなります。なぜ、このような状況に陥ってしまうのでしょう。

それは、指示に対する検証活動がないからだと断言できます。

我々の出す指示に対して、それらが集団としてきちんと守られているか。守ろうとしている子供の割合や、周りの雰囲気にのまれて付和雷同してしゃべっている子供の割合はいかほどか。また、率先してわがまま勝手なしゃべりを行う、いわば指導が全く入ってない子供はどの程度か。そのような集団の構成を把握しない所以なのです。その集団の構成を把握する唯一の方法が検証を行うことなのです。

ですから、言いっぱなしの指導は指導ではありませんし、言いっぱなしの注意も注意ではありません。指導や注意は、指導や注意をすること自体に意味があるのではなく、指導や注意が守られているか否かに意味があるのです。よく耳にする指導、注意はしているのだが、なかなか子供たちは守ることができないという逃げ口上的な物言い。指導したという既成事実を盾に、責任回避を行う教師の怠慢でしかありません。それどころか、子供たちに先生の指示や注意は、その場だけ、はいはいと聞いていればよいという、大間違いの認識を持たせかねません。

具体的には、指導者一人で行うならば、指示を出した後すぐに先回りをし、廊下での様子を点検する。学年等で、チームを組めるなら、中心指導者が、戻りの指示を出す頃合いを見計らって、戻りの動線上の任意の場所で待機する。そして、わがまま身勝手な振る舞いを見つけたら、その場で順々に捕捉し、集団すべてが通り過ぎた後、説諭を行う。この点検作業を行う初めの頃は、頻繁に点検するのですが、徐々に回数は減らして、点検されているから、廊下を静かに通るという意識から、廊下は静かに通るものという習慣化を図っていくのです。そのためには、毎回点検するのではなく、また同じ場所で点検するのではなく、できるだけ神出鬼没に行うことが効果的です。

生活規律を正すための指導や注意は、しなければならないときも数多くあるでしょう。しかし、生半可な気持ちで一過性の声かけとしてすべきではありません。一旦、注意の言葉を発したならば、必ず守らせなければならないのです。どうしても、守らせきることができなかったならば、後日でもきちんと反省させることは、最低限必要です。指導や注意は、伝達することに意味があるのではなく、守らせることに意味があるのですから。

◆一度は担任から指導されていること

そうは言っても、なかなか指導を徹底させることは至難の業です。いくら検証を続けてもなかなか行動が改まらない子供や、検証されている場面、見張られていると感じる場面でのみ、形だけ繕うように態度を良くしている様子がうかがえる子供など、集団としての行動に、及第点を与えるまでには時間がかかります。学校という狭い社会の中ですら、及第点を与えるには、いつも関わり深く指導をしている担任や、学年の受け持ち以外の先生方の協力は不可欠です。

指導初期の子供たちは、担任や学年担当の先生以外を関わりないと断定し、その先生に見られていようがいまいが、利己的な行動を取ることが多いものです。

そのような受け身な姿に、警鐘を鳴らすためには、関わりのない先生をなくすこと。言い換えれば、利己的な姿には、必ず注意をして改めさせようと、関わること。つまり、学校ぐるみで指導を入れる必要があるということです。そうすれば、学年担当から見えにくい部分での子供たちの行動を、改めさせることができます。

結構、律儀に子供たちには、学級担任や学年担当の先生というのは、指導されて当然、言うことをきかねばならない先生という認識がある反面、学年の違う先生の指導は、幾分入りづらいところがあるともいえます。

だから、関わるための条件として、最低一回は子供たちが、担当の先生と意識する先生から、指導されていることが必要になります。職員朝礼を含め、全体集会の場などで伝えられる指導事項を、全く指導しない先生はいないでしょう。

しかし、普段、筆者が学年の違う子供たちに関わろうとするとき、頻繁に思うことがあります。それは、指導事項が守られていない子供たちに注意をしたとき、入りづらい様子に一度は指導されているのだろうかと感じること。指導の有無そのものを、疑いたくなるような態度を取る場合だってあります。なぜなのでしょう。一度は指導されているはずなのに、指導したときに初耳だと言わんばかりの態度を感じてしまうのは。

原因は、二つありそうです。

まず、すでに述べましたとおり、指導されるとは、言いっぱなしではなく、きちんとその後の行動に指導事項が反映されているか、検証をすることです。これがないと、学校ぐるみどころか、子供たちからしてみれば、学年を超えて指導をしてくれる熱心な先生を、口うるさい先生としか思いません。当然、指導も入りません。高学年になると、指導はしたものの、その後は何も言わない担任の姿を見て、先生も建て前と本音があるのだ。立場上指導しなければならないが、考え方は違うのだと、高をくくるくらいのしたたかさはあります。

次に、子供たちにとって、全体指導は、担当の先生ではない先生の指導ですから、幾分入りづらいのです。そこを、教室に戻って、繰り返しになっても良いから、担任から守るように話して、補完する。そして、守られているか検証するのですが、せめて、担任の言葉で補完されること。これが、抜け落ちていると、担任の先生は何も言っていないと誤解する、もしくは、そう信じる子供たちが出てきます。

しかし、現実はもっと切実で、生活指導担当の先生から、始業式や終業式と言った場で、全員に、例えば「廊下は公共の場であるから、しゃべらず静かに教室まで戻りましょう」と指導が入ったとします。しかし、残念ながら、その集会後に、教室へしゃべりながら戻る子供たちはたくさんいます。もちろん、その姿に注意する先生がほとんどですが、紛れて一緒になって、子供たちと話しながら戻る先生は、必ずいるものなのです。何とも情けない限りで、言語道断、話にもなりません。

全体的に指導された事項を、自分の言葉で反復して言い聞かせる。そして、指導事項が守られているか検証する。この必要性に気づくことが、学校ぐるみの指導を可能にする最低条件になります。

◆仮定形で叱る

先程から、担当学年以外の子供たちを指して、担当外という言葉や、学年の違う先生という言い方で、担任等と比べれば指導が入りにくい状況を説明してきました。学校は、学校ぐるみで子供たちを育くむ場ですから、違和感を感じた読者の方もいらっしゃると思います。しかし、現場に身を置く者として、理想は持ちつつも、現実に即した対応の必要性は身にしみてわかっているつもりです。

この項で述べることは、もしかしたら逃げ腰と受け取られるかもしれません。しかしながら、なかなか難しい現実との狭間で、直球勝負の指導が、素直に受け入れられるとは限らない状況に鑑みて、この手法をご紹介します。

仮定形でというのは、その言葉通り、「もし～ならば」という注意の仕方です。時として、人間関係が構築できていない担任外の子供たちが取る行動は、その背景や真実を見抜くことができないものです。いつも指導されていることなのか、全く指導されたことがないことなのかから始まり、ただふざけあっているだけなのか、いじめの延長なのかという深刻な場面まで。見過ごすことはできないが、かといって、強く指導すれば反発されかねない。反発されて、こちらが折れる結果になってしまえば、もしもそれがいじめの延長という深刻な場面ならば、いじめそのものを認める結果になってしまう。そこを、緊急避難的に仮定形でかわしながら、その場面の収拾を図るのです。

いじめが疑われる場面ならば、反発されようが関係なく、強く出るべきですので、ここでは、専科授業等で教室移動をする際、廊下を何やらもめながら騒がしく歩いてくる姿で考えてみます。もしかしたら、騒がしくしていると見えている子供は、その集団のもめごとを仲裁しているのかもしれません。しかし、単に身勝手な行動をしているだけかもしれません。そんなときの、「もしも、君がただ単に騒いでいるのであれば～」という形での注意です。ただ単に、騒いでいたのであれば、素直にその注意を聞き入れるでしょうし、何か理由があったのなら、ただ単に騒いでいるわけではないことを説明するでしょう。頭から、騒いでいると決めつけてしまうと、騒いでいるのではない、正当性があるのだという反発で、その集団のもめごとの火種に油を注ぐことになりかねません。仮定形で注意しても、同じく反発してくる場合はありますが、そのときこそ、「だから、もしも～と、言っているのだ」と反発そのものに、正当性がないことを諭してやればよいのです。

また、生活指導上の指導場面で考えてみます。学校の現場には様々な生活指導上のきめ細かな決まりが古くから引き継がれるようにしてあるはずです。たとえば、服の色合いや髪の毛の色合いなどですが、そういう身だしなみに関する決まりごとは、外見を縛られることに慣れていない近年の保護者世代の反発を買うことがあります。外見に対する細かすぎる規定をなくしてしまえばよいだけのことですが、現場では現実的な本音より建前論が優先される場合も多いものです。そんな、保護者と指導者側の価値観の違いが浮き出てしまうような場面で、この仮定形を使って指導するのです。私が知っている事例では、地味な色合いの靴下を推奨している決まりがある学校で、明るい色合いを履いている子に担任外の先生が指導をしたところ、担任の先生には何も言われていないのにどうして関係のない先生に叱られなければならないのかという抗議があり、対応に苦慮したというものがあります。こんな場面で、「もし、君が該当する決まりを知っているのに履いているのであれば～」と緩衝材をひとつ挟み込むことによって、知っているのにやぶることはいけないという決まりの本質的な問題として注意を促すことができますし、決まりは認識している以上守るべきだという道徳的価値観の根幹について抗議の余地はないでしょう。

◆姿勢を正させる

教室でノートに文字を書かせていると、背中が丸まりまるで寝ているような姿勢になっている子がいます。そんな子に、今までどう指導されてきたでしょう。目が悪くなるから姿勢を正すよう注意したことはないでしょうか。

あるいは、座りながらいすを斜め後ろに傾けて、シーソーのようにバランスをとっている子がいます。そんな子には、危ないからきちんと座りなさいと指導されたことはないでしょうか。

これらの指導の仕方には、全く、他を意識させる観点も師弟の一線を引く観点もありません。目が悪くなったり、危なかったりするのは事実ですが、それ以前に、教わる側として、先生に失礼な態度であるとの指摘が必要です。いすに浅く腰掛けて斜めにもたれるような座り方、足を組む、貧乏揺すりをする、あご肘をつく。すべて子供たちのとる様々な態度の悪さに対して、個別に逐一理由をつけて指摘しなくても、周囲や特に先生に対して失礼であるとの観点をしっかり教えることによって、指導の普遍化を図れるのです。他を意識させる観点が抜け落ちていると、子供たちは身勝手な行動をとるようになります。さらに、師弟の一線を引く観点が抜け落ちると、子供たちは平気で先生を乗り越えようとしてきます。良くない姿勢からは、良くない発想しか浮かびませんし、良くない言葉しか出てきません。

残念ながら乗り越えられてしまった経験の浅い先生からの相談事を紹介します。

それは、座り方など授業態度について、何度注意しても改まらないがどうしたものか、という相談でした。その先生は、腰を深くかけなさいや、丸まった背中を起こしなさいなど具体的な注意を繰り返していたそうですが、一向に改まらず、挙げ句の果てに机の横にはみ出して足を投げ出すようになってしまったとのこと。その様子を、いくら注意しても態度を直してくれないのですと相談されたのです。

この相談事に対する解答の要点は三点。

まず「直してくれない」という表現に、先生が子供に対して態度を改めてほしいという依頼の気持ちが強くにじみ出てしまっていること。次に、注意を繰り返してしまっていること。さらに、そもそも注意をすることによって、善悪の価値判断を子供から奪ってしまっていることが指摘できます。本来は、足を投げ出すような態度についてそれでよいのかと問い、子供自身に考えさせ答えさせる。たったこれだけでよいのです。子供には考える力が備わっていますから、よほどの反抗心を露わにしない限り、良くないと答えるでしょう。先生は「では、そうしなさい」と毅然とした態度で応じるだけです。人は自ら考え、自ら決定したことしか実行しません。もちろん、態度を直してほしいのではなく、本人の責任によって直さねばならないのです。それでも、繰り返すならば、自分で言ったことも実行できないのかと追及すればよいだけです。先生から無理矢理押しつけられた善悪の判断ではなく、自らの判断なのですから、反抗のしようがありません。

こんな困った状態に陥らないためには、まず、他を意識させる観点から、全員がしたらどんな光景が見えるかを考えさせ、自らの身勝手さに気づかせる。そして師弟の一線を引く観点から、教える教わる立場の違いに気づかせ、周囲にも特に先生に失礼だという感覚を育てることが不可欠だと思います。

◆意識変革と行動変革

筆者は、行動変革があって、初めて意識変革は体現されると考えています。意識変革が単独で、他者から認識されることもありません。必ず、行動の変化を通して認識されます。だからこそ、我々の指導は、意識の変革をさせようと口頭での指示や注意をするだけでは、不十分なのです。たとえば注意喚起後の検証という行動は、単なる見張り番をすることではないのです。利己的な行動を取る子供たちに、その意識の変革を求めるべく、行動様式を矯正する指導です。

指導者側からすれば、自らの指導に責任を持つために欠かせぬ点検行動ですが、子供たちにとってみれば、初めのうちこそ、見張る先生に見つからないようにという消極的な理由で、自分たちの行動を律するかもしれません。しかし、動機はどうであれ、その律した行動の積み重なりが、見張りの有無にかかわらず行動できる習慣へと変化させて行くのです。自身を律することができる新たな習慣が、行動の変革によって身に付くわけです。

そして、新たな習慣は、必ず従前の考え方に影響を及ぼします。つまり、行動変革は意識変革を生み出すのです。わかりやすくいえば、利己的な態度で、わがまままに廊下で振る舞っている時には、気づけなかった醜態ぶりに気づくことができるのです。人は、習慣の中に身を置く限りは、その習慣についての判断力は持ち合わせません。それで当たり前と思っているからです。新たな行動様式に出合い、それが身に付いて習慣となったとき、初めて今までの行動様式に善し悪しの判断を下すことが可能になるのです。

分かっているのにできないことは、数多くありますが、できているのに分からないことはありません。言い換えると、意識変革はできても行動変革はできないのが一般的で、行動変革には意識変革が伴うことが一般的なのです。だから、意識を変えさせたければ、その行動を変えるのが、一番の近道なのです。意識変革を期待して、口頭での指導や注意を重ねても、行動による反復練習がない環境では、一旦理解できたとしても、その記憶は長続きはしないといえます。それが、先程の指導、注意はしているのだが、なかなか子供たちは守ることができないという状況を生み出しているのです。このことは、学校の先生なら、例えば、算数の指導で理解の定着を図るために、反復練習を宿題として課しているでしょうから、同様に考えて理解できる話だと思います。

廊下をいつもざわつきながら通っている集団に、その意識を変革させるべく、説諭や説得を重ねて、繰り返し指導を行うよりも、一度だけ指導して、後は行動の変革を期して検証活動に労力を費やす。これが、集団の意識を変えさせる唯一の筋道と思うのですが、いかがでしょう。

◆見抜いて諭す①「朝礼のあいさつ」

朝礼でのあいさつの場面は、日常のあいさつの場面とはずいぶん違う特殊な環境といえます。一番の違いは、号令がかけられて一斉に頭を下げあうことでしょう。この環境に慣れ親しんで育つと、互いに頭を下げあうのがあいさつだと信じて成長していきます。学校の先生は、おそらく自身が児童生徒であったとき、優等生の部類であったでしょうから、このように信じて成長してきた方が多いように見受けます。朝礼でのあいさつは特別だという感覚を伝えつつ、真に気持ちを伝えうるあいさつの形は、先に言葉を発してから次に頭を下げる「語先後礼」という形であり、社会では広く一般的に行われている所作です。このことを最終的な到達目標として、目先は号令一下、一斉に頭を下げあうことをよしとして指導に当たりますが、これらを指導しようとするとき、先生の立ち位置が要になります。先生が児童の並びの最前列に立ち、同時に頭を下げあっていたのでは、子供たちの非礼な所作に警鐘を鳴らすことはできません。子供たちが行う朝のあいさつの対象者は校長に任せ、担任は並びの後ろからあいさつの様子を観察する。この感覚があって初めて、人に礼を尽くすあいさつについて子供たちに指摘したり考えさせたりすることができます。

そんな到達目標とは程遠く、子供たちの頭の下げ方はぞんざいです。

そしてそんな姿を指摘されたとき、子供たちは叱られないように、何とかすり抜けられるものならばすり抜けようと、いろんな言い訳を駆使して保身に回ります。また、礼儀を無視するかのような自身のわがまま身勝手さに気づいてないことも往々にしてあり、その部分を指摘して気づかせなければなりません。

実際の事例を参考に、考えてみます。

学年当初は、礼の仕方もまだまだ未熟です。ある時、朝礼で子供たちは、朝礼台に立つ校長が頭を深々と下げて礼をしているにもかかわらず、半数以上の子供たちが礼をしていないか、ほんの軽く頭を下げる程度だったのです。端から見ていて横柄な態度に映ってしまわないかと心配してしまう光景ですが、教室に戻って問うてみました。

「校長先生が頭をお下げになっている時、礼をしていなかった子は正直に立ちなさい」

ところが、正直にと言われているにもかかわらず、立ったのはわずか数名です。そこで、礼もしなかったであろうに、のうのうと座っている子供たちに片っ端から問いました。

「校長先生は、どの辺りまで頭を下げていましたか、やって見せなさい」

すると、次から次へと四十五度位の腰の曲げ方をしながらこの辺まで下げていたと言うのです。その通りです。答えた子供たちは、やはり校長が頭を下げるところを、自分は頭を下げずに見ていたのです。十人程度、同じやりとりを繰り返した後に、わかりませんと言った子が初めて出たとき、その子だけ座らせて、それまでの子供たちは立たせておきました。まだ、のうのうと座っている子供たちは多数残っていますので、こう続けました。

「わからなくて当然だ。わからないと答えた君だけ、座ってよろしい。ところで、今から指名される筈だった残りの君たちの中で、自分も尋ねられたら四十五度ほど腰を曲げて礼をしていた様子を答えていたと思う子は正直に立ちなさい」

立たないのです。残りのみんなは見事に、自分もわからないと答えていたという顔をして座っています。図々しいのもいい加減にしろと言いたくなる場面です。

「では、尋ねよう。なぜ、わからないと言った子だけが座ることを許されたのか。その理由を言いなさい」

ところが、その後ほとんどの子がこの質問に答えられないのです。それもそのはず。子供たちの多くは、頭を下げずに校長の深々と下がる頭を見ていたのですから、自分も頭を下げていたら、校長の頭の下がり具合はわからないことにすら、気づいていないのです。

もちろん、人は自分のしたことを正直に認めるところからしか、反省の入り口に立てないのだということを諭し、先生をごまかせたとしても自分自身だけはごまかせないのだ。しっかり、自分を見つめて正直になりなさいと締めくくったのは言うまでもありません。

◆見抜いて諭す②「何回も言われたから」

運動場が雨天やグランド不良で使えない場合に限って、トランプや将棋などの室内遊戯をしてもよいというきまりがあります。ある時、男子の数名がその条件に当てはまっていないのに、トランプをしていたそうです。たしかに、午後からの天候回復というややこしい天気の一日だったのですが、その様子を近くの女子がとがめたらしいのです。ところが、男子たちは聞き入れずにその遊びを続けたので、何度か注意をしたが、そのうち、うるさい黙れと一人の男子に一喝されたというのです。

このことが帰りの会で報告され、全体に返しながら指導をすることになりました。その女子は、温厚な気質で、決してきつく物を言うような子ではありません。男子の言い分は、何回も同じことを言われたから、言い返してしまったというもの。この出来事の上っ面だけを捉えて指導するなら、正当な忠告に対して暴力的な言葉で応酬する乱暴さを諭すでしょう。しかし、その時の男子たちの顔に、何度もしつこく言われたから言い返すのも当然だ、と言いたげな不満の表情が見えたのです。ここで、暴力的な言葉だけを取り上げて謝らせるなどの責任を取らせても、わだかまりが残るだけで解決には、ほど遠いと思われます。そこで、なぜ、暴力的な言葉を使ってしまう羽目になったのか、原因は本当に何度も言われたからなのだろうかとその男子たちにも女子にも、そして学級全員に問うたのですが、本質を突くような意見は出ずじまいです。子供たちは、何回も言われたという事実にしか目がいかず、それを何回も無視したという真実には気づかなかったのです。その真実を諭してから、その女子にこの一連の出来事で何が一番悔しかったのかを尋ねると、やはり、きつい言葉で言われたことよりも、何度も無視されたことだと言うのです。その女子には、もちろん、男子たちの使った言葉は認められないが、人は弱いものだから、その男子たちには忠告を素直に受け入れるだけの強さはなかったこともわかってやるべきだ。男子には、人は受け入れられない状態におかれることが、いちばん辛いのだということもわかるべきだと教えたのです。

◆見抜いて諭す③「答えられない質問はいじめ」

ある時、一人の女子が泣いています。落ち着いてから話を聴き取ると、別の女子から「鼻くそ」と言われたとのこと。実は、泣いていたのは幼さの色濃く残る子で、鼻をほじって口にするという、確かに周りから見ていて行儀の良くないと映ってしまうような癖のある子だったのです。

さて、その鼻くそと言った子に話を聴いてみると、「私は、鼻くそをほじって食べたでしょう」と聞いただけで、鼻くそと悪口を言ったのではないと主張します。双方に確認しても、それは事実のようです。聞いた方は、全く悪びれる様子もなく、普通の会話をしていただけなのに、悪い子として事情を聞かれるのは心外だという表情です。

そこで、あなたは、鼻くそを食べているところを見ていて知っているはずなのに、何を答えとして聞きたかったのか。聞かずとも知っている事実なので、ことさら尋ねる必要はなかっただろう。第一、その質問に答えられると思っていたのか。答えれば恥ずかしい思いをすることは簡単に想像できたはずだ。つまり、その質問の目的は、尋ねるということではなく相手の子を辱めることではなかったか。さらに立場を逆にして、もしも自分だったら同様の質問に答えられていたのか、と詰問したのです。

そして、答えられない質問をする行為は、会話ではなく単なるいじめであると諭しました。質問をした子は、いつも問題を起こすような子とは、ほど遠い存在でどちらかといえばかしこい子だったので、この諭しを理解し、自分から侘びるという勇気のある責任の取り方ができたのです。

◆見抜いて諭す④「仲間はずれ」

「誰とでも仲良くしましょう」この言葉が、額面通りに通用すれば、その集団は人に流されるばかりで主体性のない個人の集まりかもしれません。言い過ぎたでしょうか。人の集団は、それほど醜くどろどろした一面を持ち合わせています。誰とでもなどと言うには、ほど遠い現状があります。ましてや、子供たちの集団は未成熟の分だけ残酷さを兼ね備えています。この現状の上に立って、真実を見抜いた指導をするべきで、先程の標語を実践すべきだと考えていると、かえって真実から目を背けることになります。

ある時、保護者から、我が子が仲間はずれにあっているようだとの相談を受けました。よく話を聞いてみると、クラス替えがあってしばらくした頃、それまで仲の良かった子から、避けられるようないじめにあっているというのです。それを受けて、事実確認をするのですが概略はこうです。前学年までに仲の良かった私ともう一人の女子は、たまたま学年が上がっても同じクラスで喜んでいた。しかし、そのうち、仲の良かった友達に、別の新しい友達ができて仲良くするようになった。今まで通り、友達でいたかった私だが、その二人に近づくだけで逃げられるようになってしまった。もちろん悪口も言われている気がするし、避けられているのが辛いとのこと。

その旧友の言い分は、しつこくつきまとわれるのがいやだったので逃げたりした。悪気はなかったのだが、これからは新しい友達と仲良くしたいので、もうつきまとわないでほしいというもの。

実は、この新しく仲が良くなった二人、周りの子供たちを巻き込み始めて、あの子うっとうしいわ、つきまとってくるからと、吹聴し始めていたのです。その言葉を、子供たち同士の力関係の中で鵜呑みにするところから、いじめが始まります。

さて、何と諭しましょう。もちろん、周りの子供たちには、聞いたことを鵜呑みにする愚かさや、同調する卑怯さは徹底的にわからせる必要がありますが、当の二人は、しつこいからやむを得なかったと、情状酌量から一部正当性を主張しているのです。

その主張に対し、次のように諭しました。君は、一度でも自分には新しい友達ができたので、その子と仲良くしたい。申し訳ないけれど、あなたとは今まで通りの仲の良い友達ではいられないと、気持ちを打ち明けたか。その気持ちを伝えることなしに、今まで通り友達として接してくる子を避けて逃げるのは、あまりにも残酷な行為だとは思わないかと諭したのです。その後、相談者には残念だけれど仲の良かった友達のことは諦めなさい。親密な友達ではなくなるけれども、普通の友達ではお互いいられると言っているんだからと、まるで失恋の相談のような助言をしたのです。誤解を招くかもしれませんが、年齢が上がるほど一部女子の中には、愛情関係と見間違えるような親密な友情関係を築こうとする傾向が見られます。誰とでも仲良くなんて、美辞麗句でしかありません。

◆見抜いて諭す⑤「どちらでもよい」

ある若い女性の先生から相談を受けたときの話です。

給食にカレーライスが出されたときのことです。ちなみに給食のカレーは、初めカレーとご飯に分けてよそわれています。その先生は、片付ける時のことを考えて、カレー側の容器にご飯を入れて食べるように指導していました。

お気づきかと思いますが、ご飯にカレーをかけるという世間の常識とは反対の食べ方になっています。その辺りのことを、少々説明しますと、まだまだ年端のいかない子供たちの食べ方はお世辞にもきれいに食べているとは言い難く、ましてや、食べ残しも頻繁にあります。給食という特殊な形から、そのカレーとご飯を混ぜてしまった食べ残しを、カレーの食管かご飯の食管か、どちらに返すのかという問題が出てきてしまいます。ですから、盛られたご飯から、自分の食べられる量ずつをカレー側に入れていくと、食べ残したご飯は白いまま、ご飯の食管に返すことができるのです。どちらの食管も汚してしまうと、給食の世話をなさっている方々に余計な手間を取らせてしまうという気遣いもあります。

その指導の延長上ですから、ご飯をお代わりをする時は、もともとご飯が盛られていた食器にして、席に戻ってからカレー側に移して食べるよう指導していたそうです。これは、カレーに直接ご飯を入れようとすると、ご飯のしゃもじにカレーが付いてしまい、次にお代わりをする子に不快感を与えかねないことへの配慮も含まれての指導と聞きました。これら一連の指導は、こだわりすぎでも何でもなく、共同生活を営む学級という空間では必要なものです。

ある時、先生がお代わりをしたい子にご飯を盛ってやっていました。みんな、先生の指示通りご飯の器を持って並んでいたのですが、ある男の子が、カレーの器を持って並びに加わります。先生がそれを見とがめ、ご飯の器を持ってくるように注意をしました。その男の子はすね気味に席に戻って、お代わりをやめようとするそぶりが見えたので、先生は「お代わりをしてはいけないと言っているのではない。食器を間違えているよと言っただけだからお代わりしなさい」と諭したのです。すると、その男の子は、ご飯の器にお代わりを受けながら、「どちらの食器でもいいのと違いますか」と言ったそうです。その男の子は、日頃からそんなに生意気な子ではなかったので意外だったし、担任の指導に対する抗議は担任の威厳にも関わるので、きつめに指導なさったとのこと。こんな場合にも、怒らない、できれば叱りもしない指導は可能なのか、と相談を受けたのです。

さて、状況の説明が長くなりましたが、結論から申しますと、「可能です」とお答えしました。少々、声を荒げた指導をしてしまって、自己嫌悪に陥るとおっしゃっているその先生には酷だったのですが、次のように説明をしました。

「どちらでもいいのと違いますか」という丁寧語での反論は、反抗や文句の類ではなく、正当な意見になり得る。だから、子供の意見に対して、先生の怒るという類の感情を露わにした指導は、暴力の範疇にあること。しかし、どちらでもいいのではないか、という意見はそもそもどちらでもよいことに拘っているだけであって、その意見の正当性を認められないこと。

つまり、その男の子がどちらでもよいと思っているならば、どちらでもよいわけだから先生の指示通りにしても構わないはずなのです。ところが、この事例のように拘ってしまったのには、まったく別の次元で承伏しかねることがあったと考えられます。

それが、他でもない先生に受け入れてもらえなかったという寂しさ辛さ。受け入れてもらえなかったことをみんなに見られてしまったという恥ずかしさです。男の子は、ただ、食器を持ち間違えてしまっただけなのです。それを先生に指摘されて、他のみんなは先生からお代わりをしてもらっているのに、自分だけしてもらえなかったのです。悲しかったのだろうと思います。人は、人から受け入れられないということほど、辛く悲しいことはないのです。人は、人に受け入れてもらえないことを、受け入れられるほど強くはないのです。そして、人は弱いものです。受け入れられてないと感じ、心が折れそうになったとき、相手を攻撃してしまう。だから、どちらでもいいではないかと筋の通らない意見を口にしてしまったのです。

この人の弱さを見抜いて諭すのです。寂しかったんだね、辛かったんだね、と。この男の子の深層心理をきれいに説明をして、その寂しさ辛さに共感しながら、食器を持ち間違えてしまっただけという事実を認め、人の弱さに思い至らせる。人は間違えるものだし、教室は間違えてもよい場所なのだから、君は悪くはないのだということ。ただ、間違えてしまったら、素直に認めることも人として大切な価値観であること。人は弱いから、自分を守ろうとして相手を攻撃してしまうのならば、攻撃に勇気は必要はないという証左であること。素直に認めたり、謝ったりすることにこそ、勇気は必要なこと。これらを全員に向けて諭すに、声を荒げる必要など皆無なのです。

第四章　授業規律

授業規律と学習規律

授業規律と学習規律は別物です。

学習者に求められる態度として、足を組めば、骨盤に負担がかかる上に背骨が曲がるので、足は両足床に着けて椅子には深く腰掛ける。背中を丸めて机に向かえば、体と文字の距離が近くなり目を悪くするので、背筋を伸ばして姿勢をよくする。これらは、学習者に求められる学習者自身の健康のための規準です。これを学習規律としましょう。

対して、学習者自身が律すべき事柄ではなく、先生と学習者という人間関係の中で律すべき態度や言動、言い換えれば先生に対する礼儀を正すこと、またその延長線上にある級友を尊重することそのものが授業規律といえます。貧乏ゆすりや足を組むなどはもちろん。腕組みをしたり、机に突っ伏したり、あご肘をついたり、欠伸をするなどは以ての外。手を挙げるときは肘を伸ばしてまっすぐに挙げ、発言には基本的に「です」「ます」の丁寧語を使う。そして、発言は自らの声で、教室内のどの位置にいる級友にも届く声を出すことに責任を持つ。また、聞く側は傾聴し、友達の発言や意見は尊重する。言い換えれば、先生と子供たちと子供たち同士の関係性そのものが授業規律であるのです。つまり、先ほどの学習規律も、学習者自身のためのものであるならば、それは単なる学習規律であるが、物事を教わる先生に対してや、学びを同じくする級友に失礼であるという認識があってのことならば、授業規律の基礎といえます。それら基本的学習習慣とでも言いましょうか、身の回りのことに襟を正した上で、先生の特権性を子供たちが認め、先生の言葉や助言に絶対的な指導性を認めた時、授業規律は成立するといえます。特権性とは、先生にだけ認められることで、たとえば授業中の冗談は、先生が子供たちの緊張をほぐす必要を認めた場合に言うのであって、子供たちは先生の冗談に乗じてはならないこと、または先生の発言中には絶対に口を挟まない、というような意味です。さらに、授業規律が成立した学級では子供たち同士が互いに尊重しあう心根が育まれ、級友の発言を揶揄したり、軽視したりすることはありません。つまり、授業規律とは、学習者自身だけの態度のことではもちろんなく、先生との関係を土台に子供たち同士の横のつながりにおいて、互いに尊重しあう関係が築き上げられている学びの空間そのものに必要な規律であるといえます。

子供の感覚としての授業規律の土台は、安心して自分の意見を発言でき、自分自身が認められているという安心感が保証されていることでしょう。自己肯定感を伴いながら居場所を感じることができる環境の教室であることは、まさしく互いを尊重し合った住空間であることに間違いありません。もちろん、その大前提として、教室内のお互いという中には先生が筆頭に含まれているので、まず先生を大切に思う心根が育っていなければなりません。先生に対して、あけすけな冗談を言って許される環境では、子供たち同士であけすけな冗談を言い合うようになります。先生に対して、乱暴な言葉を使って許される環境では、子供たち同士も乱暴な言葉を使うようになります。先生に対して許されるなら子供同士で許されますし、先生を大切にするならば友達も大切にするようになるのが道理というものです。

授業の場として、教室に規律ある空間を作りあげるために、最も大切にしたいことが言葉遣いです。詳しくは、「師弟の一線を引く」の項で述べていますが、友達感覚の延長上に教育は成り立ちません。先生と子供が馴れ合う関係は、授業規律を根底から覆しかねません。先生を目上として意識し、その意識を言葉で具体的な行動として表現するのです。

次に大切にしたいことがほめることでしょう。詳しくは、「ほめ方・叱り方」の項で述べていますが、ほめるのはよい行いをした場合だけをほめるのではないのです。普段の何気ない日常の行いを、意図的に取り立ててほめていくのです。ほめるという行為は、再現推奨の行為ですから、通常の状態をほめることにより、最低の規範として維持させることができます。人にとって、ほめられることは快感ですから、通常の状態をほめられるとまたほめられようとして、さらに子供自ら規範水準を切り上げながら、正しい言動を選んで実行しようとするようになります。授業規律はほめることによって、その質を高めることができます。

では、そのような教室内の人と人の関係性によって成り立つ授業規律を築き上げる上で、慎まねばならない指導者側の言動にはどのようなものがあるでしょう。

代表的な事柄をいくつか挙げます。子供の発言を先生が習慣的に繰り返すという意味の復唱は厳禁です。細々とした声での発言を先生が常態的に復唱する環境では、級友に対する発言の責任感を削ぎます。常体表現の問いかけに気さくに答える先生の姿は、子供たちの目に友達感覚の姿として写ります。友達の関係に、指導性は存在しえません。また、挙手での発言を学年当初に約束しておきながら挙手なしの発言を拾う先生の姿は、先生自ら、先生の特権性の放棄と約束事の反故を実践するようなものです。

授業規律が築かれた秩序だった教室では、授業時間が短く感じる、各々の発言が教室のどこにいても聴き取れる、間違っているかもしれない自分の意見を安心して試すことができる、静けさの中に、意欲的な雰囲気が漂うなどなどの実感があるでしょう。しかし、ただ、言葉遣いを丁寧にしたり、ほめることを大切にしたからといってこのような教室を作り出せるわけではありません。もっと、人としての基本的な部分を、人と人との営みの中で社会性として身につけさせることも必要です。それが、授業規律の土台を支えます。もちろん、一朝一夕になし得ることではありませんが、まずはそれら最も基本的と思われる部分から話を進めます。

授業規律の素地

学級集団に聴く姿勢が育っていて、先生の指示が明確に伝わり、伝えられた課題に取り組んだり、必要な行動をとることができる状態を指して、授業規律があるといえます。もちろん、そのためには、先生に対する言葉遣いや態度が律せられていることは、必要不可欠な部分です。つまり、先生を指導者として認める畏敬の念は、授業規律を成立させる根本といえるのです。師弟の一線が見える教室には授業規律がある。

授業規律の素地として、師弟の一線を引くことの意味をまとめてみます。

一、先生に対するなれ合いの排除
一、先生に対する友達感覚の排除
一、先生に対する同一視の排除

これらの価値観を教室内に保証するということは、すなわち授業規律を保証することです。

一つめのなれ合う関係には、必ずなれ合う度合いが個人差となって表れます。そして、より親しくなれ合うことができる子は、先生との関係を友達感覚に縮めていきます。これでは、不公平感がそれぞれの感覚の中に蓄積されますし、先生との関係を優位に築いた子供たちは、先生の権威を笠に着るようになります。そして、その笠に着た力で友達関係でも優位性を示そうとしていくこともあります。ここまでくれば、授業規律というよりは、教室の秩序を憂う状況です。

二つめの友達感覚には、必ず常体表現の会話が存在します。いわゆるタメ口で、先生に話す子供の姿と、それに何の疑問も持たずに会話を進める先生の姿です。言葉の敷居を乗り越えた子供たちは、先生を友達と同等に捉え、いやなことがあれば当然文句も言い、気に入らなければ、当たり前のように無視をします。先生にです。

また、三つめの先生に対する同一視というのは、子供たちにしなさいということは先生もしなければならないという考え方に囚われること。例えば、「お茶」の項でも述べましたが、先生が宿題を出すなら先生もすべき、服装の決まりや身だしなみの決まりも子供に守らせるならば、先生も守るべきというものです。宿題を出すならば、先生もしなければならないなんて、いくらなんでも思わないだろうと高をくくってはいけません。授業規律がなく、教室の秩序まで失われた教室では、宿題をしない子がたくさんでます。もしかしたら、先生は出すばかり。なぜ、自分たちだけが宿題をしなければならないのかと思っているのかもしれません。

以前見た研究授業が行われた教室には、残念ながら、先生と子供の言葉遣いのけじめがなく、なれ合いの友達感覚がありました。個人差はあるものの、発表の声も小さく聞き取りにくい状態で、先生が押さえどころとして、復唱する場面も多くあるという様子で授業は進んでいきました。そして、ノートに書かせた自分の考えを発表させる段階になって、先生はある子に、前へ出て発表するように促したのです。しかし、指名された子は、前へ出るのはいやだと言い、かたくなに拒むのです。もちろん常体表現、いわゆるタメ口です。仕方なく先生は、じゃあその場で発表しても良いよと言って折れたのです。そして、教室の後ろの方から小さな声で発表するので、その声は全員に届きにくく、せっかくの考えを共有できず学びの深化が実現できなかったのです。

この先生と子供の間に、師弟の一線が引かれていたら、先生の指示に対して拒むということはあり得なかったでしょう。そして、目上の先生の指導を素直に聞く態度も養われていたはずですから、発表の声も周りの子供たちに届いて初めて意味があるという指導も理解していたことでしょう。きっと自分自身の声で、その発想を伝えきることができ、その発想の豊かさを認め合いながら、豊かな情操も育みつつ、授業は展開していったと思われます。

つまり、授業規律のないところに、学びは存在し得ないのです。そして、その授業規律は、先生と子供という立場の違いをはっきり認識し、互いに認め合うことからしか成り立ちません。一方的に、子供の心情を理解したつもりで、先生が子供の目線に下りていって、対等な振る舞いをする。当然、子供たちにも先生に、対等に振る舞っても良いという感覚で接する。いちばんわかりやすいのが、言葉遣いでしょう。先生に対して、いわゆるタメ口をすることが許されている環境では、先生を指導者として認める意識は育つわけもありません。だから、友達感覚で平気で発表もしないと言えるのです。

師弟の一線の見られない環境に、授業規律は成り立たないということを、それどころか下手をすれば、教室の秩序さえ危うくなりかねないということを、指導者たる者は肝に銘じるべきだと思います。

授業規律は個々の自立から

授業規律は、教室内の秩序が土台となって構築されます。その秩序のない環境に、先生と子供たち、そして子供たち同士が互いに尊重し合う空間が成立するわけがありません。秩序と対極にある混乱した状態、いわゆる荒れた教室に授業規律は求めるすべもないのです。では、その秩序は誰が構築するのでしょうか。もちろん、各々構成員なのですが、仕切りまとめるという意味で指導者ということになります。

さて、子供たちを仕切りまとめる先生に必要な資質はいかなるものでしょう。小難しく考えれば、人間を洞察する力や深層心理を見抜く力ともいえると思いますが、つまりそれは相手のことをわかる力であるはずです。人は、理解できるものしか受け入れることはできませんから、わかるということは相手を受け入れることであり、学校の場合子供たちを受け入れ、認め、受容することとなります。教室の子供たちが優等生ぞろいであるならば、そこそこわかれば秩序は保てるでしょう。しかし、公立学校ではその環境は望めるべくもありません。学力の差はもちろん、様々な家庭環境や育ちの背景を持つ子供たちです。その子供たちを仕切りまとめ秩序だった教室に整えるには、そこそこのではなく、かなり卓越した受容力が必要となります。

では、先生たちは優等生ぞろいなのでしょうか。もちろん、一定の学歴を持ち優秀な成績を修めてきた人材の集まりですから、子供たちになぞらえて学力という意味では申し分ありません。では、人間を理解する力はどうでしょう。誰かが友達に意地悪をされたと訴えてきたとき、なぜこの子は訴えてきているのか。その本当の目的は何なのか。表面上の訴えを理解するのではなく、深層にある感情の動きを追求して理解することができているのか。人間を理解するとはそういうことですから、理解できずに手に負えないとなったとき、先生は子供たちと同じ土俵に立って、大声で威嚇したりして怒るのです。

ほめ方、叱り方の項で述べましたが、もちろん怒るのは以ての外、叱るという行為もできれば回数は少ない方がいいのです。それは、授業規律は個々の自立によってのみ構築されるからです。自立とは、物事の善悪の判断を自ら行えることです。自立していれば、先生の卓越した能力を最大限発揮しなくとも、秩序は保たれます。思い返してみてください。学校で、その自立を強く意識した指導がなされているか。しかも、できうる限り幼少期から一貫して。教室が騒がしくなったら、先生が静める。もめごとの訴えには、先生が裁定する。日常の些細な行動にも先生がこと細かく許可を与える。その環境に親しんだ子供たちが、善悪の判断を自ら行うように育つでしょうか。いつも、そこには先生がいてよく考え判断し許認可業務をしてくれ、子供たちは先生の判断通りに行動すればよいのです。子供たちにとって判断を下しにくいことを、先生に尋ねることはいけないことではありません。むしろ必要なことです。しかし、それに丁寧すぎる対応をする指導者側の姿に問題があるのです。すべて答えて解決していては子供たちのためにならないのです。学校生活上の質問に対して、先生が判断することがやむを得ない場合はあるとしても、できるだけ判断の主体を子供たちに返すべきです。判断に悩んだ場面で立ち止まって自分の頭で考えさせることが、将来の自立を目途とした指導なのです。何でもかんでも、先生に伺いを立て許可をもらって行動する姿は、自立とは裏腹のものです。個々の自立心は、子供たちの困りごとにできるだけ優しさを持ちつつもできるだけ手を貸さず不親切に対応する指導者の見守りによって鍛えられていきます。

しっかりした先生の下では、秩序が保たれるが、そうでなければ混沌とした状態になってしまう。現在、学校現場の現状です。混沌が生み出す混乱の下では、いじめ・暴力、何でもおこります。それは、私たち指導者が将来の目途を見据えず、様々生起する生活の揺らぎに対して手をかけすぎ刹那的な対応を重ねてしまっていることが多い。ここに起因します。

先生の一声を授業開始のきっかけにしない

授業開始のチャイムが鳴り、子供たちが席に着いたら授業が始まります。その際に、先生がその一時間の授業を始める第一声を出さないようにします。多くの場合、チャイム直後というのは、休み時間の延長上で教室内も少々ざわついていたり、廊下がまだ騒がしかったりします。この状態で、先生の発声で授業を開始すると、先生の第一声が実質的なチャイムになってしまいます。もちろん多くの場合、授業の初めにはまず日直が前に出て号令をかけ、あいさつを交わすでしょう。そして、宿題の点検や忘れ物の点検があったりしながら本時の課題が示され授業は始まっていきます。もちろん、この過程で先生がそれぞれの内容に触れて発声することもあるでしょうが、それぞれの動きのきっかけとなる一瞬にはかかわらないのです。日直が進み出て号令をかけたり、係りが進み出て忘れ物の点検をしたりする際に、周りがまだざわついていても先生は一切かかわらず見守るだけ。忘れ物の点検に手間取っても、指導事項がある場合は別としてこれもただ見守るだけ。

そして、子供たちの手で続けて、「前回の授業では教科書何ページのどこそこまで勉強していました。みなさん、教科書の何ページを開きましょう」などと前時の学習内容が確認される。こういう一連の授業開始の手続きが子供たちの手で進められ、係りの子が席に戻って初めて本時の課題を提示すべく先生が話し始めてよいということになります。

それも、できるだけ間をとって満を持して登壇という雰囲気を醸し出し、静かに語り始める。そのころには、子供たちの集中力は最高に高められているはずです。

前述しましたが、自立とは、物事の善悪の判断を自ら行えること。学校生活上の質問に対して、先生が判断することがやむを得ない場合はあるとしても、すべて答えて解決していては子供たちのためにならないと申しました。つまり、ツアーガイドのように先生が案内役を務めて、子供たちを先導するのでは子供たちから主体性を奪ってしまうのです。あくまでも、主役は子供。その主役たちが、主体性を持って自らの判断で授業に関わろうとする。先生は、ただそれを支援するだけ。そのためには主役たちが自ら集中力を高め、指導者の言葉を受け入れる態勢を整えなければなりません。

それが実現できたとき、その瞬間に発せられる指導者の指示は、絶大な印象として子供たちの脳裏に刻み込まれます。

なぜ、勉強せねばならないのかを説く

子供たちからこう尋ねられたら、どう答えるでしょうか。

勉強というものが、自分以外の事物の構成を知るという営みですから、自分以外の自分を取り巻く様々な事象、つまり広い意味での環境についての理解を深める営みといえます。そして、その広い意味での環境について理解が深まることによって、無知の知ではありませんが、人の

本質規定として自分自身の無知さや社会的存在としての小ささ、ひいては自然の偉大さ等々を知る営みです。知れば、人は人として謙虚にならざるを得ません。自身の内面に対して、社会的にかかわりを持つ自身の外面に当たる人々についても、そしてもちろん自然に対しても。つまり、自分以外のことを知る営みである勉強を通して、実は自分自身のことをより深く知ることになる。人に対して環境に対してぞんざい、粗暴に振る舞うことを戒めるようになる。これがすなわち社会性であり、なぜ勉強しなければならないかという答えであるといえます。

さて、この社会性、人が人として謙虚であることの必要性を身に着けさせる営みの意義を子供に説くには難儀を極めます。しかし、もちろんこの本当の意味合いも伝えていくべきではありますが、これを本当に理解するには子供たちの経験値は、あまりにも少なすぎます。そこでよりわかりやすく、子供たちに説くならばという平板な意味で話を進めます。

もちろん、謙虚であるということは人に迷惑をかけないことです。この一点は、いくら経験値が少なかろうと人が社会で生きていく上に必須ですから、事あるごとに繰り返し説諭するべきでしょう。そこを踏まえた上で、人が人として生きていく時、知識を豊富にし、技量を磨くことは、身体的な健康だけでなく精神的に充実した生活を支える上で大切なことです。現実社会において知識や技量を身につけるということは、自分自身の自由度が増すということです。具体的には、一般的な教養を身につけていないと、それなりの資格を必要とする職業を望んだときに実現できないというより、望むこともできません。つまり、選択肢が限られてしまうということで、自由度を狭めてしまうことになります。

しかし、平板に説明しようとしても、ぼんやりとしか理解できないか、理解できたとしても幼い子供たちに実感はないでしょう。それならば、ゲームの世界にたとえると理解しやすくなります。

ゲームの世界には様々なルールや役があります。同じゲームに参加するなら、ルールを知らなくては参加できませんし、役は数多く知っている方が様々な選択肢の幅を広げることができて有利です。そのゲームの世界では、役を知り選択の幅を広げてゲームを有利に進めることが、人生での知識を得て、将来の選択の幅を広げて人生を有利に進めることに似ているのです。人の生活はゲームではありませんし、勝ち負けでもありませんが、「なぜ、勉強せねばならないのか」という問いに答えなければならないとすれば、一定の説得力はあると思います。

また「なぜ、学校に来なければならないのか」という疑問が同じようにあったとして、答えるならば根本的には勉強の理由と同じですが、君の将来のためだからと個人を意識させるだけでなく、君の将来のためだけではないのだということを理解させるべきです。親が職業を持って子を含めた生活を支えている事実。そして、その職業を持ちながら子の教育を同時に行うことは不可能であること。つまり、そういう社会の分業体制があるから生活が成り立っているのです。子供が学校に通うということは社会の一員としての責任でもあり、しいては親の安心にもつながります。

ゲームにたとえたり、社会分業体制を引き合いに出したりしては、話が本筋からそれてしまうのですが、そうして子供たちに理解できる水準で勉強とは何か、学校とは何かという理解を深めさせておくことは、授業規律を説く下地として必要な資質の裏打ちとなります。

丁寧語と学力

秩序ある教室で互いが互いを尊重しあい、考えや意見を交流する学び合いの学習環境を成立させるのに欠かせない条件が、子供たち同士の間で使われる丁寧語だと考えています。

子供たちの誰しもが、教室の全員の前で臆せず意見を述べられるわけではありません。気の弱い子や自分の意見に自信の持てない子など様々ですから、そんな子供たちにとっては全員の前で発表する形式ばかりだと、どうしても受け身的な授業への参加となってしまいます。そんな子供たちにも意見を出しやすく学びを共有する機会を少しでも作り出せるのが、小集団による話し合い活動でしょう。物理的に発言回数をのばすことが可能です。その話し合い活動で、勢いのある常体表現で意見を言う活発な子供たちがいて、また、おとなしい子の精一杯の意見表明に対して、その活発な子供たちが勢いのある言葉で否定や反論を常体表現で言い合う環境では、やはり、精神的には活発な子供たちだけが意見を出し、おとなしい子供たちは追随しているだけになり、せっかくの小集団で発言回数をのばせず小集団の有効性を活かせない状態になります。

これは、何も小集団に限ったことではなく、先生がいくら教室は間違えてもよい場だと力説しても、せっかく勇気を出して発言した意見に、疑問や否定的な言葉が常体表現で勢いを持って返されたら、次回からの発言を躊躇してしまうことは想像に難くないでしょう。臆せず活発に意見を出せる子供たちだけでなく、誰もが安心して意見を出せる環境は、それがたとえ間違った意見であっても、厳しく鋭く指摘される環境ではないはずです。まず、いったん受け入れ、尊重し、思いやって異議を唱えるには、丁寧な言葉遣いは欠かせません。もちろん、名指しで意見の交流を行う場合、敬称をつけて呼びあうことは当然です。子供の世界だから常体表現が許されるという考え方は、完全に間違いです。また、発達段階的に幼いから、呼び捨ても常態化しているし、子供らしさの一面と大目に見るのも間違いです。それは、先生という立場が、その常体表現の渦中には位置せず、直接の被害は受けない対岸の火事であるからにすぎません。

先生たちの話し合い活動、つまり職員会議などで呼び捨てで異論を唱えたらどうなるでしょう。また、常体表現で反対意見を述べたら、どういう結果になるでしょう。そんな火を見るよりも明らかなことを言わずとも、あなたが出した意見にとても丁寧な表現の反論を聞いたとしても、それ相応に傷心するはずです。いや、そんなことはない。そんなことを言っていたら意見の交流などできないではないか。傷心する方に問題があるとの反論が聞こえてきそうですが、それは理性的な大人の話。その大人でさえ職員会議で真っ向からの反論を受けて、体調不良を訴えた先生がいるくらいですから、大人といえども反論を正面から受け止めるには、相当の修行が必要ということです。ましてや子供ですから、我々大人が想像している以上に、心が折れやすく傷つきやすい子がいるという事実は知っておくべきでしょう。そもそも人は、人からの反論や注意ごとを素直に受け入れるだけの度量を持ち合わせないという事実を踏まえて言葉遣いの選択肢を提示すべきでしょう。。

丁寧語と注意

ふとした気のゆるみや、緊張の糸が切れた場合に、お互いに気をつけあっている約束事が乱れてくることはよくあります。そのような規律ある授業の雰囲気が崩れかけたときや、個人個人の態度にゆるみが見え始めたときに、子供たち同士で注意しあう場面は結構あるものです。こんなときの注意の言葉を聞いていると、命令口調で結構きつく聞こえる言い方で行われていることがあります。また、その結果、注意を受け入れられずに勢い無視してしまい、反対に注意をした児童から、注意したにもかかわらず言うことをきかないであるとか、注意を無視するという訴えを聞くことがあります。注意する側も、自身が行っている言動が正しいという意識があるため、また、先生の権威を借りて行われているために、きつい口調で注意をしてしまうのでしょう。しかし、これが積もり積もって、後々の子供たち同士のもめごとの遠因になってしまっていることも珍しくはありません。

人は弱いものですから、厳しく注意されて受け入れられるほど巧みではありません。だから、注意する側はできうる限り注意される側の心情を慮って、丁寧な上にも丁寧に、優しく思いやりを持った上にも思いやりを持って、相手の立場が傷つかないようにそっとたしなめる必要があります。それが証拠に、我々大人の世界で正面切って注意するということはまずありませんし、あればかなりの反発を覚悟しなくてはなりません。大人はずるいですから、優しく思いやりを持ってたしなめても、なおかなり反発を食らう予想がたつので、触らぬ神にたたりなしを決め込むことが多いのでしょう。このことを分からせることも、穏やかな学級経営には欠かせません。もし、それでも注意の必要があるときは、丁寧語でしかもできるだけ小声ですべきです。小声では足りないほどの喧騒があるならば、小声で言葉が届く状態になるのを待てばよいだけです。

同等の立場である友達関係に、常体表現が許されているのは仲がよいから、気が置けない仲であるからだといえます。それならばなおのこと、もしかすればその関係が崩れるかもしれない注意は、命令口調であってよいはずがありません。

目的・体・暴力

「目的を持つ」「体のことは言わない」「暴力はだめ」を指導の三本柱とします。

子供には、常に目的を持って行動させます。毎時の学習課題はその都度伝え、「目的」として意識させますが、そのベースとして、常に授業の始まりには、課題を受け取るために先生の話を聴くという、いわば暗黙の了解があります。詳しくは、次章の待ちの指導法で述べています。

次に、子供たち同士、もちろん先生に対しても、体のことは絶対に言わない約束をします。太っている、やせている、背の低いや高い、肌の白い黒い等々、挙げていけばきりがありませんが、言われてどうしようもないことは、絶対に言ってはいけない。できれば、背が高くてスタイルが良いというような、良い意味であっても言わないにこしたことはないという価値観を大切にします。人によってとらえ方は、千差万別であり、やせているとほめたつもりが、言われた本人は、痩身をコンプレックスに悩んでいたということはよくある話だからです。たまに、先生に対して悪気なくふざけて、そうした体のことを言う場合がありますが、絶対に冗談と受け流してはいけません。そこはひとつ、大いに傷ついたと演技でも良いから悲しんでみせるべきです。そうしないと、先生に対して許されたことは、必ず子供同士で再現されます。大人は、冗談で受け流せても、年端のいかない子供には難しいのです。

「暴力はだめ」絶対にいけません。先生でなくても、誰でもが否定はしない価値観ですが、残念ながら一部保護者の中に、やられたらやり返せと暴力とまでは言わずとも仕返しを容認する風潮があることもまた事実です。

さて、暴力には大別して、腕力によるものと言葉によるものの二種類があること。ときには、言葉による暴力の方が深く人を傷つける場合があること。そして何より、いずれの暴力も必ず、立場の強い者から弱い者に対してのみ使われる卑怯な手段であることを伝えます。それでも、日々の生活の中で喧嘩が起こってしまったり、乱暴な子が一方的に暴力をふるうという場面に出くわすことはあります。そんなときには、我々の社会は、みんなが暴力をふるわないように気をつけて暮らしている。教室も同じことである。そんな中で、自分だけが暴力を使えば、勝てて当たり前だし、相手を傷つけて、自分だけは強いつもりかもしれないが、勘違いもはなはだしい。暴力を使うものは、一番卑怯者で、一番弱虫であると諭さねばなりません。

さて、少々辛口になりますが、この「暴力はだめ」という価値観を伝えなければならない指導者に暴力の持つ意味を理解していない言動が見られます。

つまり、先生の暴力です。

何も体罰のことを言っているのではありません。

暴力には大別して、腕力によるものと言葉によるものの二種類があることを申しました。その言葉による暴力が、指導と称して横行しているのではないでしょうか。先生の言いつけを守らない姿に対して、あるいは先生に対する反抗的な態度に対して、文字通り授業規律を乱すような行動に対して、大声で威圧するかのように指導する姿です。それは、指導というより大声で怒鳴れば、子供たちが萎縮して問題視されている言動をやめると高をくくっているにすぎません。先生も、怒鳴れば殴り返してくるかもしれない粗暴な子供がいたら、その子供には決して怒鳴らないはずです。暴力は常に、自分より弱い者に対して使われるのです。だから、大声を出したり、怒鳴ったりするのは、やはり計算尽くの暴力なのです。

暴力は、憎しみや自己嫌悪感という負の感情しか生み出しません。一時的に従順になったように見えても、その実、憎悪の炎はめらめらと燃えさかっているはずです。その炎は子供たちの体内に蓄積され、必ずいつか大きな火になって吹き出します。誰に向かって吹き出すのでしょう。先生本人でしょうか。大抵の場合そうではありません。暴力には、必ず自分より弱い者に対して使われるという宿命があるのです。そうです。学級のより立場の弱い子に向けられるのです。そして、先生はまた怒鳴って押さえ込もうとする。負の螺旋階段を転げ降りていくようなものです。暴力を暴力で制止することなどできないのです。そんなこと先生なら、百も承知のはず。

大声を出すこと、怒鳴る行為を学校ではなく、社会に出てできるでしょうか。街中や駅など公共の機関で大声を出すということは、それだけで異常事態なのです。わかりやすくいえば、授業参観に保護者の前で大声で怒鳴ることができるでしょうか。遠足の引率時に駅のホームで、大声で怒鳴ることができるでしょうか。大人社会で通用しないことを、学校で通用させてはなりません。

口や手は何のためにあるのか

教室では、起こらぬことに越したことはない出来事が、起こってしまうものです。例えば、体のことをあげつらうように揶揄してしまう。喧嘩沙汰が起こり、誰かが傷ついてしまう。仲間はずしから、いじめへと発展しそうになる等々。もちろん、その事例に応じて、時々の対応を適切に行うのですが、以下の話を学年当初に指導しておくことによって、いつでもその原点に立ち戻れるようになります。

子供たちに口は何のためにあるのかを問うと、食事や話すためと言った当たり前のことを答えます。そこで、それは事実と認め、少なくとも人の悪口を言うためについているのではないと諭し、口は、困っている友達に「だいじょうぶ」と声をかけるためにあるのだと伝えるのです。目は、例えばいじめられたり困っていたりしている友達がいないかということを見つけるためにあるのだし、耳は、そんな友達の「助けて」という声を聞くためについているのだ。鼻は、その嗅覚で意地悪をされている雰囲気が教室にないか、かぎ分けるために付いている。そして、足はそんな困っている友達がいたら駆け寄るためにあるのだし、手はその友達とつなぐためにあるのだ。決して、手や足は相手が気に入らないからと言って、蹴ったり、叩いたり、そして口はののしったりするためについているのではないと、できるだけ強く印象づけます。

また、子供たちは現実と仮想の区別が未発達なので、テレビなどで流れる人の体型をからかったり、あけすけな物言いで笑いを取る芸人の仕草を、そのまま真似てしまう場合があります。彼らは生活のために、からかったり、あけすけな物言いをしても良いと、互いで契約を結んでいるから成り立つことであって、私たちが過ごす学校で、それを真似た行為はしてはならないと釘を刺しておく必要もあります。子供たちは、ほとんどもれなく本当に、この契約のことをわかっていません。

この印象が強ければ強いほど、後日に予期せぬ問題が生起したとき、原点に戻る形で穏やかに諭すことができます。もちろん、これらの価値観は授業のためだけにあるのではなく、学校生活だけでもなく、子供たちが家庭や地域で過ごす日常生活にも当てはまります。それが、授業という枠の中で再現されたとき授業規律と言うだけであって、お互い気遣いながら、譲り合って過ごす社会の規範とでもいいましょうか、社会常識の礎なのです。

あいさつは早い者勝ちを教える

対人関係の中で、相手の方に先んじて行う「あいさつ」は、相手の方を人として認め、敬意を持って接する気持ちを伝える唯一の手段と言ってもよいでしょう。特に、朝のあいさつ言葉である「おはようございます」は、日中の「こんにちは」、夜間の「こんばんは」と比べても、その言葉自体が敬語になっているためその効果には絶大なものがあるはずです。日中や夜間のあいさつ言葉の後半部分、つまり敬体の部分が省略されても、朝のあいさつ言葉のみ現在も生かされているのは、私たちが社会でいかに、その一日の最初に出会う一瞬を大切にしてきたかという証なのかもしれません。反対にいえば、この朝のあいさつの一瞬を逃してしまえば、社会的な評価としてかなり厳しいものを覚悟しなければならないことは簡単に想像が付きます。

ですから、相手の方からあいさつされて、あわてて気づいたように答礼するのであれば、相手の方への思いやり度は、相手の方に先んじて行うあいさつとは比較にもなりません。しかし、たとえ答礼であってもあいさつを返すだけまだましで、あいさつすら返せないという子供たちの姿も少なからずあるというのが実態でもあります。もちろん、その日の体調や、精神状態、家庭環境を含めその子個人の気質の問題等々、様々な事情をかかえて答礼すらできなくなっているのかもしれません。しかし、どのような事情があったにせよ、そのような子供たちは、あいさつを返せないことが相手の方に敬意を表せないだけでなく、相手の方の自尊感情を傷つけてしまったり、相手の方の存在そのものを軽視してしまうことになるということに思い及んでいないということも、また事実です。

我々は先生であり、子供たちの指導者です。この事実を知らせる責任があります。そして、是が非でも、人生のできるだけ早い時期に相手の方に先んじてあいさつができる、もしくはできたという経験を積ませる必要があります。その経験は、その子のその後の長い人生に計り知れない利益をもたらすはずです。

何度も述べますが、我々は子供たちにとって、社会の様々な立場の方々の代表です。いちばん身近にいる社会人なのです。子供たちと社会との接点に立つ先生に先んじてあいさつできないのであれば、地域の方、社会の方に先んじたあいさつができるはずがありません。また、今できていないのであれば、将来にわたってもできるようになる保証もありません。人にとって、初体験の壁は高いものなのです。あいさつができる子、しかも相手の方に先んじてできる子供に育てることは、私たちの義務と言ってよいでしょう。


では、その方法論に移ります。相手の方に先んじたあいさつができる子供に育てるためには、先生に代表される周りの大人たちから子供たちに向けて、常に先んじてあいさつをしていてはおぼつきません。そうしていれば全員とは言いませんが、先生たちはあいさつをするものだと高をくくってしまう子供ができてしまいます。

私たちは、学習指導では授業で各教科の学習内容を教え、評価をして理解度を確かめます。安全指導を行いますが、点検活動はあまりしません。ところが、生活指導では実践的な道徳的な価値観を教えっぱなしにはしません。道徳的な価値観を将来にわたって延々と教え続けることなどできませんし、しても意味がありません。だからこそ、先生にあなたから「あいさつ」をしなさいと指導するのです。そう指導して、いざ日常的な実践の場でできているか否かを点検する。点検しようと思えば、常態的に先生たちから子供たちに向けてあいさつをしていてはいけません。子供たちから先んじてあいさつができるようになっているか評価できない、わからないからです。

授業に評価が付きものならば、指導に点検も付きものなのです。

「うんこ」を教える

うんこは決して下ねたではありませんが、子供たちが俗っぽく下ねた風に捉えてしまいがちな言葉を、まじめに教材として取り上げる場合があります。理科や保健体育に多いですが、そんな場面に興味本位でその言葉尻だけを捉えて過剰反応をおこしてしまう子供たちの姿があるようでは、授業規律が身に付いているとはいえません。

さて、子供たちの朝食を調べてみると、中には朝食ともいえないような朝ご飯しか食べていない子が多数います。パンと牛乳ならまだしも、スナック菓子とお茶という子もいますし、それでも摂っているだけましというもので、何も食べずに登校してくる子も少なからずいます。そんな状態を改善する手だてとして、食の大切さを教える「食育」が大切にされる昨今です。

その食育の授業で、外部講師として給食センターの栄養士さんを招いて授業をしていただきました。その授業の一こまですが、栄養士さんが「ご飯を食べなかったらどうなりますか」と発問する場面がありました。挙手をして、指名された男子が「うんこが出なくなります」と答えたときのことです。栄養士さんは、子供たちが「うんこ」という言葉に反応して沸いた状態になると想像していたそうですが、周りの子供たちは笑いもせず一つの意見として冷静に受け止めたのです。それは、年度当初から常々「うんこ」が出ることの大切さと、ふざけて使う言葉ではないが、使っていけない言葉ではないこと。人が動物として当然の生理で、ちゃかしたり冷やかしたりすべきではないことを、重々説諭してあったからなのです。ところが、公開型で行われたその授業を参観した先生方から、沸かなかったことに対して、少々沸いてもいいのではないか、あの冷静さには子供らしさがないというような意見があったのです。

子供たちは入学して以来、トイレに関する不愉快な経験を数多く積んできてしまっています。例えば、個室にはいると「うんこ」をしていただろうと冷やかされたり、用を足しているといたずらで執拗にノックされる。はたまた、大便の個室をのぞかれるなどなど。小便器と大便器が分けられているからでしょう、トイレに関する負の経験は、女子より男子に顕著に見られるようです。そんな環境ですから、トイレに行きたくても我慢してしまった経験を持つ子は、男子のほとんど全員に見られます。我慢して体にいいわけがありません。ですから、どの子も安心してトイレに行って「うんこ」ができる環境を、意識の面で整備することは何よりも大切といえます。「うんこ」という言葉を沸く対象としてとらえ、「うんこ」をすることが恥ずかしいこと、「うんこ」そのものが笑いの対象となるものという雰囲気を認めてしまえば、ますます「うんこ」を我慢してしまう子供たちが増えることは間違いないでしょう。「うんこ」は一事例ですが、健康を害してしまいかねない環境に、授業規律など存在しないことは誰しも疑わないでしょう。

呼称は統一する

呼称は、性別を問わず「さん」に統一します。「君」で統一してもかまわないのですが、大人社会で、初対面や地域の隣人を呼ぶ必要がある場合にやはり、「君」では呼べません。性別を問わず広く用いられている「さん」で呼ぶ方が自然な気はします。ちなみに、教科書ではたいてい性別を問わず「さん」で呼ぶ表記になっています。

呼称を統一する理由は、ただ一点。性別によって配慮はするが、一切の分け隔てをせず、公平に扱うとの意志を明確に示すためです。

もちろん、「さん」に統一するわけですから、「君」と同様、「ちゃん」も使いませんし、呼び捨ても、やむを得ないときはあるもののできる限り使わないようにします。やむを得ないときというのは、何らかの行動に制止をかけなければならないときなど、言葉を柔らかく使うべきではないときだけです。

さて、これを先生が子供を呼ぶときはもちろん、子供同士でも、授業中の発表や学級会といった公の場では使うことを奨励していきます。なぜなら、例えば帰りの会で誰かに意地悪をされた、悪口を言われたという訴えも、感情のまま呼び捨てで言い表せば、当然語気も荒くなり、相手を全否定してしまうことだってあるからです。しかし、「さん」をつけて表現することにより、自分にとって理不尽な行いをした相手ではあるものの、その人間そのものを否定して表現しているのではない。あくまでも相手に敬意を払いながら、その理不尽な行為を問題視し、冷静に訴えているのだという雰囲気を保てるのです。もちろん、子供たちにも「さん」付けを奨励する際に、「さん」にはもともと相手を思いやり大切にするという気持ちが内在することを説明しておかねばなりません。子供たちは、訴えるときにいちいちこの説明を思い出さずとも、「さん」を使うことによって、相手を思いやりながら訴えることになるのです。

呼称の統一でいえば、「さん」以外は使わないことが望ましいですが、こんな光景も見ることがあります。たいていは「さん」で呼んでいるのに、ある子には「ちゃん」付け、またある子には頻度高く呼び捨てなどという最悪の呼称の使い分けです。これでは、先生に対する不信感をあおるばかりで全くいけません。

それに関連して、氏名を名字と名前に分けた場合、全員名字で呼び、名前で呼ぶのは同姓が存在する場合のみで、同姓のため名前で呼ぶ特例は、全員に知らせ共通認識しておきます。また、配慮を要する子供たちに「ちゃん」を付けたり、名前で呼んだりする場合をよく見かけますが、対等な友達同士ではなく、面倒をみる側とみられる側という、いわば上下関係を固定化してしまうことにつながりかねません。これも、厳に慎むべきです。

こうして、授業規律の礎としての互いを認め合う、落ち着いた雰囲気の素地ができあがります。

また、意外に指導されず放置されている価値観に、自分のことを指して、どう表現させるかという問題があります。地域によって違うでしょうが、女子は普通「わたし」と表現しますので問題ないのですが、男子で「ぼく」ではなく「俺」を使っている場合が多くあります。私的な場面で友達同士で呼び合う場合には、どちらを使おうが全く問題はないと思います。しかし、授業規律として先生と子供たちの関係を考えたとき、この「俺」表現は適切さを欠きます。一般的に俺は相手と同等もしくは見下した関係下で使われる一人称で、社会性のない粗暴な印象を周囲に与えてしまう表現といえます。もし職員室で、教員が校長と職務上の会話を交わす際、自分を指して「俺」と表現して話せばどういう印象を与えるでしょう。まさか、一社員が社長に話をするときに「俺は」とは言えないでしょう。社会で認められないことは教室で認めてはいけないのです。

先生に対する場合や授業中の発表の場面などには謙称である「ぼく」を使うように指導すべきです。

男女の区別をなくす

男女は互いに尊重し合い、助け合うものです。だから、無用の区別は過剰な男意識、女意識を助長しかねません。それでなくとも、世の中には男は男らしく、女は女らしくという意識が根強く残っています。しかし、筆者もその考えには賛成で、男らしくや女らしくも必要だと思っています。ただ、その前に人らしくという価値観を、まずは優先させるべきだとも思っています。

学校というかなり先進的に男女の対等性を実践している場でも、まだまだ様々に男女の色分けがされている場合があります。いちばんわかりやすいのが、卒業アルバムです。一昔前までは林間学舎や修学旅行といった宿泊を伴う行事の写真で男子だけ入浴のカットが入っていました。今でも集合写真では、男子は手を軽く握って足を少し開き気味、女子は手を伸ばして膝に添え、足は閉じ少し斜めに構えるポーズとなっていないでしょうか。

運動会では、同等の走力を持つ子供たちを男女の区別なく、走らせることができるでしょうか。地域性や校風によっては、男子の保護者の意識の中に、女子と同じ組で走って負ける我が子の姿は、見るに忍びないという考え方が根強い場合があります。

また、保護者からは女性の教員に対して、教室内のもめごとの収拾がうまくいかなかった場合に、女だから子供からなめられているのではないかという、いわれのない言い方をされている事例を山ほど知っています。地域の伝統的な行事の中で、神聖な場所には女は入れないという決まりが根強く息づいている場合もあります。大相撲の土俵には、今でも女性は上がれません。

足元を見れば、先生自身が校内放送で、重い荷物を運ぶので男性の先生方は、どこどこに集合くださいというアナウンスを入れている場合もあります。読者の皆さんは、そんなことはないと思いますが、きつい仕事や重要な仕事と思われるものは、男性教員に任せている姿。行事や集会活動で司会進行をつとめるのは、男性教諭といった具合です。

上辺だけ、敬称を「さん」に統一しても、負の教育プログラムは家でも地域でも、学校でも無意識のうちに実行されています。我々が、鋭敏な感覚を持ってそれらの考え方だけがすべてではないという事実を知らせていかなければ、男は女よりも偉いという間違った考え方を持つはずです。そして、それは確実に女性教諭をあまく見るという、指導を行う上で困った状況も生み出してしまいます。確実に、子供たちが年を重ねるほど、さきほどの負のプログラムによって女性を軽く見る習性が身に付いてしまっていると考える方が自然です。そして、その考え方に染まった子供たちは、女の先生の指導を素直に聞けなくなる可能性だってあるかもしれません。そうなってはならないし、子供たちがすべてそんな考え方を持っていると言っているのではありませんが、それにつながりそうな事例もたくさんあることだけは事実です。

われわれが不必要な部分の男女の区別をなくすことは、結果論的に女性教諭に対する偏見や蔑視をなくすことにもつながります。そして、それは詰まる所、子供たちの利益に還元されていくのです。

絶対的に公平に扱うことを宣言する

公平性に関しては、先生側に気をつけるべきところが山ほどあります。そして、子供たちは最も鋭敏なアンテナを張って、先生の発する言葉や行動を監視していると言っても良いでしょう。それほど、子供たちは先生から、えこひいきされている姿を見ることに対して、敏感に拒否反応を示します。

だから、できるだけ指導者は、何も専決しないのです。先生が用事などを頼む場合でも、子供の固定化をしない。気の利く子供やよく先生の周りにいて関係の近い子などに頼むことなどもってのほか。急ぎの場合や適材適所の意図がある場合などを除き、できる限り固定化を避け、手伝いの内容を伝えて、担い手を公募する。

ところが、固定化をしないために、担い手を公募したら、応募が多すぎてしまい、結局、その中から早く近寄ってきた積極的な子に頼んでしまう。これでは、意味がありません。そこでジャンケンを多用することを薦めます。応募者を集めて、先生とのジャンケンによって選抜するのです。これは、ボランティアの応募だけでなく、運動会ならば徒競走で走るグループの順番、保健行事なら、身体測定に男女のどちらが先に行くかというものから、給食のお代わりまで、公平性を重視した方がよいと思い及ぶ範囲のすべてに、時間と相談をしながら、ジャンケンによって公平感を印象づけながら決めていきます。さらに学習に支障がない範囲で、授業中の指名にも応用します。

わかりやすいところで、見てみましょう。給食のお代わりの場面でいえば、学級の希望者全員がお代わりをしてる途中に、自分の順番が回ってきた子から、新たなお代わりの仕方についての提案を、質問という形で、先生に尋ねるということがよくおこります。たとえば、スプーン一杯ずつという約束を、二杯ずつにしてもよいかというもの。帰りの会などでいえば、学級会が終わってから、個人的にみんなに関わる質問をしてくる姿です。お代わりの途中から、学級会が終わってからというタイミングでは、許可したり、知らせたりしても、全員に公平に行うことができません。子供たちがわがままというよりは、人間そのものが身勝手な生き物ですから、自分の利益や立場を優位に進めようとしますし、それ自体を、責める気はありません。ただし、公平感という観点からは、ずいぶんとかけ離れてしまいますので、質問や提案などは、事の初め以外は受け付けないことを知らせておくべきです。

また、学習に関わっていえば、提出されたノートを点検するときに、一切名前を見ずに行い励ましや叱咤の一言を書き込みます。それをなるべく子供たちの視線がある場面で行うのです。もちろん、先生も人間だから誰の提出物であるかがわかってしまえば、主観が入ってしまうのでそうするのだと説明をしながら、厳しい一言もズバリと書き込み、名前がわからないからこそ厳しいこともいえるし、その一言には客観性があることを印象づけるのです。反対に、ほめる場合も客観的に見て、ほめるにふさわしい学習結果である事実に対して優しい一言をかけるのだということも印象づけます。

このように公平感は、生活面だけでなく、学習面でも子供たちの積極性を、引き出す下地となります。せっかく手を挙げたのに、選ばれなかった。授業中の挙手については、指名されるためではないことはわからせておかねばなりませんが、せっかく手を挙げたのに、いつも指名されない。この経験を重ねれば重ねるほど、次の挙手に元気がなくなる。これは、わかります。公平に扱うということは、一人ひとりのことを最大限大切にすることと同じ意味であり、その一人ひとりが、学級の子供の数と同じだけいるのだという事実も、わからせておく必要があります。

配慮を要する児童たちへの指導

集団がある程度育ってきた時期の配慮を要する児童への指導は、第一章「他を意識させる」

の普通支援教育の項で全受容の必要性を述べました。ここでは、学年当初として新たに担任となった先生自身が、まだどういう配慮が必要なのか実感できない頃の話として述べます。

配慮を要する児童に配慮をするのは当たり前なことで、個々の能力以上に、かけ離れた努力を要求しても、挫折を味合わせるだけという結果になってしまいます。その個々の能力を見極めるには、指導者自身が自分の目や口、耳といった五感を駆使して、直接その子供との関わりを持ち、その反応から限界点を導き出すしか方法はありません。

このとき、一番当てにならないのは、引き継ぎの資料や申し送りの類です。たとえば、前学年で集団の枠組みから、はみ出すような行動が目立つという申し送りがあったとしても、それは単に前学年の指導者や、その指導者に導かれた集団と、その当該児童との関係に過ぎないのです。もしかしたら、前学年の担任が配慮というより、ただ気を遣いすぎて、結果甘やかしてしまっていたのかもしれないのです。配慮を要するといわれる子供たちも、人と人との関係の中でのみ存在するのであって、ほとんどの場合、絶対的な行動様式を持つということはありません。指導者や周りの子供たちとの関係の中で、相対的に行動様式を選択しているのです。もし、全く相対的なものでなければ、残念ながら、その児童には集団で育てるよりも、別の環境で育てた方が、その能力を伸ばせることになります。それに当てはまるならば、おそらく入学以前から専門機関等で診断されているでしょうから、支援学校等の、よりその子に適した教育施設に通うことになっているはずです。少なくとも公立や私立の普通教育を集団の場で受けている子供ならば、程度の差こそあれ、相対的な価値判断はできると見てよいのです。その程度の差を、五感を使って感じ取るということになります。

しかし、程度の差ではなく、どうしても個人の能力として無理があると、指導者が判断をすれば、特例であることを集団全体にむけて説明を行うことは欠かせません。この手続きを抜きにして、配慮を要する児童だけに甘い対応を行えば、そこから集団がほころび始めるのは、簡単に想像ができるからです。もしかすれば、その配慮を要する子は、今在籍する集団の中ではなく育てた方がいいのかもしれませんし、育つにもまだもう少し時間がかかるのかもしれません。その辺りの見極めを担任として、自分自身の感覚で行い、特例として認め全受容するのか、または、集団の規律を当てはめるのかを判断するのです。

配慮と遠慮はちがう

全受容ではなく、集団の規律を当てはめると判断できた場合の指導法を考えていきます。

集団の中にいる配慮を要する児童は、集団の中で社会性が育つことを期待されています。その子供たちの中には寡黙な児童もいるでしょう。注意力が極度に散漫な児童や、多動な児童もいます。しかし、ここは思い切ってその子供たちにも集団行動の規律を、一律に枠組みとして当てはめ要求します。

対して、一番危険な発想は指導者側の、配慮を要する子供たちは、集団に馴染めないであろうという諦めに似た発想、考え方です。寡黙な児童に、指導者自身が寡黙であると認め、発言を求める機会すら与えなかったら、それはもはや配慮ではありません。遠慮でもありません。

その子に対する人権侵害です。同じく、注意散漫な児童が注意散漫な状態に陥っていても、それを配慮と称して認め、その状態を黙認してもしかり。多動な児童が、立ち歩いていても、特別なんだと配慮して、認めてしまってもしかり。全部、指導者側が配慮と称した遠慮、遠慮をしながら、意識せず知らず知らずに、子供の人権を侵してしまっているのです。もう一度言いますが、配慮を要するとされる子供たちには、集団の中で社会性を身につけるという育ちを、期待されているのです。育つ権利があるのです。配慮と称して遠慮して、その子が育つ機会を奪ってしまったのでは、配慮を要する子供たちはいつ育つことができるのでしょう。

本当の配慮とは、できるだけその子の限界点を見極めないで、限界点を探ることです。そして、限界点を見極めたならば、限界点よりも上の要求を出す。これに尽きます。ちなみに、限界点を見極めもせず設定して、限界点以下の要求しかしない働きかけを、遠慮と言います。

たぶん、本当の配慮をした指導は、端から見ていれば、配慮を要する児童に、何の配慮もなしに他の児童と同じく厳しく指導しているとしか見えないでしょう。なぜなら、たいていの場合、配慮を要するとされてきた子供たちは、相対的な人間関係の中で、甘やかされ、過剰な依頼心やわがままさを身につけてしまっていることが多いからです。その甘えの部分を、心を鬼にして取り払わせようとすれば、自ずとその指導は、他の児童への要求と似かよったものになります。それに、学年当初の限界点が見えていないうちは、本当の意味でも配慮のしようがありませんから、一律に集団行動の規律を求める指導でよいのです。この時期に先に述べた引き継ぎや、申し送り事項によって、配慮という名の下、遠慮がちな指導を行うべきではありません。もし、引き継ぎを行うのであれば、どういう指導をしてどういう関係ができ上がったのかという前年度の関係性こそ、引き継ぐべきなのです。

発言のルールを決める

発言する前には、必ず挙手をする。そして、発言時には「です」「ます」をつける。これは、一斉授業時の最も基本的なルールです。

よく見かける先生の姿に、他に挙手をしている子がいるにもかかわらず、挙手もしないで勝手に発言する子供とのやりとりで、授業を進めていくというものがあります。これを許してしまうと、挙手をする意味自体がなくなってしまうので、口々に好き勝手な発言をするようになります。確かに、学習の内容によっては、思いついたことを自由に発言した方がよい場合があります。そんなときは、そのことを伝えるか、先生の質問の仕方に一定の約束をもうけて、「どう思いますか」とはっきりした疑問形の場合は挙手、「どう思う」と語尾だけ上げる場合は自由に発言しても良いと区別するのも一法です。先生の質問の仕方に一定の約束をもうけてまでも、挙手にこだわるのは、挙手が単に発言のサインではないからです。詳しくは、第一章他を意識させる「挙手の意味を教える」で述べていますので、そちらを見ていただくとして、この挙手のルールがくずれると、一斉授業時の規律が崩れることにもつながりかねないのです。

続いて、発言には必ず「です」「ます」をつけさせます。これも詳しくは、第一章他を意識させる「言葉遣いを丁寧にさせる」で一般論を述べていますが、その上にこの場合は、先生が

「〜ですか」と質問しているのに、子供が単語で返すのはいかにも変です。また、「どう思う」と尋ねられた場合でも、きちんと「です」「ます」で返せる子供に育てることは、言うまでもありません。

先生の中には、形式ばかりを杓子定規に守らせるのは、子供の自由な発言を妨げるばかりでなく、豊かな発想の妨げにもなる。こう指摘される方がいます。もし、そう思われるのであれば、私はお勧めはしませんが、「です」「ます」抜きでの発言を許せばよいと思います。ただし、一度は、きちんと「です」「ます」を添えて発言できる子供たちに育て上げてからです。それなら、感性豊かな熱い発言が、言い切りの形になったり、疑問を投げかける形になったりしているのは、感性が磨かれているのだなあと納得もできます。「です」「ます」をつけて発言できるが、感情表現がその丁寧語を省かせてしまう学級集団なのか、そもそも「です」「ます」をつける習慣すらなかった学級集団なのかは一目瞭然ですし、両者の間には雲泥の差があります。

丸付けは子供にさせる

不要な誤解を生まぬように申し添えますが、子供にさせる正誤の点検つまり丸付けは初発の丸付けという意味です。まず子供たち自身に正誤の点検をさせて、その後で先生が再チェックするという意味をふまえて読み進めてください。

さて放課後に大量のノートを抱きかかえるようにして、職員室へ戻ってこられる先生の姿をよく目にします。また、休み時間に集めたノートの点検を必死でなさっている姿もよく見ます。

物理的な面だけを見ても、先生の仕事は傍目より相当大変です。そこで、少し見直してほしいことがあります。そのノート類の点検に、子供がした方がよいものが含まれていないかどうかです。

計算を学習させる場合で考えてみましょう。

計算問題の答え合わせは、絶対に子供たちにさせた方がよいのです。なぜなら、子供たちにとって計算をするところが勉強ではなく、計算の方法や結果が正しいか否かを確かめるところこそが勉強だからです。少なくとも、計算問題は問題を解いて正誤の点検をするところまでが子供の学習といえます。しかし、計算だけをやりっぱなしで、点検は先生任せ人任せ。それでは、どこをどう考えてなぜ間違えたのかという学習としての気づきがありません。しかも、できるだけ計算をした後、すぐに正誤の点検をする方がよいのです。二十問の計算があれば、まとめて二十問の答え合わせをするよりは、できれば一問ずつする方が学習としての気づきが期待できます。特に、習熟のための反復練習時より、新しく勉強した内容の理解を深める段階でそういえます。計算をする行為と正誤の点検をする行為の間に、時間が空けば空くほど、本来はその二者で一体となるはずの一連の学習としての効果が、バラバラに分断されてしまうのです。人は忘却の生き物なのですから。

だから、家庭学習用のドリルは、答えをつけたまま子供たちに持たせる。これが必須条件になりますが、一部保護者から家庭学習時に、答えの丸写しを危惧する意見が必ずといってよいほど出されます。そんな意見に翻弄されて、まじめに学習しようとしている多くの子供たちから、必要な解答部分を取り上げるわけにはいきません。ですから、その危惧を払拭するためにも、丸写しは見抜いて厳しく指導しなければなりません。方法は簡単です。丸写しが疑わしいノートがあれば、計算の途中式を確認すればよいだけです。

では、漢字を学習する場合はどうでしょうか。人は思いこみという間違いを犯しやすいですから、学習者が自身で正誤の点検を行うことは難しいものがあります。しかし、難しいからこそ、やはりここでも自分自身でその思いこみに気づくという作業内容が、漢字を正しく覚えるという学習の過程として最重要な部分であることは間違いありません。結論から言うと、漢字の丸付けは書いた漢字が正しいか否かを確かめる大切な学習の一部なのです。そこを、子供から取り上げてしまうのは実にもったいない。先生ならたくさんのノートの丸付けをしていて、この子たちはここをこう間違えたのか。この部分を指摘してやれば間違いはなくなるな、と思われた経験など山ほどあるでしょう。皮肉になってしまいますが、先生が子供たちの間違い方に気づいて、先生自身が学習を深めたともいえます。それを子供たちに還元すべく指摘するのが先生の仕事と思って、一生懸命丸付けをなさっているのかもしれません。しかし、本来はまずはそれに学習者本人が気づくようにし向けることこそが、先生の仕事なのです。丸付けを一手に引き受けている先生自身が、いちばん勉強になっているという事実に気づくと、丸付けを子供たちから取り上げていることがいかにもったいないか、意図せず子供たちをなおざりにしてしまっているということが見えてきます。

また、丸付けを子供たち自身にさせると、いかにもいい加減で適当に丸をうつ姿が見えてくるはずです。それは、特に漢字が苦手な子供たちに顕著です。この部分を厳しく指摘することによって、漢字に対する学習態度が改まるというより、この部分を指摘する以外に改めさせる方法はありません。それが証拠に、いつも丸付けという点検を先生に受けている子供たちに宿題で漢字の反復学習をさせると、間違っていようがいまいがお構いなしで、自己流に認識した字形を書き連ねてきます。誤解を恐れずに述べれば、そんな宿題のやらせ方をしていても時間の無駄、させない方がましです。意義を見いだすとすれば、一定時間机の前に座らせるという家庭学習の習慣づけにはなるでしょう。しかしそれとて、テレビを見ながらだとか、何々しながらというやり方では、習慣づけにすらなりません。だから、丸付けを家でさせてくるのです。それを先生が回収後に、間違いであるのに丸を付けていることを厳しく指摘してやれば、単に漢字の間違いを指摘するのではなく、学習態度そのものを指摘することができます。結果、家庭での学習態度も改めることができる。

加えていえば、漢字の苦手な子を先生の手伝い係として任命し、その回収したノートの点検を、先生が点検をする前段階としてさせてもよいのです。もちろん、ねらいは先生の負担軽減ではなく、苦手な漢字を覚えさせること。正誤の点検は、最も重要な学習の一部ですから、何冊ものノートで何度も学習を積み重ねることができます。

いかがですか、丸付けは学習の一部、そして責任ある学習へ導く一本道だということを理解いただけたでしょうか。丸付けを子供たち自身にさせることによって、より学習が深まるだけでなく、学習に対する真剣さを身につけさせるのです。学習に対する責任感、真剣味がない教室に授業規律があるといえるはずもありません。

チェック（レ）をつけない

漢字学習の反復練習時に、子供たち自身に正誤の点検をさせ、間違いのない正しい漢字ばかりが書かれたノートを提出させる。この手順を踏むと、飛躍的に漢字学習の定着率が上がります。

しかし、中には間違いであるのに形式的に丸を付けたノートを提出する子供がいます。そのような子供たちに対して、初めのうちはチェックをつけて不注意を喚起する時期は必要ですが、いつまでもチェックをつけてやると本来の学習といえる正誤の点検という部分が疎かになってしまいます。そこで、一定期間のうちに不注意な丸が多くあり、宿題のやり方に真剣味が足りないことを理解させたら、次の手を打ちます。

それが、表題にある提出されたノートにチェックをつけないことです。

たとえば、一ページ分の漢字練習を宿題に出したとしましょう。提出されたその宿題に一カ所間違いがあるにもかかわらず、提出者自身では気づかず丸を付けている。そのときに、指導者は正誤の点検を行うだけで、丸もチェックもつけないのです。その代わりに、ノートの欄外に、「一カ所間違いがあります。自分で見つけて訂正してから再提出しなさい」とのメッセージが添えられます。休み時間を使ってその日のうちにやらせるも良し、次回提出時までに家でやらせるも良し。いずれにしても、自分自身で見つけること。つまり、自分以外の人に尋ねてはいけないという本質的な部分を理解させておけば、時期や場所は問いません。とにかく、どの行に誤字が含まれるのかを学習者自身に点検させるのです。この作業で子供たちは一度書いた漢字すべてについて、正誤の判定を下すべく、ドリルや教科書に書かれた正しい漢字と見比べて再点検するという、漢字学習の本質的な部分に関わる学習を積み重ねることになります。子供たちの間違い方は、十人十色様々です。一行そのまま全部を間違えてしまっている場合もあれば、一行中のたった一文字だけという場合もあります。私たちは、一対一で指導しているわけではありませんから、特に日をまたいでしまうと誰がどの字を間違えていたのかを忘れてしまうことがあります。そこで、私の場合は、誰がどの字を間違えていたのかを付箋紙にメモ書きしておき、確認できた分からはがしていくという方法をとっていました。

さて、丸付けは学習者自身にさせる。しかも、それでいて間違いが含まれる場合には、指導者が丸を付けないどころか、チェックもつけない。しっかりした信念を持っていないと、先生は何もしないのかという、いわれのないクレームに挫折してしまいます。先生の多くがたくさんのノートを抱えるようにして職員室へ下り、時間が間に合わなかったものは家へ持ち帰り、本来は学習者の大切な学習そのものであるはずの正誤の点検を行っているのです。また、保護者の多くも正誤の点検こそが学習の本質であることに気づいていません。丸付けを学習者自身にさせるのは、先生の負担軽減ではなく、学習者自身に学習をさせるというあたりまえの発想です。この発想があって初めて学習者の真剣味が増し、正しく書かれたノートが増え、結果、先生の最終的な正誤の点検にかかる時間が減る。つまり、先生の負担も軽減されるのです。この負担軽減ならば、喜ばしい限りでしょう。

本読みの意味を理解させる

音読、黙読であれ、読むならばどちらでもいいと思うのですが、本読みは将来、新聞を読める資質を養います。しかし、子供たちは教科書に出てくる文章の意味理解のためであると目先の問題意識しか持ち合わせません。そして、説明文であれ、文学作品であれ、平板な上辺だけの理解でわかったと思いこむので、繰り返し読むことはしません。もちろん、先生から何のために繰り返し読むのかという明確な説明を受けたこともないので、宿題として出された繰り返して読む課題には意味がないと思っています。

そんな子供たちの中に漢字の宿題でさえ、適当にしかしてこない児童がいたならば、その子はきっと本読みの宿題はもっと適当にしかしてこないでしょう。それでも、やってくるならばまだましと言うべきで、してこない場合が多いものです。しかも、やっかいなことに宿題を忘れても申告しない場合がほとんどです。たとえば、漢字練習と違い、宿題をした痕跡が残らないと子供たちは思っているので、してもいない宿題をしたことにしてウソをつくのです。

そこで、本読みカードなるものを取り入れ、本を読んだという保護者のサインをもらって来るという対策がとられる場合があります。ここからは経験談ですが、これまたやっかいなことに子供の読みを聞いてもいないのにサインをするのはましな方で、いわば子供とグルになって読んでいないことを承知の上でサインをすることもしばしばあります。たしかに、生活に追われて子供の本読みの点検までしていられない家庭も少なからずありますし、聞いてほしくとも聞いてもらう人すらいない子供たちもいるのですから、この方法そのものに疑問を持つところです。そもそも誰かの監視を必要とする宿題ならば、出すべきではないと言った方がよいかもしれません。

さて、保護者にまでウソをつかせてしまう本読みカードですが、なぜ保護者がウソをついていると見破れるかです。もちろん、読めない漢字がそのまま放置されていたり、頻繁に読み詰まるなど、練習不足を指摘してみても、本読みの宿題はしていると言い張られてしまえば、たとえそれがウソであってもウソだと決めつけられないものです。ウソをつき通せる環境は教室に馴染みません。

そこで、無作為に抽出した数人の教科書の宿題に出した箇所に、密かにメッセージ付きの付箋を貼っておくのです。メッセージには、「しっかり本読みをしていますね。この付箋のことは内緒にしていて」という賞賛の言葉や伝言が書き添えてありますが、課題箇所の本文を隠すように貼り付けてあるので、はがさなければ読めないというわけです。そして、明くる日、宿題をしてきたという申告に対して、教科書を開けさせる前に付箋に気づいたか否かの追及を全員にすれば、芋づる式にウソがあばかれていくというわけです。まさか読んできたのに、付箋には気づきませんでしたとはさすがに言えないでしょう。そして、保護者のサインがあれば、読んでないのになぜサインがあるのかという、本来別の形で気配りをしなければならない生活の背景にも迫ることができます。

方法論に是非はあるでしょうが、規律ある教室に培われた秩序が、ウソがまかり通ることによって危うさを増すことは容易に想像できます。正直に本読みの宿題をしてきた者が、馬鹿を見るということは決してありませんので、先生の言うことを聞かず読まない子供たちは放っておけばよいのかもしれません。しかし、将来の社会性に資するという本読みの本当の意味に気づいたならば、読むべきだろうし、読ませて自身の将来の資質向上の糧にと願うのです。

子供は許されていることしかしない

学級の子供たちの様子を担任が語るときによく耳にする言葉ですが、「どうも私語が多くて困る」や「授業中に挙手なしの発言が次から次へと連鎖的におこって困る」、「いくら注意しても教室で暴れる」などなど。担任としての困り感ですが、実はそれらすべて担任の先生が許しているから、子供たちがそう振る舞うだけのことなのです。といえば、必ず反論がきます。「いいえ、私語はやめるように注意しています」「挙手をして発言するようにも指導しています」「もちろん、教室で暴れてはいけない」とも。でも、突発的、単発的におこる事象なら別として、そのような現象が常態化しているから、担任としての困り感に行き着くわけです。頻出する子供たちの行動は、そうしてもよいと子供たちが判断しているから、何度も繰り返されるのです。注意をしても止まない行動、それは子供たちに注意として届いていない証左です。喉元過ぎれば熱さを忘れるようなその場限りの注意の仕方。注意した、注意しているという先生の自己満足でしかない注意などなど。

もしも、授業中に立ち歩く子供がいれば、配慮を要する子供であろうがなかろうが、その子は授業中に立ち歩いてよい、歩くことが許されていると考えています。毎回毎回、注意されているのに対象の行動が止まない。そしてその子が配慮を要する子供であるならば、対人関係の意思疎通ができないか、環境との協調性を遮断しているのですから、集団生活を送る素地が育まれるまでしばらく時間がかかるということになります。そんな場合でも、確実にその子は立ち歩くことが許されていると思っています。

特別に配慮を要する場合はさておき、先生の困り感を与えてしまいながら集団生活を送っている子供たちは、先生に許されていると思っている。しかし、先生は注意をしてその行動をとがめていると思っている。両者の間にはかなりの温度差があります。

この温度差の原因は、注意が注意として伝わっていないということに尽きます。では、何が足りないのかというと、先生の注意の真剣味です。子供たちは、先生が本気でやめさせよと思っているのかいないのかという本音を、先生からにじみ出る態度から読みとっているのです。例の話で言うと、先生の困り感とは裏腹に本音の部分として、「私語が出るのはある程度仕方のないことだろう」「挙手なしの発言が続くのは、反面活発な証拠だ」「子供は暴れるものだ、元気な証拠だ」という気持ちがどこかに潜んでいるのです。ですから、伝わっていないというよりは、真剣に伝えようとしていないということなのです。先生という立場上、一応注意はするが、その実ほほえましく見ているのかもしれないのです。もしかしたら、困り感ではなくて、先生の謙遜なのかもしれません。少なくとも、常態的に子供たちがとる行動は、先生が許していることだけは間違いありません。

互いに礼を言い合う教室

師弟の一線を引く項で、担任に礼を言う習慣の大切さを説明しました。師弟の一線を引くという観点では、お世話になった先生に謝意を表明するのは、常識以前に当たり前のことでしょう。しかし、先生自身が先生にお礼を言うべきであると指導しなければならないという、日本人の美徳である謙遜の念からの難しさがあります。

規律ある授業が展開する教室という観点では、子供たち同士に担任を含めたすべての者が、互いが互いの違いを認め合い、その存在や個性を尊重するという互いが互いを思いやる空間が構築されなければなりません。そういう意味で授業規律を捉えた場合、担任に礼を言うことはもちろん、子供たち同士でも友達の行動に対して言うべき礼は、はっきりと表現すべきです。もちろん、誰しも落とした物を拾ってもらったときや、何かを手伝ってもらったときなどには礼を言うでしょう。ここでは、そういう明らかな親切を受けた場合の礼を言っているのではなく、日常的な当たり前の行動に対する礼です。たとえば、先生がプリントを配る場合、列の先頭にその列の人数分を渡します。先頭の子はもちろん配ってくださった担任の先生に礼を言うでしょう。師弟の一線を引くからというよりは、配ってもらっているのだから先生に対する礼は当たり前です。ここが疎かになっている教室では、絶対に子供たち同士で礼を言い合うことはありません。つまり、先生が謙遜すると先生に対する接し方がぞんざいになり、やがてそれは子供たち同士の接し方として還元されてしまいます。そうならないために自分の一枚を差し引いて二列目の子に渡すとき、二列目の子は一列目の子に「ありがとう」と礼を言う。以後、順次礼の連鎖がおこる具合に続きます。また、記名されたプリントを配る場合にも、配られた子は配っている子に礼を言う姿がそれにあたります。

教室内にそんな礼の言葉が飛び交っているならば、お互いに尊重し合う心情が育まれているはずですし、この互いに尊重しあえる人と人の関係こそが授業規律の土台を支える基礎となるはずです。

集団的思考を鍛える

授業規律を築けない、あるいは崩す最悪の筋書きは、一貫性を欠く指導者側の対応を盾にとって、身勝手な要求を押し通そうとする行動の成功体験を積み上げることです。先生の言うことがころころ変わるという朝令暮改的な話は論外として、集団生活を送る学校という組織では、当然ながら指導者も複数いて、特に生活指導面ではその対応にも誤差はつきものです。集団に位置する子供たちは、その誤差を見つけ出して利用しようという気持ちはないと思いますが、結果的に見つけ出してしまう場合があります。

そのわかりやすいたとえが遠足時にあります。日差しも強くなり、歩くことが多い課外授業では当然ながら普段の学校生活に比べて、のどもよく渇くでしょう。そんな遠足時に、いつでも好きなときにお茶を飲んでもよいという約束をしている場合は少ないと思います。極端な話が、そんな約束をしていれば揺れる電車内で飲もうとしてこぼしたり、最悪、一般の乗客にかかりでもしたら大変です。そのような約束がされている遠足で、たとえば電車を待つホームであったり、目的地までの徒歩中でのどの乾いた子供たちが近くにいる先生に、お茶を飲む許可を求めることはよくあります。学校内では、自分で考えさせて行動させるのが一番ですが、一般社会で間違えた判断で粗相をしては大変ですから、先生が状況を判断して我慢をさせる場面も多いものです。そんなときの子供たちの行動を観察していると、言葉は悪いですが中に小ずるい子供がいて、ある先生に飲む許可をもらおうと質問して我慢させられた場合に、舌の根も乾かぬうちに別の先生に同じ質問をしている場合があります。そこで、許可を得れば大手を振って飲もうという腹です。そして、誰か一人の先生に許可を得て飲む姿を我慢させた先生がとがめても、だれだれ先生が良いと言いましたとうそぶくばかりです。いかがでしょう、よく似た経験はお持ちではないですか。こういう場合にはうそぶかせず毅然と、私の質問に対する指示を守らなかった理由を問いただし、そのずるさをきちんと反省させなければなりません。

集団を導くには、集団的思考の力が必要です。できるだけ対応の不一致は避けるべきですが、不用意に許可したのが悪いのではなく、制止されたら別の先生に許可をもらう態度に問題があることは明白です。先生が指導の統一をはかりましょうと反省するのではなく、子供たちの考え方の問題点を指摘するべきで、こういう成功体験が積み重なると、なし崩し的に約束事が反故にされる可能性があり、授業規律も築けないという結果になります。

第五章　待ちの指導法

待ちの指導法とは

最低ラインの第一段階として、先生が前に立てば何も言わなくても、前を向いて静かにし、話を聴く態勢を取る。その段階を経て第二段階として、先生がいようがいまいが関係なく、何も指示の出ていない状態であれば、指示を聴くために態勢を整える。指示が出ているのであれば、その指示に従った活動の目的が果たせた段階で、次の活動に移るための話を聴く態勢を取る。子供たちの自主自立を目指す指導法です。

さて、必ず学年当初から行わなければならない指導法ではありませんが、まずは新学年の始業式を終え、学年開き、学級開きへと進んでいく年度当初を例にとって説明します。この学年当初の頃というのは、ほとんどの場合、落ち着いた雰囲気で始まります。もしもこの始業式当日に、落ち着きなく、ざわついた集団の姿を見せるのであれば、一年間を方向付ける最も重要なスタートの一日となります。

子供たちが話を聞ける態勢をとるまで、先生はいくらでも待ち続けます。よくしゃべる子供たちと沈黙を守りながら向き合う先生という構図です。

ざわつく集団が見せる喧噪の度合いによって、対処法は違ってきますが、目指すところは、前に立つ者が一言も発声せず、全体を静まらせることに尽きます。先生の何らかの指示する言葉によって、それに従うように受動的に動くのではなく、何の指示もないまま、集団が能動的に聴く態勢を整えることを理想とします。先導役の先生が、大声で指示して何とか形だけまとめて、子供たちの首に縄付けて引っ張っていくという状態をよく目にしますが、それでは主役は先生です。学校という場の主役は、あくまでも子供たちです。その主役を演じる一人ひとりの子供が、自ら前を向かない限り、一人ひとりの子供が、集団を構成する一員として、成長のスタートラインに並ばないことは明らかです。

また、活動の指示を出すための言葉がけは、指示とは言いません。前を向きなさいから始まり、並びなさい、列を整えなさい、私語を止めなさい等々、先生の努力によって子供たちを話が聴ける態勢に持って行くことが先生の仕事であり、そのための言葉がけが指示だと勘違いしている場合もあるようですが、すべて指示ではなく無駄な言葉がけ、言い換えれば注意です。注意は、しなければならないときもあります。しかし、話を聴かせるために注意はすべきではないのです。先生という立場で、いつも注意をしなければ、先生の話を聴けない。これを児童の立場から言い換えると、いつも話を聴いていなくても、先生が注意をしてくれるとなります。見事に、先生の注意の言葉がけがあってから静まる集団に育ってしまいます。

本来、子供たちが聴く態勢を整えて初めて、先生は次にとるべき活動の指示を出すのですが、子供たちに対して、この聴く態勢を整えるまでの責任は、他でもない自分自身にあるということを理解させ、反復させることにより、徹底的にしつけなければなりません。だから、先生はあなた方が責任を果たすまで、ただ黙って待つということ。静かに聴く態勢を整えることは、自分自身の問題であり、責任である。静まらせることは、先生の務めではない。自ら静まることが唯一、学習の目当てに主体的に関わるための素地として、必要最小限の目的意識であることが印象づくまで教えるのです。

◆目的を持つ

我々、指導者側からいえば、子供たちに指示を出すことによって、何某の活動の目当てを持たせますが、その目当てを持たせるためには子供たちに話を聴かせなければなりません。つまり、子供たちにはいつでも、「先生の話を聴く」ということが、授業や行事で取り組む内容以前に、大前提として存在します。学習のスタートラインに立つために、気持ちにけじめをつけ心の準備を整える段階と言って良いでしょう。つまり、学習の目当てという目的を持つための一段階手前の目的意識といえます。そのためにどう行動すべきかということが、常に目的として与えられていて、その目的に適った行動をいかに取るべきかが、子供たちには常に問われるのです。

感覚的にいえば、子供たちには常に「先生の話を聴く」というテーブルが用意されていて、その上に先生の指示や語りかけによって、一人ひとりにその時々の目的が皿として置かれる。その皿に、子供たちが目的に適った行動を取る過程で、学習の成果としての料理が盛りつけられる。そして、また次の時間には、別の皿が用意される。また、目的を持って行動する。この繰り返しが、一時間一時間の学習そのものです。学習者である子供たちは、自ら次の学習課題、つまり新たな「目的」を意識するために、前時の皿を片付けてテーブルをきれいに拭いて、先生の話を聴く態勢を整える必要が生じます。この部分が、毎回毎回繰り返される学習の土台となる目的意識です。間違えても、この部分を先生自らがやってしまっては、子供たちは完全なお客さんになってしまいます。蛇足ながら、この部分の説明を付け加えると、たとえば「静かにしなさい」や「前を向きなさい」といった先生からの注意ということです。

そして「自分の頭で考える」という基本を前提に、「言われる前にする」、「周りの様子に気配りする」という価値観を大切にさせ、場の雰囲気に気配りしていさえすれば、自分だけが取り残されてしまうことはなく、集団の歩調に合わせていくことはできます。言われる前にするのは、先生の話を聴くためにテーブルをきれいにすることですから、毎日、毎回、反復されていることなのでたやすいことです。それらを各自の育ちに応じて、自分の頭で考えて実践することが、何よりも大切なのです。子供たちの意識に、ある程度これらのことが身に付いてきたら、子供たちは集団として何も指示を出さなくても、テーブルをきれいにしようと、自ら聴く姿勢を取るようになります。

◆なぜ待つのか

子供が自発的に聴く姿勢をとらねば、本当の意味で話は聴けません。先生の主導で集団を静まらせて話しても、話を聞いているだけ、もっといえば聞き流しているだけで、話の内容が伝わることはまずないといえます。だから、話を聴ける態勢に持って行くのは先生の務めではなく、子供自身の責任です。冷たく突き放しているかのようですが、そうでなければ意味がないのです。先生の主導は、無駄な努力とまでは言いませんが、実り薄く、極めて生産効率の悪い作業です。集団を構成する子供たちが自発的に、話を聴かねばならないという気づきを見せ、聴こうとする態度を示したときに、話は初めて伝わります。

さて、ざわつく子供たちの集団を目の前にして、ただ待ち続ける指導法は、見た目の現象面だけで捉えてしまうと、いかにも消極的な指導法と評価を受けるかも知れません。しかし、私はその評価とは全く正反対に、指導法の中でもっとも積極果敢な指導法であると考えています。なぜなら、指導者は何もしないのです。主導もしなければ、注意もしません。集団の旗振り先導役がいないわけですから、その構成員一人ひとり、つまり子供たちが今ある状況を判断し、何をすべきかどうすべきかを、各々それぞれの立場で考え行動に移さねばならないのです。積極的な意志を持って行われる指導者の、何もしない見かけの消極性は、実は何もしない積極性として、集団の構成員各々の積極性を最大限に引き出すといえます。

わかりやすくいえば、先生が「静まれ」「並べ」「前を向け」と主導的に動く環境では、子供たちはいやいやというか、消極的に指示に従うでしょう。先生はその消極的に動く集団の怠惰な姿に苛立ちながら、追加の注意を小出しにしていく羽目に陥ります。しかも、集団に育ちはありませんから、毎回その作業から免れることもありませんし、当然毎回苛立つことにもなります。

対して、先生が「……」と何も言わず、注意をすることに消極的な態度をとる環境ではどうでしょう。ざわつきを収めるのも子供たち自身、並ぶのも前を向くのも、すべて自らの判断と行動で完結させる必要が生じます。さらに、初回こそ時間はかかってしまっても、集団に気づきがありますから、同じ態度や手法を繰り返せば、次回からは加速度的な育ちを集団に見ることができます。

このように、主導しない、注意しないという、何もしない一見消極的の極みのような待つという指導法ですが、何もしないという積極性を持って目の前の集団の意識に働きかける指導法であることに、お気づき頂けたと思います。

◆いつまで待てばよいのか

待ちの指導法の特別な日、つまり始業式直後の教室に場面を移して考えてみましょう。教卓の前に立っている先生が見えているのか見えていないのか、それとも見えているが意識に上らないのか、喧噪が収まりやまぬ様子。学年当初に、こんなことが起こり得るのか否かは別として、ただ待つだけでは日が暮れてしまいそうな場面です。しかも、始業式当日は初日の児童への語りかけから、簡単な指導方針の話、明日の日程、時間割、保護者への連絡プリントの配布等々、こなさなければならぬ業務は山ほどあります。

さて、どうしましょう。

その喧噪が収まるのを待ち続けるのか、それとも、注意して静まらせるのか。待つとしても、いつまで待てばよいのか。結論を言うと、後日に回せるものは回し、どうしても本日中にこなさねばならぬ業務にかかる時間に、五分だけ加えたものを引き算して、ぎりぎりまで待つと良いでしょう。この自ら待つと設定した時間内に、静まればおそらくこの先一年間の学級のまとまり、集団の育ちは保証されるでしょう。よく気づいたことをほめ、規範意識を高めておけばいいのです。

しかし、その喧噪が収まらない状態のまま、時間切れになったら。もう、待てない。

さて、何と語りかけましょう。

一番まずいのは、「いい加減にしなさい」と一喝すること。これをすると、次回から一喝されるまで騒いでいるようになります。

次にまずいのは、「先生は、待っているのです」と、自分の行動の説明をすること。これを言った瞬間、待っていないことになってしまいます。やはり、先生の発声を待って静まるようになります。

では、集団意識の低い個人の集まりを前に、何と対処すればよいのでしょう。

集中できていない態度の悪い子を、しらみつぶしに叱っていきましょうか。いいえ、そんなことをすれば態度を悪くする子は、確実に増えていきます。なぜなら、子供たちは善し悪しは別にして、誰しも先生に関わってほしいという願望を持っているからです。羽目を外すことによって先生に関わってもらえるならば、そうすることができる気質の持ち主は、次から次へと羽目を外して関わってもらおうとしてしまいます。

ですから、叱るのではなくほめていくのです。

五分という時間的な余裕を持たせたのは、ほめるためなのです。個別にきちんと前を向いている子を見つけ、個別にほめていきます。できるだけ前から全体に聞こえるようにです。また対象の子に数歩近寄り、周りの数人に聞こえるようにでも効果的でしょう。ただし、歩み寄って個人的にほめてはなりません。なぜなら、時間がかかりすぎるから。いいえ、そうではなく、きちんと前を向いて静かにしていることが、ほめられている理由であることを、周囲に知らせる意図があるのです。言い換えれば、先生は礼儀正しく集中していれば、心地よく関わってくれることを体感させつつ、周囲にさりげなく宣伝するのです。これを、数回繰り返せば、たいがい静まりかえるはずですが、中には最後の最後まで一人になっても騒いでいたり、喧噪状態に引き戻そうとするような言動をとる子供がいる場合があります。そのときこそ、黙って廊下に連れ出し、厳しく注意をすればいいのです。廊下へ連れ出したのは、あなたの自尊心を傷つけないためであると前置きし、態度を改めさせるべく説諭を行うのです。

そして、その子を連れて教室内へ戻るときには、教室内はしーんと静まりかえっているはずです。先生は、静かに待てたことを評価し、廊下へ連れ出した本当の理由、つまりうるさくしているからつまみ出したのではなく、大勢の目の前で叱られるところを見られるのは自尊心が傷つくであろうという配慮であること、許されない行為には厳しく対処することを静かに語ればよいでしょう。

以上、この項では学年・学級開きの頃の話をしました。しかし、実際は日にちの経過とともに、こういう喧噪収まりやまぬという事態が起こりやすくなって行きます。それは、最初の頃は潜伏期間とでも申しましょうか猫をかぶっているものの、その間も何をすれば叱られるのか、どこまで許されるのかというように、先生の言動を注意深く観察し、隙あらば好き勝手に振舞おうと手ぐすねを引いて待つ子供がいるからです。残念ながら、子供たちを集団としてみた場合、一定の比率で存在します。少しでもそのような兆候、つまり集団の集中力にひびを入れようとする個人の行動が見られたら、待ちの指導を継続しつつも必ず立ち止まるべきです。そして、その行動をとった目的を全体の場で問いただすなどして決して見逃さず、常に対応の手をゆるめないことが肝心です。

◆言われる前にする

「一を聞いて十を知る」なんて、ことわざの世界ではあるまいし、子供たちにそんな無茶な要求をしても仕方がない。いいえ、そうではありません。「言われる前にする」ということは、一も聞かずに行動に移ることなのです。実は「一を聞いて十を知る」以上のことを求めているわけです。

指導者が期待する子供たちの行動を、指導者の指示によって動かすのではなく、子供たちの自らの意志で動くように集団を育てるのです。目的をしっかり持って、その目的に適った行動を取らせる信念が指導者側にあって初めて、子供たちが一を聞く前に静まろうとする。もしかすると、その光景は、指導者側の強権的な態度が、子供たちを抑圧した結果と見て揶揄する向きがあるやもしれません。

しかし、それは違います。集団としての個人のあり方を教えられていない子供たちは、集団の中で個人の欲求を自由に表現します。些細なところから始まるその要求は、次から次へと増長し、ついには集団の規律を乱す無秩序へと広がりを見せます。その一番初めの些細なことが、他でもない先生の話を聴けずおしゃべりにふける姿なのです。だから、ここを徹底的にしつける。この基本的な部分が育っていかないと、集団としての機能が失われた状態に直結します。そして、この基本的な態度が身に付いてから、日頃の生活や学習の中で個人が集団のためにできることを、各々の気づきの段階に応じて見いださせるわけです。そうは言っても初めのうちは、なかなか期待通りに動くはずもありません。さらに、子供たちの成長は指導者側の期待する内容によって決まります。わかりやすくいえば、いつも先生が指示を出して、その指示によって動かしているなら、指示が出たらその通りに動くところまで子供たちは育つのです。授業の始まりに、先生が入室あるいは登壇すれば静まるべきだと先生が考えていたら、子供たちは先生が入室あるいは登壇すれば静まるというところまで育つ可能性があるのです。反対からいえば、指導者の期待値以上には集団は育たないともいえます。

さらに話を進めると、たとえば習字の授業で先生が半紙を配らず、ただ黙って待っている。ただいたずらに時だけが過ぎていくような光景をわざと作り出し、子供たちの反応を観察していれば、そのうちに機転のきく子が全員の半紙を取りに行く瞬間が芽生えるのです。ここで大いにほめ讃え、その気づきの大切さを周知させる。そうすれば、また違うときに図工の画用紙を取りにいく子が出てくるのです。みなまで言いませんが、片付けとて同じことです。基本は、自分たちでできることは自分たちでする。その態度を育てる方法としては、子供たちの気づきをどんどんほめて讃えて推奨することに尽きます。ほめられる快感と、君たちが言われる前にしなければならないという態度を貫いて指示より静観を決め込んだ指導者の姿が相まって、期待値を無限大に引き上げる効果が生み出されるといえます。そして、子供たちは指導者側の期待するところまで育つのですから、先生の、いや、そういう環境の無限大の期待値によって最大限伸びる可能性が芽生えるのです。

◆周りの様子に気配りする

場の雰囲気をつかむ。空気を読む。いろんな言葉で表現される自分の周りの様子に気配りすることは、社会で共同生活を営む人々に求められる最低限の資質と言って良いでしょう。周りの様子に気配りし、その場の雰囲気を推しはかることができれば、協調性を伴った自主性を表現できるはずです。我々は社会の慣習を受け入れつつ自己表現します。主張すべきところと自重すべきところの兼ね合いを図って、自らの行動を習慣化するわけです。その行動を、社会の中で暮らす人々が常識と呼んでいるのです。誰しも常識を身につける行為は、周囲の状況判断の下、まねることから始めます。

ところが、子供の年齢が低いほど、常識を構築するだけの協調性に乏しいという特性を持ちます。だから、その弱い部分を強調して教え、しつける必要があるのです。いくら高学年が廊下を静かに右側通行していても、集会活動で静かに集中していても、低学年は自己中心的な振る舞いをする確率が高くなるわけです。だからこそ、周りの様子に気配りしてまねをしなさいという指導は、子供たちに常識的な感覚を養うには最良の指導といえます。

ところが、子供たちにこの指導を徹底したつもりでも、期待した成果が得られないという実感を必ず持つことになります。それは、子供たちの近視眼的な視野に問題があるのです。子供たちに周囲のまねをしろと言っても、その周囲の範囲が集団内に留まり、集団外の周囲の様子に目が届かないことが往々にしてあります。集団行動をしているにもかかわらず、個人的な視野で見る周囲の範囲というものは、自らが所属する集団内に留まります。それでは常識的な感覚を養うどころか、自己中心的な立ち振る舞いを助長する結果を招いてしまいます。そうではなく指導者側が求めている周囲の範囲は、少なくとも自分の所属する集団外です。個人で行動している場合には、学級の集団に気配りする。学級集団で行動している場合は、学年集団等の集団の様子に気配りする。学年集団で行動している場合は、他学年等の様子に気配りする。つまり、自分の所属する集団より一回り大きい集団を意識する。これが常識的な感覚を育む最低条件です。そのためには、今自分が個人で行動しているのか、またはどの規模の集団行動をしているのかを常に意識させることが最重要となることは言うまでもありません。

我々の指導の自戒としてたとえますが、「前に倣え」を多用していると、集団内のごく一部、この場合は前方向に視野が限定されるため、周りの子供たちはみんな座っているのに、自分の学級だけが立ったまま。しかも、我慢強くとでも表現したらよいのか、周囲の状況から浮いていようがいまいがお構いなしに、疲れる腕を前に突き出したまま、直れの号令がかかるまで突っ立っているということが起こり得るのです。だから、前に倣えよりも、指示としては周囲を見てどうすべきか考えなさいの方がまだましですし、それより何も指示を出さずとも、日頃からの意識の持たせようで、周りの様子にさえ気配りできれば、少なくとも突っ立っていることはなくなるはずです。

ただし、現実によくある年齢が高いほど自己中心的な行動が目立つ「荒れ」につながるような校風があるのならば、まねればまねるほど質を落としてしまいかねませんから、この指導は全く成り立ちません。上の学年が締まれば、下の学年は自ずと締まります。反対からいえば、上の学年が乱れれば、下の学年も自ずと乱れます。それだけ、上級生の立ち振る舞いは重要ですし、常識的な感覚を身につけさせるための育みは一朝一夕にはなしえませんから、低学年からの継続的な育みが問われるところです。

とにかく、個人としても集団としても、周りの様子に合わせるという自主性を培うことはとても大切です。そのためには、自分の所属する集団の規模を認識すること。そして、視野を所属集団の一回り外に向けさせること。この二つの観点が何の指示がなくても行動できる第一歩を育むのです。

◆個人対応はしない

ざわついている最中のことを検証しておきましょう。初めのうちは、静まるのを待っているにもかかわらず、喧噪の収まらぬ集団内から、個人的な要望を先生に伝えに来るということがしばしば起こります。一番多いのが時間の経過と共にもよおす生理現象の訴えですが、それだけではなく中には個人的な話をしに来るなど、実に様々な個人主義ぶりを発揮する場合もあります。これに、丁寧に応じる必要はありません。というより、丁寧に応じてはいけません。もちろん、生理現象の緊急事態には適切な対応が必要ですが、そうではない場合、集団に自らの姿を気づかせるまたとないチャンスなのです。つまり、先生は現在、喧噪収まらぬ集団を憂いて待っている状態であるのに、君の個人的な要望を聞き入れるわけにはいかない旨の話を、少々声高に全員へ聞こえるようにするのです。いつまでも集中できないでいると、だらだらと時間を潰してしまう結果、困るのは自分たちなのだというメッセージを伝えるまたとないチャンスなのですが、単に個人対応をしてしまうと、用を済ませたその子は集団に戻って、また私語の続きをするやも知れません。

更に、個人的な対応をしてもらっている場面を見てしまうその他大勢の子供たちが、自分も個人対応をしてもらうことによって関わってもらおうとしてしまうことだって起こり得るのです。一人の子が何やら訴えてきて、その対応が一段落したと思いきや、何人も次から次へと同じような訴えを起こしてくるということは、先生ならば誰しも経験したことはあるでしょう。

「いつまで待てばよいのか」の項で、「子供たちは善し悪しは別にして、誰しも先生に関わってほしいという願望を持っている」と述べました。個人的な要求を訴え出れば関わってもらえるという学習をしてしまった子供たちは、次から次へと個人的な要求を出して先生に関わってもらおうとしてしまうのです。

ただし、個人的な要求をすべて無視しなければならないと言っているのではありません。年齢が低ければ低いほど、個人的な関わりを持って行うきめ細かな指導や対応は必要でしょう。それは、先生として当然の務めで、個人対応をするのは当たり前です。ここでいう個人対応をしてはいけない場面とは、集団行動をすべき場面で出される個人的な要望に対する個別の対応のことを言っています。指導者が待っている最中に出される個人的要望は、先ほどの対応で受け入れることは難しいのだと集団全体にわからせる必要があります。

◆例外は認めない

「待ちの指導法」では、例外は一切認められないことを集団に宣言します。

最近は、特別な支援や個別の支援など、配慮を要する児童が増えたと言われています。しかし、それとて特別扱いするわけにはいかないと、全体に宣言することで、配慮を要するとされている子供たちの態度が改まることもよくあります。本来は、特に配慮は必要ないのに、取り巻く指導者の力不足から配慮の必要があるとされている場合が、その例に当てはまります。配慮が必要とされている児童に対しても、集団の一員である以上、規制の枠組みからはみ出す行動は認めるわけにはいかないのです。しかし、先生側も、新しい集団の配慮を要する児童に対して、どこまで厳しく接して良いものやら不安がありますから、規制のゆるみ、指導の甘さが出てきてしまうのです。甘く接してしまうことと、優しく接することは全く別物です。加えて言うと、わがままや身勝手で規制の枠組みからはみ出そうとするならば、その態度を厳しく戒めるのが真の優しさというものでしょう。

そして、子供たちは友達同士のお互いを対等に見ていますから、先生が特別な配慮と考えての取り計らいであっても、全く理解できないどころか、特別扱いと捉えてしまうのです。その上、先生に遠慮でもあろうものなら、子供たちは天才的な能力で見抜いてしまいます。配慮を要する子が許されるならば、自分も許されるはず。こう考える子が出てきても不思議ではありませんし、実際、同等に振る舞おうとする子が出てきてしまうのです。指導力は十分にある先生の教室であるにもかかわらず、羽目を外そうとする子に歯止めがかかりにくく、何となく雰囲気がガタガタしてしまうということがあります。往々にしてこういう事例、つまり特別な配慮という指導者側の価値観で例外を認めるところが原因となっている場合があるのです。

とは言うものの本当に配慮がいる場合はあります。もし、例外を認める必要がある場合は、人権に配慮した上で、集団全体に向けて特例の説明を丁寧にするべきです。うやむやのまま、許されている状態は絶対に避けねばなりません。ここは極めて重要な部分で、崩れていく集団は集団内に位置する個人が、誰か一人でも規制の枠組みからはみ出すことをきっかけにします。それが特別な取り計らいという先生側の一方的な配慮だけで、集団との合意が未形成の場合は要注意です。つまり、実際に配慮が必要な子供がいるとすれば、その配慮は先生側からだけでは不十分であるということです。配慮を要する児童とは、取り巻く環境のすべてから配慮が必要という意味です。そして、そのような子供たちがいちばん密接に関わっているのが、自分の所属する集団ですから、集団からの配慮はあって当然で、なければ軋轢が生じるてしまうことは明らかでしょう。

繰り返しになるやもしれませんが、配慮を要するとは、先生の直接的な配慮ではなく、周囲の子供たちからの配慮が必要だという意味であること。そして、先生がすべき配慮があるならば、集団に思いやりや優しさの必要性を説き、例外として身勝手に見えてしまう配慮の必要な児童の行動を、冷静に受けとめられるだけの寛容さを持った集団へと導くことでしょう。

◆集団行動の規範水準を上げる

新しく先生と出会う頃には、猫をかぶっていたかのように落ち着いた雰囲気を醸し出していた子供たちも、慣れとともにざわつき始めるのが自然な姿です。子供側からすれば、緊張していた出会いの頃から比べれば、慣れとともに自分の担任の先生はどの程度羽目を外したら注意したり叱ったりするのだろうと試す余裕が出てきたということになるのでしょう。

そのざわつき始めた時期に、ただ待つことだけに全神経を傾注し、話をやめさせたり静まらせることを促す言葉がけや注意を一切せず、礼儀正しく話を聴こうとしている子を順次ほめていくという丁寧な指導が方法を間違えずに行われていれば、子供の姿はその後見違えるほど落ち着いていったはずです。

そして少なくとも先生が前に立てば、すうっと波が引くように静かになるように、集団は育ちを見せているのではないでしょうか。初めのうちこそ少々時間がかかっても、先生が何一つ発声せず待っていると、過半数を超える子、感覚的には四分の三程度が静かにすると、ざわついている最中の子供たちは当然少数派になり目立つことになります。そして、みんなと違う行動をしていることに気づくようになり、全体が静まります。その姿は、もはや元の猫かぶりの静かさとは違い、先生が注意するから静まるのではないのだという気づきを含んだ静かさになっているはずです。少々時間がかかっても子供たちの気づきをほめて、集団行動の規範水準を少しずつ上げていくようにします。

ところが、またまた困ったことに順調にほめられて規範水準が上がってきた頃に、ほめられ慣れとでも言いましょうか、中だるみを起こしてしまう場合があるのです。子供たちにとって学校生活の教室は日常生活の場そのものですから一進一退はありますし、人は慣れに弱い生き物ですから致し方ないところでもあります。先生も、規範水準を切り上げればほめますが、維持している状態では毎回毎回はめられるわけもありません。旅客機にたとえれば、離陸して上昇中はシートベルトのサインが出ていますが、巡航に入ればベルトサインも消え、乗客は自由に立ち歩くことができます。これとよく似た状態のころ、つまりぐいぐい規範水準を上げている年度当初から一定の育ちを見せ、安定してきたと指導者側が感じ始めるころに注意が必要なのです。叱られ慣れというよりは、怒られ慣れという経験をたくさん積んでしまっている子供たちほど、ただ待つだけの指導に慣れてきた頃に、ざわつきのおさまりがどうもよろしくない状態になる場合があります。集団の過半数が静かになるまでの時間がかかりすぎる場合が出てくるのです。

怒られなれているというのは、諭しが入る叱る行為とは違い、冷静さを欠いた状態で、ただ単に感情の起伏をおもむくままぶつけられ慣れているという意味です。いわゆる「頭ごなし」という状態です。前年度まで、そういう環境で育ってきた子供たちは、反対にほめられ慣れを起こしてしまう傾向にあります。つまり、ほめられるということが、日常的な出来事、言い換えれば当たり前になってしまったとき、過去の経験値が呼び覚まされ、怒られないと捉えてしまうのです。そして怒られないならば、少々わがまま気ままを出しても良い。せっかく、待って、ほめて、育てる「待ちの指導法」を実践してもらっていても、自分自身を律する責任に思い及ばず、他力本願よろしく先生が怒らないから自分たちは好きに振る舞うとまでは言わないものの、私語や姿勢の乱れがほんの少しずつだけ見られるようになるのです。この現象が、一定の限界値を超えるまで広がりを見せると、堰を切ったように集団そのものの機能を失ってしまい、放置すれば無法状態に陥りかねません。そうなってしまえば、もはや手遅れですが、そんな前兆が見られた場合の対処はどうしましょう。

◆待ってはいけないとき

一部のほめられ慣れしてしまった子供たちが、ざわつきを見せ始める。それとは対称的に、「待ちの指導法」によって、自分自身を律する責任に気づいた気の利く活発な子が「静かにしよう」と呼びかけるようになっているはずです。本来は、そのような一部の気の利く子による注意の呼びかけはさせない方がよいのです。なぜなら、そのような呼びかけが常態化すると呼びかけがあってから静まる集団に育ってしまうからです。しかし、集団意識の途上段階では必要悪かもしれませんが認める時期があってよいと考えます。

ここでは子供たちの中から呼びかけがあったものとして話を進めます。

黙って待つのが、待ちの指導法の信条ですが、自発的な呼びかけが行われたここで黙っていると、おそらく何度も「静かにしよう」という呼びかけが繰り返されることになってしまいます。そして、おそらく集団が静まることもない。実は、これは非常にまずく、ざわついている子供たちに、「静かにしよう」という呼びかけは、無視しても構わないのだという身勝手な判断をさせてしまうことにつながります。しかも、その呼びかけは、先生の意向をくみ取ったものであり、いわば先生の代弁ともいえ、注意そのものなのです。つまり、注意喚起の言動があってから、黙っているのは黙認の意味合いが生じ、子供たちは実に見事な感性でそこを見抜くのです。待ちの指導法は、待つことに主眼をおいていますが、待ってはいけないときもあるのです。それがこの場面のように、待つという行為が黙認と受け取られる場合なのですが、それでもやはり最大限待つのです。

最大限というのは、注意が繰り返される瞬間までです。

静かにと呼びかけても静まらない周囲の様子を憂いて、同じ子や違う子が再度、「静かにしよう」と呼びかけることがあります。この二回目というタイミングを逃さず、注意を受ける側とする側に、それぞれの観点で指導を行います。

まず受ける側には、友達の注意を無視してはいけないこと。友達の注意の言葉に気づかないのは問題意識が低すぎ、もってのほかと切り捨て、気づいているにもかかわらず聞き入れようとしないのは失礼極まりない行為であると叱責します。

する側には、誰か友達が一度注意をしていたならば、自分は重ねて注意はしないこと、また自分自身でも繰り返して注意はしないこと。それをすると、注意を受ける側は、二度三度注意を無視しても、続けて注意してもらえるだろうと高をくってしまうようになり、結局は注意が注意でなくなることを説明するのです。

ですから、ここでは一回目の注意が、子供の中から発せられたにもかかわらずざわついている姿をとらえて、二回目の注意の呼びかけが行われるというタイミングで厳しく説諭する必要が生じます。ただし、これは集団が育っていく過程での話で、最終の目標は注意の声は一切なく誰しもが静かにして聴く体勢を整えていることであることを付け加えておきます。

◆動いているときは絶対にしゃべらない

待つことによって、子供たちの自発性を引き出そうとするのが「待ちの指導法」ですが、これを実践していく上で常に心がけるべき指導者側の姿勢があります。それは、子供たちが動いているときは絶対にしゃべらないという立場を明確に示し続けることです。

先生は黙って、集団が静まるのを待ち指示を伝えるために話し始めるのです。しかし、静かにしているだけでは不十分なのです。人はそれほど器用な生き物ではありませんから、何某をしながら片手間に人の話を聴き取ることなど不可能なのです。特に、屋外では周りからの刺激が多いため、しゃべり声は聞こえないものの、景色を眺めている者、地面の砂をいじっている者など、注意散漫な状態に陥っていることが多いものです。教室内では、机いすがありますから比較的集中の度合いは保たれるものの、文房具など何か物をさわりながら聞こうとするということはよくあります。そのような体の動きが見られるときは、一切話しません。

それも、ただ待つのです。私語に対して、先生が待つという行動をとったことで子供たちは鍛えられていますから、おそらく次は、何を期して待っているのか気づくはずです。そして、誰かがいち早く気づき、物をさわるなどの動きを止めたら、もしくは動きを止めるように近くの子に促したら、すかさずそれを評価してやればよいのです。

さて、その評価の仕方は極めて重要です。ほめるだけではまったく不十分で、この場合動きを止めたからほめられたとしか理解しません。理解の深まらない機械的な行動は、長続きしません。ですから、なぜ待たれていたのか。なぜ体の動きを止めて話を聴かねばならないのかを厳しく説諭することも必要です。

◆視線が合わねば、言葉も止める

動いているときは、絶対にしゃべらないことを言いました。物をさわっていたり、よそ見をしていたりという集中を欠いている一連の行動に自制がかかり、一応話を聴く基本的な姿勢は整ったとしましょう。

　体育の授業を思いうかべてくださるとわかりやすいと思いますので、授業の始まりに活動の指示を出して一定の活動の後、集合させて説明や解説を伝え、次の指示を出すような場面を想像しながら読み進めてください。

　さて、第一段階として体の動きは止まりました。一見集中して静かに先生の話に聞き入っているように見えます。

　次は、心の動きです。心の動きは、視線に表れます。話を聴き取ろうとすれば、自ずと視線は話す人に向きます。もしも、視線が落ちていたり、ぼやけていたら、それは聴いていないのと等しいといえます。

　また、子供たちの集中はそれほど長く続くものではありません。最初は集中していた気持ちが、ふうっとゆるんでいく。そして、視線が落ち、はずれていくことはもちろんありますし、あって当然、仕方のないことともいえます。しかし、仕方がないから、そのまま話し続けるのはいけません。つまり、心が動いているときに話しても、その心には話の内容は届かないからです。そんな様子が、一人にでも見かけられたら、それが話の途中であろうが、もっといえば単語の途中でもピタリと話を止め、視線の回復を待ちます。

　できうる限り人数分の視線を感じ取りながら、一人漏らさず話を伝える。そのためには、だらだらとまとまりのない話は厳禁ですし、要点を絞り込んだ簡潔な言葉で指示や発問を伝える必要があります。

発問の場合、基本的にはわかりやすくはっきりした疑問形で出すべきです。もちろん、授業の流れで「～かな」と寄り添うような訊ね方はまったく問題ありません。しかし、言葉を途中で止めて、その続きだけを全員に言わせる技法をよく見ます。たとえば、「川の曲がっている所では、水の流れは内側より外側が――」と、ここで話を止めて続きの「速い」という単語だけを答えさせる手法です。挙手をして発言するというけじめがなくなるだけでなく、発言は早い者勝ちという競争心をあおる結果になります。よく見るのは、まとめのような再度確認をするというような場面ですが、この発言のさせ方では話に集中する必要もなく、反射神経だけで対応可能になってしまいます。

◆質問を聞く

そして、指示が終われば必ず質問の有無を確かめます。質問ができるということは、理解しているということです。聴いていなければ、理解はできませんし、理解していないのに、質問は出せません。さらに、質問するためには、これから行うであろう学習や活動を、頭の中で予想して展開する必要があるのです。質問することができるという事実そのものが、意欲の面だけでなく理解の深さを表しているのです。

ところが、子供たちは質問はわからないからするものだ。わからないことは、恥ずかしいことだ。こういうふうに考えていますから、なかなか質問することに躊躇してしまったり、大変な勇気をふりしぼらなければできないということになります。勢い、全体の場で質問せずに、活動が始まってから個人的に質問しに来るというあまりほめられない姿を見せるのです。活動を進めていく上で新たに出てきた質問ならば話は別ですが、このような姿に対しては、少々厳しいかもしれませんが利己的と断じ、一切答えないようにします。個々に出される質問に答えることが、いかにも丁寧で子供思いと考え、教師の業務と勘違いする向きがあります。しかし、そのときこそ丁寧に子供のためを思い、個人的にではなく全体の場で質問できるように自信を持たせてやるのが、教師としての業務と言うべきでしょう。

この項では、指導者の指示に対する子供からの質問という形での質問を考えていますが、わからないことを解決していくのが、学業の本分ですから、質問することに対する心の壁を取り払っておくことは、子供たちの以後の成長に大きな利益をもたらすことは明らかでしょう。

さて、質問できたこと自体や、質問の内容を具体的にほめることで、学習や活動に積極的に関わろうとする意欲を、より増進させることができます。ただし、仮定の質問は除きます。「もし～であれば」という言葉から始まる質問は、無限に生み出されます。これからの活動を予想して展開する必要もなく、何の生産性もありません。できるだけ初めの頃に、知らせておくとよいでしょう。

そして、的を射た質問であると感じ、全員にわからせたい質問が出されたときは、すぐには答えないようにします。大変よい質問であることをほめ、その質問内容自体を、全員に聞き返すのです。聞き返され、友達の質問内容を復唱できない子は初めのうちほどたくさんいます。

先生の話も聴いていなければ、友達の質問も聴いていない子供たちです。そのため、しばしば時間をとって、友達が言った質問を復唱できない子は立たせます。そして、立っている子に聞かせるべく、復唱できる座っている子を指名し質問そのものを再度言わせ、立っている子に復唱できるようになったら座るよう指示を出すのです。もちろん、わかったふりをして座ってい るのに、復唱できなければ叱責を受けることになりますし、何度繰り返されても、ずっと聴き取れず立ったままでも叱責を受けることになります。こうして、質問を全員の共通課題として認識させ、初めて質問に答えるのです。

このような地道な活動に支えられて、子供たちはだんだん指導者の話に、また友達から出される質問に、緊張感を持って接するようになります。そして何より、質問することは立派なことなのだ。わからないことを訊くことは、恥ずかしいことではないのだという納得のいく合意の形成を集団内に醸成することができるのです。

◆わかりましたかは気休め

体の動き、心の動きを観察しながら、集中の度合いを確認しつつ指示を出し、質問がない、もしくは出尽くして初めて、行動に移して良い旨の合図を出します。しかし、集団的に鍛えられていない子供たちは、必ずと言って良いほど、質問の有無の確認が終わるか終わらぬうちに、見切り発車的に動き出してしまいます。質問のない単純な指示のときほど、そのような姿は顕著にでます。そんな姿を捉えて、元の位置に戻し、話は最後まで聴くものだという指導をし、「わかりましたか」と一言。中学年くらいまでなら、元気よく「はあい」と返事をして動き出そうとするはずです。

　しかし、ここで逃がしてはいけません。「わかりましたか」の問いかけに対する子供たちの返事ほど、いい加減なものはありません。毎回するわけにはいきませんが、ここで問うのです。何がわかったのかを。

　ところが、何がわかったのかを発言できる子に挙手を求めると、案外手が挙がらないはずです。しかし、集団を育てる初期の段階では、いい意味で意地悪に、発言できない児童に挙手を求めるのです。発言できる子に、挙手を求め発言させたら、発言できない、つまり先生の話を聴いていない子は、友達のその発言もまた聴きません。結局、発言できない子、言い換えれば先生の指示の内容がわかっていない子は、聴かぬまま、黙って座ったまま見過ごされ、そしてわからぬまま放置されてしまうのです。しかし、その子供たちもれっきとした集団の一員ですから、集団として集団の内部に行動の目的を理解しないまま動こうとしている構成員を抱えながら、行動に移ることになるのです。

　だから、何をしたらよいのかわからない子に手を挙げさせるのですが、またしても不思議なことに、こちらもほとんど手が挙がりません。そこで、先生の一言。

「手を挙げていない子に、何がわかったのかを尋ねますよ」

　この一言で、次から次へと手を挙げていくはずです。

発言できぬ子に挙手を求め、手を挙げさせたまま、挙手していないわかっている子に発言させて、わかった時点で順次手を下ろさせる。これを、繰り返せばよいのです。当然、いろんな手を下ろすタイミングで、本当にわかっているのかを確認していく必要はあります。こうして、最後の一人が手を下ろすことを見届けて、動いて良しの合図を出すのです。

これを反復して、集団行動にはその構成員の一人ひとりが、誰一人漏らさず指示を聴き取る必要があることを、徹底的にしつけていくのです。

◆予告する

この待ちの指導法の目指すところは、先生が微動だにせず一言も発しないが、子供たちが静まり話を聴ける態勢をとることに尽きます。では、たとえば班で相談するといった話し合い活動の指示を出し、次の段階であるまとめの作業に入るとき、どう声かけをすればよいのでしょう。そろそろ意見も出尽くしたであろう頃合いを見て、先生が「はい、ではそろそろ～」と口火を切るようでは、何ヶ月経っても、目指すところの実現はかないません。また、頃合いを見て先生が前に立ち、それを合図に静まっていてもやはり同じです。

実は、声掛けは一切しません。先生が動かず話さず、次の学習段階へ進むその実現の唯一の方法が指示とあわせて予告することなのです。つまり、相談がまとまったら前を向いて今のように待ちなさい、と言う具合です。集団が育っていない初めのうちは、何でもかんでもに対して、予告しなければならないので、指導者側もつい抜かしてしまうということもしばしば起こります。それについては最低、先生が前に立てば静かに聴く態勢が取れるというところまで、できるだけ早く集団を育てていく必要があります。

　ただし、待ちの指導法で目指すところは、先生の姿を見て静まる集団の姿ではなく、集団が静まり集中したことを見て、先生が登壇するという形です。この違いは極めて重要で、あくまで学習の主体は子供たちであり、先生はその補助者である。決して、先生の姿を見せて静まらせ、先生が主体的に導くのではないという基本を常に意識しておかねばなりません。

　しかし、それも徐々に子供たちが鍛えられていきますので、何度か繰り返すうちに、たとえば班活動の話し合いで意見が出尽くしたら、特に前を向いてどうこうという指示を出していなくても、前を向いて次の指示や段階に移る態勢を取るようになります。予告をするというのは、予告をしなくても前を向いて次の指示や段階に移る態勢をとれる集団に育てる過程で必要なだけで、いつまでも予告していては集団の育ちを阻んでしまうことは言うまでもありません。

　ただし、そこまで育てる過程には、もちろん紆余曲折があります。必ずと言ってよいほど、通る道筋として、話し合えと指示を出しただけに対して、延々と話し合いが続き、そのうち無駄なしゃべりが混じりだし、指導者が何も言わなければ、ついには休み時間までだらだらと時間を潰してしまう。どうやら、これは集団が成長する過程で一度はくぐらねばならない発達段階のようです。子供たちに、だらだらして時間を潰せば休み時間がなくなったり、だらだらしていても先生は注意をしてくれないのだという経験を積ませることが、自主自立への遠回りであっても確実にたどり着く結局近道です。

◆指示は複数形、注意は単数形で

小一プロブレムと騒がれた時期に、「みなさん」のような全体を指す言葉を使うと、自分のことを言われていると気づかず、身勝手な行動をとり続ける子供が増えてきていると言われていました。そうかも知れません。しかし、たとえそうであっても、一斉指導を行っている学校現場で、固有名詞を列挙して何十人分も指示を出すことなど不可能です。それより何より、全体を指す代名詞に、敏感に反応する子供を育てなければならないのです。敏感に、尚かつ自然に「みなさん」という呼びかけに反応できる子供たちを想像するとき、その姿はきちんと前を向いて座っていて、先生の姿に集中している風景しか浮かびません。

ですから、そもそも喋っていたり、動いていたりという一言で表現すれば、落ち着いていない状態の中に単数形であれ複数形であれ、代名詞を使って呼びかけようとすること自体に無理があるのです。

だから、「待ちの指導法」なのです。

待ちの指導法でも、君たちやあなた方、みなさんなど全体を指す代名詞を用いて指示を出します。集団を意識させるには、自分は複数いる自分たちの中の一人であるとの認識を持たせることは欠かせません。

反対に、集団行動を乱すような行動をとる子供たちに対して、説諭を行うときは、必ず一人ひとりを単数形で呼び、責任の所在を個人に求めるようにします。

たとえば、三人が集団行動を乱したとしましょう。少し鍛えられてきていたら、その中の一人を集中して叱責することも可能です。自分だけではないという不満に対しては、その通り自分だけではないが自分はどうなのだと返し、なぜ自分だけがという不満に対しては、今は君の番だと受け流す。先生は、あくまで一人なのだから、一人ずつ説諭するのは当たり前という立ち位置をはっきり示します。もちろん、話の進展具合や関わり具合によっては、他の二人は同列に呼び加え、代表で叱られた友人に悪いことをしたと思わないのかと、反省を促すのも有効ですし、集団に対して迷惑をかけたという感覚は、必ず持てるよう育てていかねばなりません。詳しくは、第三章「ほめ方・叱り方」に述べていますが、一人ひとりが身勝手な行動をしなくなるためには、集団を意識する感性を持つことが必要最低条件です。だから、複数形を多用して集団を意識させつつ、はみ出す行動の責任は集団に連帯させず、個人の内部に求めて行くのです。

◆ひらがなで話す

待ちの指導法の初期の指導を紹介しましたが、次は指示を出す言葉についてです。

初対面から数えて初めの一週間程度は、子供もある意味しっかり前を向き、先生の話をしっかり聴こうとしている時期です。ある意味というのは、中には、自分が何をすれば叱られるのか、先生は何をどこまで許すのかという探りを入れている場合も想像されるからです。いずれにしても、先生を注視する度合いが年間を通じて一番高い時期であるといえます。この時期に、教室の約束事、決まり事、指導の基本的な方針の説明など、可能な限り集中して伝えるのは効果的です。

その際、注意すべき事は誰にでもわかる言葉で、できれば話している内容が理解できているかを確かめながら伝えることです。教室内の残らず一人ひとりが、聴いて分かる必要があるのです。

我々教職員の研修会を思い浮かべると、その必要性は理解しやすいかもしれません。学習指導方法の研修会や生活指導の研修会から体の不自由な方への理解を深める研修会、男女共同参画のための研修会等々と、実に様々な基本的な教員の資質向上を期して行われる研修会があります。これらは参加者の誰もが理解できなければならない性質のものです。参加者の誰もが、新しい知識や発想の転換点を求めて研修を受けるわけです。ところが、そんな誰にでもわかりやすく伝えなければならない研修会で、講師が使う言葉に専門用語や英単語が多いことを憂いた経験は誰にもあるのではないでしょうか。

「次の図をごらんになれば、ネグレクトにおける年齢別分布のディテールがおわかりになると思います」『ＰＤＣＡサイクルを繰り返すことによる業務の効率化を図ることが望まれます』『日頃のＯＪＴ研修の重要性を再認識する必要があります」「じゃんけんを活用したアイスブレーキングは……」等々。ファシリテーションにネゴシエーション、例に挙げたカタカナ語や英単語の頭文字を並べた表現は、私が初めて耳にしたときはその意味が分からなかった言葉です。もちろん、研修会ですからその内容について説明を聞けるものもあるのですが、英単語の意味に疑問を持つことは、思考の労力を無意味に分散させ、本来の研修目的からほど遠い言語処理に費やすことになります。講師は、わからない箇所については気軽に質問をするよう促してはくれます。しかし、その講師が当たり前のように、常識化しているといわんばかりに使う専門用語や英単語の意味を、わからないと意思表明するのは、なかなかできないものです。

これを反面教師として、私たち教員が子供に対して使う言葉も、これと同じくわかりやすい言葉を使って話すことを肝に銘じておく必要があります。比喩的に言うならば、学年を問わず「ひらがなで話す」という感覚でしょうか。まさしく、言葉は相手に伝わって初めて意味があるのです。

◆指示はできる限り出さない

「よく考え、主体的に判断し行動する」この言葉の続きに一文字「子」を付ければ、よく見かける学校教育目標になりますが、その高みに導くべく意図的な働きかけによって系統的に指導する学校はほとんど見たことがありません。

何かの集会活動があったとしましょう。先生が整列場所まで先導し、「前に倣え」と号令をかけ、静まらせて整列させて、よしと見て取ったら「座りなさい」と指示を出す。

さて、この一連の動作の中で、率いられた子供たちは何をよく考えたでしょうか。主体的な判断の機会はどこにあったでしょうか。ただ先生に連れられて、言われるがままに行動しただけです。

研究会で、本校の児童は活発で素直であるが、どうも自発性というか主体性に欠けるところがあるという文言をよく見聞きします。しかし、それはよく考え、主体的に判断し行動するという高みに児童を導くべく、指導をしていないことに起因するのであって、当然の結果といえます。その原因となる指導が、先ほどのきめ細かな指示なのです。

授業の中で「よく考え、主体的に判断し行動」させたいならば、教師はできるだけ発問の量を減らすべきである。これは誰しも理解して、実践されている周知の指導法です。ところが、朝礼・集会活動・遠足や修学旅行、避難訓練などの特別活動や学校行事の中では、そのスムーズな進行が優先され、子供たちの気づきや自発的な動きを待つというゆとりある指導がおろそかにされているのです。避難訓練という、いざという場合に生命に関わる大切な行事であればあるほど、子供たちの主体的な判断と行動が求められるはずですから、緊急措置としてある程度、指示を多くするのはやむを得ないとしても、必要最小限にとどめるべきと考えます。

例えば、その避難訓練であるならば、参加する子供たちが目的意識をはっきり持っていさえすれば、前に立つ先生が何も言わなくても、整列して並んで座って待つでしょう。先生は、座って待つ子供たちの頭数を確認すればよいだけですから、この指示をできる限り出さない指導法は、迅速機敏な行動が求められる場面でも理に適っています。それは、あってはならないことですが、実際に起きてしまった災害の非常時に実証されるはずです。災害の混乱の中では、先生がいつもの訓練時のようにそばにいるとは限りません。その場合でも、確実に並びを整えて待機できるのは、日頃から指示を最小限度にとどめている指導法であることは、火を見るよりも明らかです。

日常の学校生活のあらゆる場面で、意図的に指示の出ない状況を作り出し、良い意味で子供たちを困らせる。あるいは、意図的に注意をせず、子供たちのとる自分本意な行動を静観している。そうすることによって、子供たちは困りもし、気づきもし、自分で考えるようになり、時と場に応じた答えを見つけ出していく。

これが、「待ちの指導法」の基本理念です。

◆中心指導者に任せてもらう

教室では、担任がすべての責任をもって指導しますから全く問題はないのですが、学年集会など複数の学級で構成される集団に、待ちの指導を行うときに困ったことが起こる場合があります。複数の学級が集まる場には、当然複数の担任がいます。そういう先生が複数いる場面、場合に、しっかりと待つことについて打ち合わせておかないと、指導者の代表として子供たちの前に立ち、静かになることや集中に欠ける態度が改まることを待っている中心指導者の横から、待ちきれなくなった先生の指導が入る場合があるのです。

読者の学級は、待ちの指導を教室で実践しているはずですから、学年集会に臨んで少々つられることはあっても、崩れ去ることはないでしょう。ところが、隣の学級の集団にそういう意識が育っていなければ、両者の差は歴然とするはずです。それを見かねて、隣の学級担任が、自らの学級集団に対して、注意による指導を行ってしまう場合があるのです。もしも、その先生が自分の指導を棚に上げ、我が学級集団に、隣のクラスとの態度の差を比較して叱咤すれば、学年間に比較されたことやいたずらに競争心をあおられたことによる敵対心が芽生え、ますます学年集団としてまとまりのつかない状態に陥っていくことは簡単に想像がつきます。

しかし、それならばまだ良い方で、隣の学級担任が、前に出て中心指導を行っている指導者が子供たちの気づきを待っているにもかかわらず、しびれを切らせる、もしくは中心指導者が手をこまねいていると勘違いをし、ざわつきを続けて今どうすべきか気づいていない子供たち全体に向けて、中心指導者を差し置く形で声高らかに、まるで、指導力の足りない中心指導者を援護する感覚で注意指導を行ってしまうのです。そうされてしまえば、その場だけ一回限りの態度は改まりますが、集団の意識は育ちませんから、子供たちはまた次回、同じ態度を見せます。

特に、もし読者が若く経験年数が浅いならば、待ちの指導法によって中心指導を行う際、本書を見せて理解を得ておくか、待つことによって指導する旨をできるだけ丁寧に伝え、価値観を共有しておいてもらう必要があります。

次の項の禁じ手に書いた方がよいかも知れませんが、蛇足ながら、反対に読者が中心指導からはずれている場合、中心指導者が待ちの指導を実践しているならば、どれだけうるさかろうが態度が悪かろうが、口出しは一切無用です。

◆待たせる

待ちの指導法は、先生が一人で何十人、何クラス分でも子供の集団を指導できる指導法です。なぜなら、指導者が先導して子供たちを引っぱっていくのではなく、集団内の構成員各々の気づきを重んじ、彼らの秩序だった行動を推奨し、規律ある集団の行動という土台に立って指導を行うからです。ある意味、集団指導の理想型です。ところが、この理想形を実現させるためには、ただ「待たせる」という躾に近い価値観を指導者が理解し、子供たちが納得する必要があります。

待つ必要があることは指導者側だけに求められることではなく、子供たちにとってもまたそうであることは、一斉指導の宿命です。ですから、指導者一人で何クラス分もの子供たちを指導する場面ではなく、一クラス分の集団を指導する場面で考えるだけで十分です。体育を例に取ると、授業の始まりに白線を引かねばならないことはよくあります。もちろん、準備体操などは子供たちの手によって進んでいくのですが、それも終わって次の指示待ちになったときが、この価値観の出番です。また、理科を例に取れば、実験の途中で湯を入れ直すために熱湯を処理するなど、子供には任せられない追加の準備はあります。そんな仕事に手を取られてしまったとき、残念ながら普段はかなり秩序だった行動が取れる子供たちでも、徐々に私語や無駄な動きが出てきます。指導者が、子供たちに視線を注ぎ向き合うことができる環境の下で秩序が保たれるのは当たり前で、指導者が忙しく手を取られた状態の、本当に余裕のないときにこそ秩序だった行動を求めたいのは指導者側の本音でしょう。

そんな場面で、待たねばならぬ感覚を、いかに理解しやすい形で伝えることができるかが鍵となりますが、それには、自らの姿と指導者の姿を比較して意識させねばなりません。指導者が何をしているのか、姿が見えず直接見ることができないならば、想像力をたくましくさせ、直接見て取れるならば、忙しくしていることは一目瞭然であるのですから、自分たちの取るべき態度はいかにすべきかを自らの判断で決定できるように、基準を教えるのです。少なくとも指導者が遊んでいるのではないのだから、自分たちも遊んではいけないと基準を示し、指導者が忙しく手の放せない状態であればあるほど、その隙をつくようにわがままな行動に出るのは卑怯であると、相対的な価値観を伝える。そして、その態度に猛省を促し、次回からの姿勢に期待を寄せるわけです。

待ちの指導法の禁じ手

◆禁句①「〜してください」

待ちの指導法では、何某の指示を出すときに、子供たちにお願いをすることはありません。先生と子供、指導する側とされる側という立場の違いを明確にして、指示を出します。もちろん、その指示は命令形です。ふだん、使うのは「〜しなさい」という形です。しかし、世間には「〜しなさい」という表現が、いかにも命令口調で、上意下達ふうに感じるのでしょうか。丁寧に控えめにという気持ちを表すためか「〜してください」を使う先生も多く見かけます。

しかし、「～なさい」という形は、尊敬語「～なさる」の命令形です。立場の違いを明確にして命令形で指示を出すと言っても、最大限、子供たちを尊重して、尊敬語を使っているのです。ですから、押しつけがましいわけがありません。その意味では、この「～ください」も尊敬語「～くださる」の命令形で、文法的には何ら問題はないですし、両者の間に大きな隔たりがあるわけではありません。しかし、感覚的には、「～しなさい」よりも依頼の感情が色濃く表されているので、待ちの指導法では、より明確な指示という形を重んじるために「～しなさい」を使うのです。

ちなみに子供たちに、宿題であると明言せずに「～してきてください」という表現で課題を与えると、するしないの選択権は自らに委ねられたと捉えてしまうようです。その証拠に、課題をしてこない子が多数でてしまいます。一度、試してみられると実感できるはずです。この事実からいえることは、我々の出す指示というものは、してもよい、やらなくてもよいという性質のものではないのだから、曖昧さを表現してしまう「～してください」という表現は避けるべきだということです。

また、「～してください」と依頼してしまうと、子供たちが指示に従った行動に対して、反射的に「～してくれた」や「ありがとう」といった感謝の気持ちを表す言葉で締めくくってしまいがちになります。実際、「～してください」を多用している先生が使う結びの言葉を聞いていると、そういう類の言葉を使っていることが多いものです。そんな結びの言葉を認めるわけではありませんが、もしも「～してください」に正確に対応した結びの言葉を使うならば、子供たちが指示に従って何らかの学習や活動をした結果に対して、「～してくださった」と表現することになり、これは言葉の問題とはいえ、いかにも子供たちに対して敬意を表しすぎているると言わざるを得ません。蛇足ながら、感覚的ではありますが「～しなさい」の結びの言葉は、「よろしい」や「よくできた」という評価の言葉がふさわしく、またそういう類の言葉が自然と出てくるような気がするのですが、いかがでしょう。

◆禁句②「～してもらいます」

授業は、その主体となる学習者とそれを導く指導者がいて成り立ちます。簡単にいえば、先生と児童です。その授業の主役は当然児童で、勉強をして学習内容への理解を深めようとします。対して、先生は新しい気づきや経験の機会を与え、児童をより高みへと導くべく学習指導を行います。その際､児童が何をするのかを伝える言葉が指示です。あくまでも主体は児童で、先生はその活動をサポートする立場であるといえます。

ところが、よく耳にする教師の指示に次のような言い方があります。

「今から、～をしてもらいます」

もちろん、何かをするのは児童ですが、誰が誰に～してもらうのかはっきりさせてみましょう。

「今から、先生は（あなた方に）～をしてもらいます」

この場合、子供たちの動作の目的が「先生のために～すること」となります。何か違和感を感じないでしょうか。授業の主体は児童のはずですが、先生が何かを依頼しているのです。

主体を本来の児童に戻して表現してみましょう。

「今から、あなた方は、～をします」

主体は児童であるあなた方になります。多くの場合は「あなた方」は省かれるでしょうが、これならば児童は他の誰のためにでもなく自分が主体となって作文を書いたり、絵を描いたりできます。せっかく、先生が前で待ち、子供たちが自分で気づいて学ぶ姿勢をとっているのですから、児童を主体とした表現で指示すべきです。もちろん、語尾表現については「です・ます」調の丁寧語でなくとも、常体や命令形でかまいません。

待ちの指導法は、子供たちの自発的な気づきを最も大切にして、子供たち自身が学習の主体となって進めます。先生が主導的に、引っ張る形で学習をさせるのではないのです。あなた方が目的意識を持って学習に取り組むが、あなた方だけでは無理なので、課題に直面したときは教えましょう、という立ち位置です。だから、先生のために何らかの学習をしてもらうという誤解を与えかねない「～してもらう」という表現は禁句となるわけです。

◆禁句③「～してくれました」

何らかの学習の参考になる資料を、児童が自発的に持ってきた場合や、それに類する行為ならば、持ってきてくれましたなどと表現するのはいいでしょう。しかし、指示するときに「～してもらう」と言わないわけですから、その指示に従った姿に「～してくれました」とも言いません。

課題として与えた作文や作品などを、全員の前で紹介するときに、「作文を書いてくれました」と表現すれば、受け取りようによっては、作文を書いてほしかった先生のために書いてきたことになりますし、図工で「絵を描いてくれました」と表現すれば、絵を描いてほしかった先生のために描いたことになってしまいます。

しかし、子供たちは先生のために何某の学習や作品を仕上げたのではなく、自分自身のために勉学に励んだのです。この表現下での先生と子供たちの位置関係を検証すると、子供たちに何かをしてほしい先生が教室にいて、その依頼に応えて作文や作品を仕上げて先生に届けたという構図が見て取れます。そもそも学習は、誰かの依頼によってするものではありません。子供たちの努力を評価するつもりの言葉でしょうが、いかにも自己中心的な物言いで、子供たちをないがしろにしているとはお感じになりませんか。私は子供たちの勉学に主体的に取り組むという自主性を削ぐ物言いになっていると思うのです。なぜなら、せっかく自分自身を磨くために勉学に励んできたら、先生はその出来栄えには触れず、労をねぎらうばかり。まるで、肩すかしを食らった気持ちになるのではないでしょうか。

それとも、単に言葉尻の問題でしょうか。いいえ、そんなことはありません。たかが言葉尻、されど言葉尻。人の立ち位置は、言葉と態度で決定づけられる上、言葉尻には本音がにじみ出るものです。柔らかい態度でこういう物言いで子供たちを評価していれば、先生に言われたことを、先生のために取り組む子供たちが育まれるはずです。その姿は、自主性とはほど遠いものです。

それとも、先生が課題を出し、子供たちに苦労をかけてしまった。その労をねぎらっての言葉でしょうか。子供たちに気を遣ってへりくだっているのであれば、かなり重症です。それならば、子供たちに対して腫れ物にでもさわるかのような物言いと言わざるを得ません。そこまで下手に出て、気遣いをしてしまうならば、子供たちが先生に対等に振る舞うどころか、子供たちと先生の間に明確な上下関係の一線が引かれているはずです。もちろん、子供が上、先生が下ですが。これでは、主客転倒と言わざるを得ません。

◆禁句④「ありがとう」

これも、「〜してくれました」と同じですが、何らかの学習の参考になる資料を、児童が自発的に持ってきた場合や、それに類する行為ならば、「ありがとう」と言っても良いでしょう。しかし、それとて感謝の言葉を述べるよりも、「みんなのためを思って、よく持ってくることができた。立派だ」というふうに、行為そのものを高く評価する言葉がけの方が適切と考えます。ましてや、学習の成果に対して「ありがとう」は、絶対の禁句です。子供たちは、先生に感謝されたくて作文を書いたり、絵を描いたりしているのではないのです。もちろん、発言したことに対して、本を読んだことに対して言うのも同じです。先生が、何らかの指示をして学習課題を提示したのです。その課題に取り組んで、ありがとうで片付けられたら、「〜してくれました」と労をねぎらったときよりも、さらに一歩踏み込み感謝の意を表されて、肩すかしどころか拍子抜けしないでしょうか。

たとえば、先生に指名された子が、いつもより声の大きさや抑揚に気をつけて音読をしたとしましょう。よく読めたという個人の満足感を、先生の「よく読めた」という評価によって追認され、また更に学習に取り組もうという自主性につながるのです。また反対に、声も小さく棒読みで、何を読んでいるのかさえわかりづらい音読に対して「ありがとう」と流してしまえば、その子の成長は見込めません。ある学習課題に対して行った子供たちの行為が、満足いくものになっているのか、まだ不足の部分があるのかを伝える義務がわれわれ指導者側にはあります。その一番大切な部分が「ありがとう」に置き換えられてしまえば、教わる側として欲求不満が残ることは当然です。

課題に対して、満足いく表現になっているのか、それともどこか足りない部分はあるのか。それらの指摘や評価を受けて初めて、満足感を得られる。子供たちは、自らを高めるために課題に取り組んでいるのであって、先生に感謝されるために取り組んでいるのではないのです。

◆ちゃかさない

実は先生にとって、じっと待つことだけを実行することは、非常に忍耐が必要で難しいことなのです。それ以上に子供たちにとって、先生は何も注意や指示や語りかけすらもしないのに、今するべきことを知り、先生の指示を聴く態勢を整えることは、もっと難しいはずです。

そして、しゃべり声はおろか物音一つしないピンと張りつめた空気の中で、場の雰囲気を壊さぬように静かな落ち着き払った口調で語り始めたり、指示を伝えるのです。

　ところがこの凛とした雰囲気に、先生が場慣れしていないと、児童の凛々しさにとまどい、こともあろうに先生自身が、場の雰囲気を和らげる行動に出てしまうのです。たとえば、「静かですねぇ、緊張してしまうなぁ」というような先生自身のおちゃらけ言葉です。子供たちも、張りつめた雰囲気の中で集中の糸をピンと張っている状態ですから、そのような場を和ませる言葉に出合うと、一気に反応してしまいます。何日かかったかも知れない、待ちの指導の成果で、作りあげてきた場の雰囲気を、一瞬にして崩してしまうのです。子供たちはざわつき、また元の木阿弥です。何としましょう。もう一度、待ちに入りましょうか。いいえ、先生自ら壊してしまったのですから、そんな図太く図々しいことはできないでしょう。いよいよ焦り、静かにしなさいとも言えず、気分を切り替えましょう、と呼びかけるのが精一杯ではないでしょうか。厳に慎みたい行動です。

　ただし、一連の待ちの指導で、先生が一切のユーモアを出してはならないわけではありません。というよりもユーモアは、授業中の話術として聞き手の集中度合いを測りながら、集中力を持続させるために出すべきでしょう。その際、他を意識する項で詳しく述べていますが、授業中の冗談や場を和ませる発言は、先生のみがして良いこと。反対からいえば、子供はしてはならないことをきちんとわからせておくことが大前提となります。

◆過去形で評価しない

児童が姿勢を整えたら、語り始めます。

その大切な一瞬に、先生がおちゃらけ言葉を出せば、もちろん最悪の結果を招きます。他にも気をつけたいことは、語りかける際に過去形でほめないことです。「よくできました」と過去形で評価を述べると、聴く姿勢の継続に一旦終了の合図を送ってしまい、緊張の糸が切れることは決定的です。本来、先生の指示を聴くことが目的であり、聴く姿勢をとるのは手段にすぎないのに、聴く姿勢をとることが目的であると、先生自身の言葉によってすり替えさせてしまうのです。そして、集団は達成感と共に、直後からその姿勢を崩し始めます。ほめるなら非完結で、「よくできています」というように、聴く姿勢は継続中であることが、明確に伝わる形で伝えます。

単に、些細な言葉尻の問題だと感じられるかも知れません。しかし、筆者も試行錯誤の中、意図的にではないもののいろいろな言い方を試し、うまくいかなかった経験をいやというほどしています。いつもと変わらずほめたつもりなのに、なぜ、今日は聴く姿勢が持続しなかったのかという自問自答の末、反省点として経験したことなのです。言葉の最後の部分には、話者の本音がにじみ出るのです。いくら立派な説諭をしていても、最後に言い切らず自信なげな表現を使えば、説諭そのものが軽く受け取られてしまいます。同じく、過去形で評価すると、本音の部分で、今前に立って指導をしている先生が現状に満足したことを表します。そして、場の雰囲気を読み取る天才ともいえる子供たちの集団は、ここで一区切り、一旦終了とばかりに緊張感を解きほぐしてしまうのです。

たかが言葉尻、されど言葉尻です。案外、一番重要なのかも知れません。

◆「はい」で話し始めない

それとともに、「はい、それでは」というように、「はい」を話し言葉の頭につける癖、ありませんか。

待ちの指導には、この言葉は必要ありません。

しかし、先生に限らず子供たちの前に立って話をするほとんどの方が、この「はい」を頭につけて話し始めています。常日頃、子供たちがまだざわついている状態から、話し始める癖がついていると、子供たちの気分を切り替えさせるために、この「はい」を常用するようになってしまっているのです。では、なぜその癖は身に付いてしまったのでしょう。この表現は、「はい」を境に気分を変えさせる効果をねらっていますが、「はい」の以後に省略されている言葉を想像で補えば、次のようになるでしょう。

「(はい、)いいですか、静かにしてよく聴きなさい」

つまり、子供たちの前に立って伝えなければならないことがあり、少々のざわつきがあっても時間優先で語り始める際には、目の前の集団に注意喚起を行う必要があったのです。この「はい」を頭につけて話し始めるということは、癖になってしまっていたとはいえ、語りかける際に毎回毎回、「静かにしなさい」と同じ意味合いの注意を伝えていたことになってしまっていたのです。何ということでしょう。注意をせず聴く姿勢を子供たちに取らせることが信条の待ちの指導の落とし穴とでも言うべきところでしょうか。これは、単に指導者側の癖の問題ですまされるものではなく、へたをすれば「はい」の言葉が出てから静まる集団に逆戻りさせてしまいかねません。

もう、おわかりですね。待ちの指導で児童が、自ら聴く態勢をとっているにもかかわらず、「はい」をつければ、子供たちの集中の糸を切ってしまいかねないこと。そして何より、注意喚起は何一つ行わずに、子供たちが聴く姿勢を取ることを目指した待ちの指導にはそぐわない言葉がけであること。そして、加えてもったいないことがあります。

子供たちの集中の度合いが、一番高まっているこの瞬間を逃すことが、実にもったいない。最初に話す言葉は、次に児童が取り組む学習や、活動の中核を端的に表す指示でなければならないのです。

◆話し始めたらしゃべり出すことに注意

子供たちの集中は長くは持ちません。というより、人はそう長く集中し続けられるものではありません。だから、初めを大切にしたいのですが、指示なら簡潔にすることはできても、礼儀や道徳的なこと、集団行動時の考え方など、しっかり話して、しっかり聴かせなければならないときもあります。時間の経過と共に、次第に緊張の糸はほぐれ、視線が落ちたり、物をさわり始めたり、先生の話に対する感想を隣の子と小声で話したりと、徐々に集中できなくなります。人の心理とはよくできたもので、相手がしゃべり始めると安心して緊張感を解き始めるのです。それは話すということが、何を伝えたいのか何を考えているのかという情報を出すことだからと思われます。話すこと自体に宿命として一定の緊張感を解きほぐしてしまう作用がある以上、場の雰囲気、思い切って言い換えれば、指導者の厳格さと妥協の範囲といった本音の部分を読み取られやすくなるのです。一部の直感にたけた子供たちはそこを見て取って、集中力を徐々に解いていきます。その集団の様子に先生が気づかなかったり、気づいていてもそんなに集中が続かないのは当たり前と、不用意な優しさや、不必要なものわかりの良さを出して話しを続けると、子供たちは黙認されていると捉え、先生が話し始めたら、話してもいいのだと勘違いをしてしまいます。

黙認は、絶対の禁じ手です。

しゃべり声などもってのほか、不要な体の動きや心の動きが読み取れたら、話を中止して再度待つ。ここまで厳格な意識を持ってしても、全員がもらさず先生の話を聴き取ることは不可能です。反対からいえば、一人の指導者の能力には限界があり、網羅して集団を俯瞰することにも限界があります。集団の構成員全員が確実に話を聴き取っているかを確認しながら、話を進めることが不可能なのです。だからこそ、厳格な意識を持ち続けていなければ、集団を相手に話は伝わらないともいえます。

◆小さな声で集中力を高めない

私たち教員の技術的な語り口調として、声を小さめに出して子供たちの気を引き、集中力を高めるという手法があります。この手法が通用する集団ならば、質的にも一定の評価はでき、担任の先生の指導力にも優れたものがあることは間違いありません。しかし、私は自戒として、この手法を使わないようにしています。筆者は、もちろん「待ちの指導法」を実践していますから、小さな声で気を引くことはしません。ただ、待ちます。そして、全体が静まってから静かな口調で語りかけます。ただし、声の大きさは対象としている集団の最後尾まで聞き取れる音量を出します。ですから、静かに語りかけるというのは雰囲気の話で、声は結構大きいはずです。

大きな声を出す意図は全体に聞き取らせることはもちろん、聴力の弱い子への心配りがあります。前にも述べましたが、私は板書の文字を大きくし、視力の弱い子への心配りであることを伝えます。同じく声を大きくし、聴力の弱い子への心配りであることを伝えているのです。文字通り、文字は読めて初めて意味があり、言葉は聞こえて初めて意味があるのですから。このことを自ら実践しながら、子供たちにも同様の心配りをするように求める。そこには自分本位に物事を考えてはいけない。他者の存在を意識させる指導者側の意図があります。

もし、少しざわついたような全体の集中力のゆるみを、小さな声で話すことによって、再度高めようとしているのであれば、聴力の弱い子にはやはり聞こえないでしょう。また、まやかしとまでは言いませんが、聞こえる子供たちも小さな声に対する興味を示しただけで、先生の手法をほめることはできても、子供たちの育ちを語ることはできません。「待ちの指導法」を実践すれば無用の手法ですが、他者の存在を意識させ、自分本位の物事の考え方に警鐘を鳴らす。そして、子供たち自身が今どうすべきかを考え、取るべき態度を決定する。このことを一貫して求めていけば、小さな声で集中力を高める必要もなくなってくるでしょう。

◆指示は副詞抜きで伝える

特別教室への移動や行事の最中に、集団で並びを整える場面は日常的に繰り返されます。それは、集団の規範意識を高めるまたとない反復練習の場面でもあります。そんな場面で、私たち指導者が集団の育ちを阻んでしまうような指示の出し方をしてしまっている場合が多々あります。たとえば、静かに並びなさいや、早くしなさいの「静かに」「早く」という副詞部分です。この状態を表す副詞の部分は、本来子供たちがどのように行動すればよいかを自ら考え判断した結果、行動として表される部分です。その部分を、指導者側から日常的に補足、指示されていては、子供たちはただ言われた通りにしているだけの操り人形になってしまいます。

ただし、やみくもになにがなんでも使ってはならないと言っているのではありません。必要な場合は多くの場面にあります。しかし、集団の育ちに応じて徐々に指示の言葉から、その副詞を抜いていき、集団の育ちを見るという意識は指導者側には必要です。問題なのは、子供たちはほとんど例に漏れず、これら副詞付きの指示を受け続けてきたという事実にあります。子供たちにしてみれば、就学前の幼少期から家庭で躾として、慣れ親しんできた指示の言葉なのです。反対からいえば、保護者も含めて我々指導者側がほとんど例に漏れず、それら副詞付きの指示が子供の育ちを阻んでいるという事実に気づいていないという我々の意識が問題だといえます。

そして、学齢期に達して子供たちは、先生が気づかぬまま育てぬまま、相変わらず副詞の部分でこと細かに指示され、考える機会を与えられぬまま捨て置かれた挙げ句、言われたことはできるが、それ以上のことはできないとか、指示待ち人間が多いなどと評価されるのです。そう育てているのは先生自身であるのに、酷評されては子供たちもたまったものではありません。

◆個人的な対応をしない

集団からはみ出したり、集団を乱す行動に対しては、先生の中途半端な強制力で体裁を整えようとしても、うまくいったとしてその場限り。その場すら整えることができない場面もあるでしょう。

本気でもない中途半端な叱り方で、いわばかなり大目にみた甘やかしの叱られ方にであうと、子供たちは先生に関わってもらっているという勘違いをおこし、ますますそういう叱られ方を求めて行動するようになります。その最たる光景として、整列時に列を乱す子供に対して、たとえば先生がその子の両肘当たりを持って体側にくっつけてやり、しっかり並びなさいと言わんばかりに気をつけの姿勢をとらせる。また、多動気味に列を乱す子には、後ろから抱きかかえるようにして軽く体の自由を拘束して並ばせる。叱っているとも思えないこれらの叱られ方、姿勢の正され方には、先生を独占している優越感や最優先に関わってもらっている心地よさがあり、また止めてもらえる安心感が列を乱す行動にますます拍車をかけてしまいます。それどころか、自分も関わってもらおうと列を乱す行動をまねする子供まで出てきかねません。

個人的な対応をするのではなく、その子自身の頭でしてもよいことなのか、いけないことなのかを考えさせる。そして、他に誰がはみ出す行動をしているのかを観察させる。つまり、特別な立ち振る舞いをしている自分の姿を見つめさせ、反省を促す。もし、この手続きが不可能ならば、その子は集団で能力を伸ばすだけの資質に欠けることになります。集団行動が可能な子、つまり一定の自立した能力があり一対一の対応がなくても周囲との協調を構築できる子だから、集団でその能力を伸ばしてやることができるのです。誰でも先生に関わってほしいという願望があります。一部の子供に個人的な対応をしてしまうと、必ずそのように振る舞う子供の数は増えてしまいますから、集団で育てる観点から個人的な対応は不可能であること、してはいけない対応であるということになります。

◆競わせない・倣わせない・ごまかさない

もしも不幸なことに、相当期間経っても、先生に注目できず、私語が止まないのであれば、どこか何かの方法を間違えたのでしょう。もう一度、一から読み直して、指導も初めからやり直すのが良いでしょう。

その間違いを、二、三予想してみます。
もしかしたら、私語が止まぬ様子を見て、どの組が早く静かにできるか、どの班が早く静かにできるかなというような声かけをしなかったでしょうか。これは最悪の言葉がけと言ってよく、最も慎むべきです。これをしてしまうと、静かに聴く態勢をとらねばならぬ本当の目的から気をそらせてしまうどころか、子供たちに自分の姿を見失わせ、人よりも早くという競争心だけをあおる結果になります。

いつまでも先生が、先頭に立って前に倣えをしていなかったでしょうか。初めのうちは、致し方ない必要悪ですが、前に倣うのではなく、全体の中での位置決めを自分自身がするのです。いつまでも、前に倣わせているから、自分で並ぶことをしない。その上、先生がいつも号令をかけるから、号令がかかるまで並ばなくても良い。子供たちはそう思うのです。

ジェスチャーでごまかさなかったでしょうか。先生が、頭や肩に手を持って行き、それを子供たちにまねさせて、最後にそっと唇に指を当てて静まらせる。よく見る光景ですが、これをすると、集団をゲームの世界に引きずり込んでしまっているのです。本来、一人ひとりに今どういう態度を取るべきか、考えさせねばならぬところを、集団お遊びで気を引きごまかしてしまった。子供たちにしてみれば、先生にうまくしてやられた状態か、狐につままれた状態かのどちらかでしょう。いずれにしても、子供たちは何も考えなかったことだけは事実です。これでは、次回からいくら待っても静まるわけがありません。

おへそを先生の方に向けてしっかり聴きましょう。こういう比喩表現を使って指示していなかったでしょうか。おへそを向けるのではなく、聴こうとする気持ちを向けるのです。しっかり聴ける姿勢をとりなさいと言うべきです。年齢によっては、わかり辛いだろうと比喩表現を使うと、本当に伝えて考えさせなければならないことを曖昧にしてしまうだけではなく、真実から目をそらせてしまいます。先生がおへそを向けなさいと言ったので、おへそを向けて隣の子とおしゃべりしていたら叱られたなんてことも起こります。それに、最も基礎的な姿勢である人の話を聴くために前を向くことすら、言葉で理解できないような子供たちを育てているのでしょうか。いいえ、そんなはずはありません。これは、あまりにも子供たちをあなどった言い回しです。

静かにできたり、並べたりしたときに、静かにしてくれました、並んでくれましたと評価の言葉をかけていなかったでしょうか。静かに並んで待っていたら、先生は子供たちが静かに並んだことにお礼を言っている。もしくは、先生は自分たちに並んでとお願いしていたのだと受け取られはしないでしょうか。静まったり、並んだりするのは子供たちがしなければならないことですから、良くできていると評価すべきなのです。評価の主体は、子供側に置かねばなりません。

今、挙げた事例は本書を読み、待ちの指導を実践しようとしている読者には当てはまらないかも知れません。しかし、いつまで経っても収まらぬ喧噪に、ついつい今までの手法を今回限りと取り入れてはいないでしょうか。

気になる姿は、まだいくつもあるのです。前にも述べましたが、待っているのですと自ら言ってしまい、結局待てない姿を子供の前にさらけ出してしまうことや、度を超えて待ちすぎてしまい収集がつかなくなることも避けねばなりません。最終目標は、先生の姿がなくとも聴く姿勢を整え待つことですが、とりあえずは先生が前に立てば、最低静まらねばなりません。そのためには、待ちの指導法を実践する上で大前提となる「他を意識する」や「師弟の一線を引く」観点は、極めて重要です。聴くという、たったそれだけのことですが、自分以外の先生をひとりの人格として尊重し、先生という大先輩を敬う気持ちが集団を構成する子供たちの一人ひとりになければ、待てども暮らせども静まらずという結果が見えます。

現実との溝

現実との溝をどう埋めるか。そのことにふれておきたいと思います。

というのは、中堅やベテランの先生方の中には、本書で述べてきた様々な価値観とは真逆の行動様式を日常的にとっている方がいるからです。たとえば、集団を静まらせるのに、大声で罵声を浴びせるかのように威圧する。子供たちと必要以上になれなれしくなじむ姿や、お気に入りの子にはちゃん付け、いつも悪さをする子には日常的に呼び捨てをする。そこまで言わずとも、子供目線に下がるという口実の下、子供のご機嫌を取るとまでは言わないものの、かなり気を遣っていると感じられる姿や、子供たちにタメ口を許し、対等な関係つまり常体表現での会話を認めている姿など、挙げていけばきりがありません。

読者が本書の価値観に共鳴し、実践しようとしたときに実に様々な障壁にぶつかってしまうかもしれません。先生たちの中には、「廊下は休み時間でも静かに」と言えば、子供たちを抑圧しすぎであると陰で批判だけして、休み時間は自由に過ごして良いと言い放ってしまう方もいるのです。そんな学級の子供たちは、授業時間に食い込んでいてもお構いなしに、廊下を大声で、何にはばかるでもなく、しゃべりながら辺りに喧噪をまき散らします。言葉遣いも、先生には休み時間でも「です」「ます」をつけて丁寧に話しなさいと指導していても、隣の学級では、言葉遣いは臨機応変でよいと高をくくり、休み時間どころか授業中もタメ口をきかせている先生が実際にいるのです。また男の先生で、受け持つ高学年女子となれなれしく喋り、その姿を見ていた男子が自分にも許されると勘違いをして、なれなれしく話しかけたとたん激高する。信じられないかもしれません。しかし、それも実際に私が見てきた先生たちの姿なのです。

もし読者が若い先生ならば、そのような先輩の先生方に意見することは難しいでしょう。我が学級の砦を固め、野放図に育てられている他の学級から、悪影響な浸食を受けないように守るのが精一杯になってしまうかもしれません。しかし、それも持って数ヶ月、横並びの他の学級が野放し状態では、水は低きに流れますから、子供たちは自分たちだけが厳しく指導されていると不平不満を漏らすようになります。最近は、子供の話を鵜呑みにする保護者が本当に増えてしまいましたから、これに親が絡んでくると、さらにややこしくやっかいな状況に追い込まれることになってしまいます。

加えて、読者が女性の先生であるならば、地域性によっては老若を問わずさらに窮地に立たされる可能性だってあり得ます。地域性によってというのは、勇壮さを前面に押し出した昔からの祭礼が盛んな地域です。祭礼等、伝統行事の継承は、大変貴重なもので、個人的にも更なる継承を望みます。しかし、付随して昔から引き継がれてきた悪しき風習、男尊女卑の考え方も、そのまま受け継いでいる場合があるのです。そして、それが子供たちにそのまま受け継がれ、教室に持ち込まれる。女の先生は、優しいから甘く見られるのではなく、優しくなくても男女の比較としてみれば、軽くみられてしまう。そんな意識の底流が、祭礼の盛んな地域では特に、子供たちの意識の深層で存在するのです。そんな意識が変わるにこしたことはありませんが、地域性という土壌の中で一朝一夕には変わるはずもありません。特に伝統行事の盛んな地域だけでなく、そういう意識が日本人の底流に少なからずあるという事実を認識する必要があるのです。

誰がでしょう。女性教諭がでしょうか。いいえ、違います。

そういう意識が底流に流れている中で、男性よりもはるかに難しい環境で、指導をしている女性教諭がいると、男性教諭が認識すべきなのです。残念ながら、子供たちの年齢が高くなればなるほど、この意識は増幅されて表層まで押し上げられてきます。もう高学年は持たない、持てないとおっしゃるベテランの女性教諭を、私はたくさん知っています。中には、経験のまだ浅い女性の先生が本書の指導法で、本書に述べた価値観を実践しようと奮闘するも、他学級を担任する男性教諭が子供たちに媚びへりくだる姿に失望し、理解が得られないことを嘆きながら力尽きて行く姿も目の当たりにしました。

本書に述べた待ちの指導法とそれに付随する様々な価値観は、そんな立場的に弱い先生方の誰もが高学年を受け持てる指導法なのです。ただ、これら指導法をご自身だけが実践するのではなく、最低の線として学年横並びで指導法と価値観を共有すること。言い換えれば、男性の先生方が男尊女卑の男尊の部分に甘んじることなく、つまり、ある程度野放しにしても男ゆえ、一喝すれば静まるというような我が身勝手な指導をせず、理路整然として子供たちを道理に導く指導をしなければならないということです。それをしないから、そのしわ寄せが女の先生の学級に出てしまう。つまり、女の先生をつぶしているのは、他でもない隣の男の先生であると、男性教諭は自覚すべきなのです。

もし、読者が若い女性教諭で、学年二学級以上の高学年を男性教諭と共に担任することになったとすれば、本書を手渡し、この指導法に沿っていろいろな価値観を、受け持つ子供たちに伝えていきたいので、全体指導を任せてほしいと申し出るのがよいと思います。しかし、日本人の底流に脈々と流れている男尊女卑の意識は、たぶんその男性教諭にも息づいているはずです。かなり丁重に、勉強させてほしいのでと下手に出ても、読者が若ければ若いほど、生意気だという誹りは生じてしまうかもしれません。必要悪として、はなはだ邪道ですが、私だけでは力不足なので、先生の睨みを子供たちにきかせてくださいと、横に立ってもらうことだけを依頼するのもよい方法かもしれません。なぜなら、待つ指導を実践する女の先生と、無関心に振る舞う男の先生という構図は最悪の状態だからです。黙って中心指導を任せてもらい、無関心を装ってもらうことと、無関心に振る舞われることとは全く別物です。実際には、待ちの指導を実践中に、待ちきれなくなったベテランの先生がガミガミ注意をしだすことはよくあります。これは全くいけませんが、無関心でないだけまだましと言うべきもので、子供たちと一緒になってしゃべり出すという事例もあります。まさかと思われるかもしれませんが、廊下を静かに通って教室に戻るように学年全体に指導をして、戻り道の廊下で守れているか否かを点検していたら、同じ学年のベテランの先生が子供たちとしゃべりながら歩いてきた。こういう事例は、たくさんあるのですから、推して知るべしでしょう。

どうぞ、「待ちの指導法」を、自信を持って進めてください。自ら学ぼうとする意欲の見える集団にしか、真の授業規律は存在しないのですから。

待ちの指導法の授業

会議の司会進行をそつなくこなすためには、議題の結論が見えていなければなりません。作文や論文といった類も、結論が見えていて、そこに導くためにどう説明していくかという意味で同じです。授業も、ほぼ同じでその時間の授業の結論に当たる部分、つまり指導者側に目標が見えており、理解されていて初めて成り立ちます。その結論を意識するために最も重要だと思われるのが、授業の始まりの部分です。

しかし、われわれ指導者側が結論が見えているのは当然で、見えていなければかなり問題です。大切なところは、子供たちにこの結論の部分がある程度意識できているかということです。これから授業で受ける学習内容の結論は見えていなくて当たり前ですが、結論を見るための目的は分かっているべきです。少なくとも何をするかということ、たとえば体育で走の能力伸長を目指す学習をすると分かっていればよいのです。

何から始めればよいのかが分かっているならば、かなりの確率で結論の部分を意識できていると思えるからです。結論は目的と言い換えてもよいでしょう。つまり、目的を意識できているから、物事を始められるのです。

体育の場面を思い浮かべてください。

回旋リレーをさせよとするとき、授業が始まる前に先生が予め折り返し地点にカラーコーンを置き、スタートラインには水線が引かれていて、そこに誘導された子供たちは準備が整った環境で時間の無駄なく学習を始める。また、ハードル走をさせる場合ならば、授業が始まる前に予め先生がハードルをすべて用意し、スタートラインには水線が引かれていて、そこに誘導された子供たちは準備が整った環境で時間の無駄なく学習を始める。

もし、このような環境で学習をした子供たちがいたならば、運動の時間が保証されたこととの引き替えに、もっと大切なものを学習できなかったはずです。そのもっと大切なものとは、子供たちの生き生きとした意欲というか、やる気とでも言ったらよいか、子供たち自身の自治意識による主体性です。すべてお膳立てがそろって学習のみするならば、単なるお客さん。私たち教員は、準備から片付けまで含めて学習と捉え、自分たちでできることは自分たちがすることを、主体性という言葉で表現します。何も、体育の場面ばかりではありません。書写で半紙を用意したり、図工で画用紙を用意する。また、帰りの会で連絡プリントを配るなど、おおよそ先生の仕事と思われることでも、できる範囲で子供たちにさせることで、気づき良く、生き生きと主体性に富んだ子供たちを育てることができます。許される範囲で、できる限り何もしない感覚と子供たちの主体性は密接に関わり合っているはずです。

真の相互理解

自分と他人との関わりをしっかり見極める「他を意識させる」ことが基礎となって、その他人の中でも特別な関係である先生との間に礼節を重んじる「師弟の一線を引く」価値観を築くこと。それらの土台があって初めて、具体的な学習への関わりが「待ちの指導法」によって展開されるのです。少なくとも、その土台の部分は入学時から脈々と受け継がれた指導の継続性が大切であることは言うまでもありません。しかし、多くの場合、現実の学校現場では、その土台が継続性を持って指導されているとは言いがたいものがあります。わかりやすいところでは、男女を問わず「さん」付けで呼ぶ先生に違和感を感じる子供たちや、「です」「ます」すら付けることができずに友達感覚のタメ口でしかしゃべれない子供たちの姿です。やむを得ず、単年度勝負で土台を築きあげながら、待ちの指導も平行して行っていくしかありませんが、学年が上がるほど段差が大きく開きますから当然、一気にそれらの価値観を注入すれば、消化不良から反発を招きかねません。その場合に最優先させるのは、「待ちの指導法」です。とにもかくにも、指導者の話を主体的に聴けなければ何の価値観も伝わりません。

そんな現状からいえば、子供たちの指導を自立性や自発性まで引き出しながら高みへと導くには、職人技的な指導力と卓越した受容力・洞察力が必要ということになります。その上に、本書でふれた男尊女卑の風土は、思春期前後の心の状態が不安定な時期に、増幅されるかのように表出される場合があるのです。そうなった場合に不可欠なのが、同じ学年を担任する男性教諭の立ち振る舞いというわけですから、現状で高学年を持ち、子供たちを高みに導いておられる女性教諭の方には敬服します。だから、実力は十分に備わっているのに、もう高学年は持たないとおっしゃる女性教諭を多く見るのです。ただし、これらの事例は比較的規模の大きい学校に顕著なことかもしれません。単学級や複式学級規模の学校では、別の難しさはあっても、そこまで集団に対して厳密に対応しなくとも家庭的な雰囲気の中で指導を行えるということはあるでしょう。

しかし、もし「他を意識させる」「師弟の一線を引く」という土台に立脚して「待ちの指導法」を、継続性を持って行うことができれば、学校規模や老若男女を問わず、誰もが高学年を担任できる学校が築けるはずです。ただし、人の心情を理解する受容力や真実を見抜く洞察力が必要なことは言うまでもありませんが、それとて、平凡に人並みに備わっていれば十分です。完璧な人間などこの世には存在しないのです。人は強くないから、社会の中で助け合いながら共同生活を営むのです。先生が子供たちに厳しく接しつつも、根本は受容する寛容さで接する「情けは人の為ならず」を地でいく指導が、回り回って子供たちの先生に対する寛容の態度に還元されるといえます。つまり、子供たちも先生を思いやって、先生のいたらぬところを人間ならではの感覚で許せる。それは、きっと完璧を自負して指導している最中の先生には自覚することのできない領域で、さりげなく行われる子供たちの優しさなのでしょう。まさに、持ちつ持たれつの世界がそこにはあります。この持ちつ持たれつの世界観を成り立たせる手法が、本書に紹介した様々な価値観と待ちの指導法なのです。子供と大人の一線を引くことにより、互いに己の立場をわきまえた形で真に歩み寄れるのだと思うのです。そこには、年齢差も性別も関係はありません。若い先生と子供たちであっても、初老の先生と子供たちであっても、もちろん先生の性別など問わず師弟の一線は同じ境界線なのです。たまたま、我々指導者は同年齢の子供たちを一斉に指導しますが、男女は混在します。その男女を区別して、どちらかに重きをおいて指導するなど決してありません。だから、意外と呼称を男女で区別しない価値観の下、指導を行うことは重要なのです。その先生の指導も、回り回って先生と子供たちの関係に反映されるからです。

第六章

黄金の一週間

学年開きの当初一週間は、指導者の価値観を伝えるには、最も重要で最も効果的な時間です。この一年間の学級経営の成否の鍵を握ると言っても過言ではありません。当初の一週間は午前中で切り上げられる日もあり、物理的にも時数は少ない上に、配布物や回収物の確認など事務処理に追われることも多いものです。そんな多忙な一週間の事務処理等の間隙を縫うようにして、様々な価値観の導入部分を伝えるのですから、教科の授業はほとんどできないというのが本当のところです。しかし、この時期に時間を惜しんで、授業を優先してしまうと結局、その後の授業に対する集中度合や学習に向き合う姿勢が培われず、かえって効率の悪い一年間を過ごさせることになりかねません。

学年開きの当初の一週間を、「黄金の一週間」と名付け、本書でご紹介した様々な価値観に基づき行われる「待ちの指導法」を実践したある年の記録をご紹介します。

一日目

始業式は思いの外、時間がありません。配布物に追われプリントを配りながら話すことも。

それでも、大切な初めの一日目。最初に語る指導者の言葉は、その先生がいちばん重きをおいている事柄であるはずです。

私の場合、友達にあなたの優しさを出すこと。決して、人の持つ意地悪な部分は出してはいけない。もし出せば、それには厳しく対応するし、許さないと言ったのが第一声です。これを第一声に選んだのには、前年度友達同士のもめごとが絶えなかった児童が在籍しているためです。そうでなければ、次のえこひいきをしないが第一声になったはずです。

そして、えこひいきは絶対にしないこと。誰一人として、分け隔てなく公平に扱うことを宣言。名簿を読み上げながら、名前を確認し、基本的にすべて男女も問わず、名字に「さん」をつけて呼ぶが、同姓の場合だけ名前にさん付けで呼ぶことを周知しました。ここはかなり重要で、先生の気分で親しい子には名前で呼び、そうでなければ名字で呼ぶことをすれば、直接訴え出ることは決してないけれども、子供たちの内面に不信感をつのらせる下地を作ってしまうでしょう。初めて男女を問わずさん付けを導入するならば、ここでかなりの説明を要するでしょうが、すでに当たり前の感覚で受け止めている子供たちですから省略です。

次に事務的ですが、机いすの希望を取りました。初めは名前順に座らせています。一応、高さについてはそろえられているのですが、たまたま座ったその机いすから立たせ、先生とのじゃんけんで勝った子から自分の好みの机いすを選んでいくのです。このときも選ぶ順番は先生とのじゃんけんで公平さを醸し出します。残念なことなのですが、経年劣化だけでなく使い方のまずさから少々痛み具合に差が出ているのです。続けてロッカーの配置です。縦三列、横に十数列並んだロッカーを名前の順に入れるのですが、縦に一番二番三番と入れていくのか、横に同じく順番に入れていくのか、先生が適当に決めるのではなく、子供たちの希望を取り入れて決めるのです。どちらでも良いことではないかという声が聞こえてきそうですが、教室内のことはできうる限り、各個人が主体的に関って自治するのだというメッセージを伝えると共に、もう一つ、ある重要な目的があります。縦か横かという自分の希望を宣言し、先ほどの机いすと同様に先生とのじゃんけんでいちばん勝ち残った子の希望をかなえるのです。つまり、多数決がいつも公平だとは限らないことを印象づける目的です。そして、たとえ話をしました。この教室内に、一人だけ休み時間にみんなでなわとびをして遊びたいという希望を持っている子がいたとしよう。残り全員はドッジボールをしたいと言っている。もし、多数決で決めれば、その子が何回なわとびを希望してもかなうことはない。でも、例えばじゃんけんという方法をとれば、勝ちさえすれば希望がかなう可能性はあるのだと。多数決は民主的ではあるが、公平だとは限らない。たった一人の意見でも、大切に思う気持ちこそ大切なのではないかと。

また、去年受け持っていた子が、教室前廊下に配送されているドリル類を気を利かして教室内に運び入れていたのを受けて、それをほめ、気づきを大切にしてできることはなんでもできるだけ、自分たち自身がすることを推奨。なぜなら、教室内で行われるすべての活動は自分たちの勉強や学習に関することだから、自分たちですることを心がけて当然なのだと説明。

そして、プリントを配りながら「さびしいなぁ」と聞こえよがしにつぶやいてみました。配っても受け取る最前列の子供たちが、無言なのです。そこで、たとえ話として、「先生はバスから降りるとき運賃を払いながら「ありがとうございます」と言って降りるよ。あなたたちはそうしないの」と問いかけたのです。良くできた子供たちでバスから降りるときは多数の子が同じく礼を言っているとのこと。それならば、先生からプリントをもらったら礼を言うべきじゃないかと諭したのです。そして、暫く様子を見て、それぞれの列の先頭から二番目、三番目と渡していくとき後ろの子から礼を言ってもらったかを尋ねたのですが、それはほとんどなかったようです。人と人の関係なのだから、先生にだけではなくて友達に対しても渡してもらったお礼は言うべきではないか。今までの経験で、乱雑にプリントを渡されたことがあるのではないか。無言で渡し、無言で受け取る。その人間離れした関係こそがおかしい。それが乱雑な行為を生む温床になっているはずだ。先生、友達を問わず、一人ひとりの人間同士として、「ありがとう」というお礼の言葉が行き交う教室は素敵だと思わないかと。

二日目

二日目は、午前中の授業ですが、教科の学習は全くしません。学級の決めごとや人と人の接し方などしなければならない話は山ほどあります。四時間もあると、子供たちの癖が見え始めます。貧乏揺すりや欠伸、姿勢崩しなど目についたら間髪を入れず、先生が教壇で同じことをしてみせるのです。例えば、貧乏揺すりをして欠伸を連発しながら授業をしたら、そしてそれをあなたたちが帰って家の人に話したら、家の人はどう言うだろう。良い先生だねと言うだろうか。つまり、先生がしておかしいことは、あなたたちがしてもおかしい。子供だからといって許されることは、実はこの世の中に何もないのだよ、と。

「目・耳・鼻・足・口・手」の話。前年度にも同じ話はしましたが、けんか沙汰やもめごとがあったときには、必ず戻ってこられる原点として毎年する話です。内容をかいつまんで紹介します。目は桜を見てきれいだと感激するためだけに使うのではなく、意地悪をされていたり困っている友達がいないか見つけるためについている。耳は、誰かが誰かの悪口を言っていないか聞くためにあるし、鼻はその嗅覚で意地悪をされている雰囲気が教室にないか、かぎ分けるために付いている。足はそれら意地悪を受けている子の近くへ歩み寄るためにあるのだし、口はその子に大丈夫と優しく声をかけるためにある。そして、手はそんないじめられている子に一緒に先生の所へ相談しに行こうとさしのべるためにあるのだ。決して、人をたたいたりこづいたりするためについているのではない、あなたの親は決して人の悪口を言えと願ってあなたに口を付けて産んだのではない、と。もし、使い方をまちがえてしまったら、いつでもこの話に戻ってきなさいという内容です。

そして、言葉遣いの話。先生があなた方に尊敬語を使って話しているのだから、あなたたちも本来は尊敬語や謙譲語で話すべきだが、国語で学習したとはいえ大人でも難しい敬語のことなので、丁寧語で話せばよい。丁寧語にはその言葉自体に相手を思いやる優しさが含まれているのだと。ちなみに、我々が使っている尊敬語とは、「〜しなさい」という尊敬語「なさる」の命令形を指すのだと。

さて、給食の配膳やお代わりのさせ方も徹底的に公平感にこだわります。食い物の恨みは恐ろしいと言いますし、教室が荒れると給食時に間違いなく搾取、略奪がおこるようになりますから、もしかすると一番丁寧に説明すべき事柄であるのかもしれません。

まず、配膳時の量の多い少ないを微調整するためと、欠席等で余り物が出たときの配分方法についてです。給食当番の班から順番に追加をします。一人一品、追加ですから食べていなくても追加できますし、追加はしなくてもかまいません。ゼリーやヨーグルトといったデザートの余り物がある場合は、給食当番の班の中でも順番を日替わりに決め、たまたまその日に自分が一番に追加をできる日ならば、受け取る権利があります。そうして全員を一周するように追加の権利が回った後、まだ残っているものはもう一品、お代わりできるというシステムです。

私の経験からは、子供たちにお代わりについて今までの方法を尋ねると、早く食べた子からという答えが最も多いのです。はやく食べることができるものだけがお代わりできる早い者勝ちの方法では、体にも悪いでしょうし、いつも決まった子供たちだけが好きなだけおかわりや追加をできることになっているはずです。さらに、マナーとして食器を全員分返却するときに、未使用の一枚を残しておき、一番上に重ね置くこと、牛乳瓶は端からきちんとそろえて並べることを伝えました。大したことのない、どちらでも良いことかもしれません。しかし、細かいところにこだわることができるならば、それ以上大きな困りごともおこらないはずです。些細なことだからこそ、こだわることによって誰もが安心して生活できる空間が保証されるのだと思います。

三日目

「目的・暴力・体」の話。目的をしっかり意識して、その目的にかなった行動をとりなさい。例えば、集会活動に参加するために廊下へ並ぶならば、廊下で並ぶときに騒がしくしてしまうのは目的を意識できていないためだということ。

暴力は、必ず勝つ見込みのあるときのみ使われる最も卑怯な行為であること。負けると分かったケンカは売らない。言葉の暴力も同じ。悪口を言ったら、輪をかけて言い返されると予想できる相手には暴言を吐かないと。

体のことは言わない。背が高い低い、太っているやせている。肌の色が白い黒いなどなど、言われてもどうすることもできないことは口に出してはいけない。たとえ、いいことだからうらやましい気持ちで「背が高いね」と言う場合も、もしかしたら背の高さにコンプレックスをもっているかもしれないのだから。

二日目に音読の宿題を出していました。まどみちおさんの「せんねんまんねん」という詩です。忘れ物の点検をして、読みを忘れてきたと正直に申し出た子は一名。そこで、教科書は一切開けないよう指示を出し、メモだけを使用して一度でも読めばたぶん答えられる質問を三問出すから、メモに答えを書きなさいと言ったのです。ただし、三問とも答えられなかったり間違えていたら、それなりの追及は受けることは覚悟しておくようにと釘を刺して、今一度問うたのです。読みを忘れてきたと申告するものはいないかと。そこであぶり出されたのは数名。読んでいないのに読んだことにして、ごまかそうとしたのです、たぶん、今まではそれでごまかしおおせてきたのでしょう。

（一）この詩には数種類の動物が出てくるが、そのうち一種類を書きなさい。
（二）植物も出てくるが、その植物の名を書きなさい。
（三）その他、覚えている言葉があれば何でもよいからひとつ書きなさい。

おおよそ、一度読めば記憶に残っていそうな極めて簡単な問題です。それでも、二問目まで答えられず、三問目にやっと答えられた子もいます。つまり、読み方が悪く、もしかすればテレビを見ながらさっと目を通しただけなのかもしれません。たった、これだけの点検でその後の子供たちの本読みに対する真剣味がそうとう違ってくることは請け合いです。

計算は単なる作業にすぎない。それが証拠に、もしも計算という作業を間違えたまま繰り返してしまい、丸付けという点検もせずに明くる日学校で提出し、先生に丸を付けてもらったならば、あなたは何を学習したといえるだろうか。実は何も学習できていない。本当の学習といえるのは、答えが正しいか否かを点検する部分。つまり、丸付けをする部分が学習であること。だから、推奨するのは計算であるならば、一問ずつ解いては点検することを繰り返す方法がいちばん身に付く学習方法であると。

あいさつの仕方は、語先後礼。言葉を発して意味を伝え、お辞儀をして態度を見せる。これが本式のあいさつの仕方、覚えていて損はないよと。

また細かなことなのですが、細かいことにこだわるから大きなことが起こらないという典型のような話。給食時の牛乳瓶の返し方が案の定、十人ほど返したところで乱れてきました。端から並べず、隙間を大きく取って置かれ始めました。すかさず、その十人を呼んで、他の子供たちにも注目させて、自分だけのことを考えず後から入れる子のことを考えて返すように指導。

先生に提出するプリントの出し方。自分の方に見やすく先生からは反対の向きに見えてしまう出し方を見て、先生を大切にしなさい、と。先生は一般の社会人として、その中であなた方と距離的にも時間的にも最も身近な立場。つまり社会人の代表と言ってよい存在である。その先生を大切に思い、その先生に優しくできないのであれば、社会に暮らす様々な立場の方々に優しく接し、大切にすることなどできないはずだと指導。

四日目

◆音読、黙読

前日に音読の宿題を出し読んでない子をあぶり出して、どうせごまかそうとしても先生をごまかすことはできないのだからと正直に行こうということを伝えました。そして今日、数人指名して読ませた中にいかにもたどたどしく読む子がいました。読み下す能力はありそうな子ですが、宿題をしていないかもしれません。昨日の今日ですから、読んでいないことは考えにくいが、読んでなくても今日は読んだと言い張るでしょう。そうなれば、それを否定するだけの証拠は持ち合わせません。しかし、指導者としてはその読みを黙って認めると今後の対応が難しくなります。その子の読みの微妙な様子をここで表現することはできないのですが、直感的に音読という指示であるのに、黙読で済ませ声に出していないが故の読み詰まりであることを指摘しました。今回の場合は、素直にその通りであることを認めたので、声に出すことの意義を諭し、正直に伝えたことをほめて終わらせました。もし、声に出して読んできたと言い張られた場合、それを認めるのではなく、いくらそう言い張っても読みはそう伝えていないこと。読みもまた、相手への伝わり方が重要で、伝わらないたどたどしさを残していては、音読したことは認めるが、その方法に大いに疑問を感じると指導します。この黄金の一週間のうちに、指導者の洞察眼の鋭さを、間違うことなく示すことは大変重要だと思います。

◆学年またぎの泣訴

この日は昼休みに運動場で、クラス全員でドッジボールをして遊ぶのですが、先にコートの場所を取っていたのに、後からきた六年生に追い出されたという訴えがあると、その四年生の担任から申し出がありました。すぐさまドッジボールを中止させ、教室に呼び戻して事情を聞くと、どう聞いても六年生が先に押さえていたとしか思えません。そこで、四年生と話し合いをしてみるとある男子が一人でコートを取り、番をして押さえていたとのこと。どこの場所で番をしていたのかを尋ねても要を得ません。コートを用意しに行った六年生の男子も、誰もいなかったと言います。事実と食い違うので、「六年生がコートの線をかき始めたときに、番をしていたあなたはそのことに気づいたはずだよね」と問うても気づかなかったと言うのです。実際は、たぶん四年生のその男子が場所を押さえておくと言ったものの、一名だけですが六年生の男子が来てコートをかき始めたので、気後れして何も言えずはじっこに背を向けてたたずんでいたのか、何か別のことに興味を取られてその場を離れてしまったかでしょう。その後、その他大勢の四年生が来て、たぶんその男子も自分の立場を守るために取っていたと言ってしまい、その他大勢が追い出されたと表現してしまったのでしょう。ちなみに、今回は四年生がこれでは取っていたとはいえないと納得しました。

簡単に高学年だから譲りなさいという指導もよく目にしますが、どれだけ忙しい学年初めでも、徹底的な事実調査に基づく公平な裁きは原則だと思います。

◆俺ではなく僕

実は、二日目から指導していたことなのですが、男子の自称詞を「俺」ではなく「僕」にしなさいと。授業中であれ休み時間であれ、どんな内容であっても先生に対して自分を表現する言葉に「俺」は適切とはいえません。さらに、今回の場合のように話し合いの席や、特に喧嘩沙汰の事情を聞くときに、普段から「俺」を認めていると必要以上に語気が荒くなり事情を聞いているのか、喧嘩の続きをしているのかわからない状態になることもあります。

今回の場合も、六年生について「僕は~です」ととても理性的に振る舞うことができ、感情論に陥らずに事実を確認することができたのです。言葉遣いについて丁寧語を推奨するならば、自称詞も謙称を推奨すべきです。

◆返事は聞こえる声で「はい」

実は、こんな所から指導しなければならない実体があるのです。さすがに、挙手していて指名したときは「はい」と返事できるのですが、そうでないときは授業中ですら「うん」と答えることが多いのです。「はい」と返事ができた場合でも蚊の鳴くような声の子もいて、返事したかと問えば「しました」と答える。返事は、聞こえて初めて意味があるから、自己満足的な

「しました」には意味がないことを諭すのです。

五日目

◆手は何のために挙げるのか

おおよそこの質問を子供たちにすると発表するためと答えます。そう考える子供たちは、四十人学級でいえば、一回発表すれば三十九回待たねばならないことを理解しません。手は、先生に理解の有無を伝えるために挙げることを指導しました。

そうであるならば、手の挙げ方は自ずと決まってきます。先生に何某の意志を伝えるためという目的がはっきりしたのですから、手は肘をピンと伸ばして挙げていることが伝わりやすく挙げねばならないのです。挙手は挙げていることが相手に伝わって初めて意味を持つのです。会話はもちろん、返事の声も、発言の声も、文字もすべて人と人が意思疎通を図る目的を持つものは、すべて相手に伝わって意味があるのです。

◆返事ははっきり大きく、発言は聞こえる声で

蚊の鳴くような声で返事をしただけにもかかわらず、先生の返事をしたのかという叱責に大手を振って「しました」、もしくは多くの場合は常体表現で「した」というか、もっと攻撃的に「したわ」と言うかもしれません。そうかとばかりに許してしまう光景をいやと言うほど見てきましたし、ひどい場合は先生が謝罪する場面も結構ありました。そうではなくて、聞こえぬ返事

をする方に責任があるのです。

さらに、言葉は相手に聞こえて初めて意味があるのです。しかし、小さな声でしか話せない子に、大きな声で話せと指導しても大きく話せるようにならないものです。今日は、小さくしか声をだせないのであるならば、この教室にいる耳の不自由な子が、聞こえなくてもかまわない。そんな子は、放っておけばよい。そう宣言しているのと同じことだと諭しました。あなたが大きな声を出せるようになるといいねではなく、耳の不自由な子に対する責任感を全面に出し指導するのです。ただし、耳の不自由な子はいてもいなくてもよいのです。もちろん、実際にいればそう指導することで、その子にも聞こえる環境が保証されるのですから言うことはありません。いなくても、あなたの発言の声が大きくなるきっかけになるのだから、言うことはないのです。あなたのことを思っているというメッセージの出し方は、時として相手の心に響かないものなのです。それは、本人に探求心や切実感のない場合、ガンバリズムの理想論を言われても放っておいてくれという感情を引き出してしまうからです。あなたの探求心があろうがなかろうが、自分のためではなく周囲の人との関係の中には責任というものが生じてしまっている事実に目を向けさせて、初めてその本人の能力を伸ばすことができるようになるのです。

◆間違い探し

算数の授業をしました。教科書の問題を先生が読みあげます。なんと過保護なと思わないでください。ある目的があるのです。それは、先生の読みの中にわざと間違いの部分を含ませておくのです。そして、その問題を解く前に間違いそのものを尋ねて気づかせるのです。

これは、先生の読みや話にいつも注意力を注ぐ訓練です。集中力を高め、持続させる。うかうか授業を聞いていたら、いつ間違い探しの質問が飛び出すかわからないのですから、自ずと緊張感をもって授業を受けてしまうことになります。先生の話や指示を聞いているように見えるだけで、頭には入っていず個別の質問が繰り返されることはよくあることです。授業は、耳からはいる情報と目からはいる情報を一致させられる資質があって初めて学習が深まるといえます。

◆答えるのはあなたの権利

ある子を指名して、答えを発表させたところ間違えてしまいました。そんなとき、別の子を指名するときに、自分もその間違えた子と同じように、答えがわからないから当てないでほしいという希望のある子は挙手しなさいと指示を出します。それは、間違えてしまった子が、恥ずかしい思いをしないように、あなたと同じように分からなかった子の存在を知らしめて、気にする必要はないことを安心感と共に伝えるためです。

ところが、今回は黙って何も言わない、もしくは言えないのです。どちらであるのか、黙秘する姿からは読み取るすべもありません。挙手なしの指名時によくあることで、先ほどの挙手の意味ではありませんが、挙手の意味を教えていても挙手なしで当てられると、理解度が足りず発言や発表できないということはよくあります。そんなとき、時間的な制約から黙ったままその子を座らせて、次の発言者を指名することがあります。しかし、これは絶対の禁じ手です。今回は、その黙ったままでいることが、先生を無視する結果になってしまっている事実と、指名されたあなたには答える権利があるということ。答えられないから、その様子を見て先生がパスさせるかのように、次の子を当てたら反対に自分が無視されたように思うだろうと諭したのです。今回は、その子の理解と努力で、しかも真摯さでたどたどしくですが、分かっていなかったが分かった振りをしてしまったことを打ち明けることができました。答えるのはその子の権利だとはいえ、返って辛い思いをさせているかもしれません。そこまで厳格にしなくてもと言う声もあるかもしれません。しかし、黙って済ませる手法を身につけてしまうと、結局分かっていなくても学習は次へ進んでいってしまうことになります。現場の視点で、すべての子供たちにすべての学習内容を理解させることが不可能なことは百も承知ですが、学びの姿勢をすべての子供たちに理解させることが不可能であってはいけないと思います。

六日目

◆注意は無視しない

そろそろ学級の雰囲気にも慣れてきて、完全様子見の猫っかぶりから少々地を出し始める頃かもしれません。そんな様子に気づいた子から、全体に向けて注意の言葉が呼びかけられたのです。ところが周囲は気にとめる様子もありません。秒数にしてわずか二、三秒ですが、その様子を観察した後、間髪を入れず友達から発せられる注意ごとは絶対に無視してはならないと諭しました。

最初の注意が発せられたこのタイミングで、注意はきかねばならぬものという大原則を周知徹底させないと、だらだらと注意の言葉が空しく繰り返されるだけの雰囲気が教室にでき上がってしまいます。注意というのは、しないにこしたことはないのですが、やむを得ずするならば一回きりで聞き届けられる環境を作りあげないと、注意は注意でなくなってしまうのです。

◆さっき言ってたやんか

指導者がある事柄について説明したにもかかわらず、聞き漏らしたのか説明済みの内容について質問がある子から出されました。すかさず、そばにいた子がちょっと厳しい口調ですでに説明済みの事柄だとばかりに叱責します。たしかに、その子はよく聴いて覚えているのですから立派です。説明済みの事柄に対しての質問は、出ないにこしたことはありません。しかし、誰しも完璧に聞き取ることなど不可能なのですから、三度四度と繰り返されては困りますが、一度くらいは大目にみて受け入れる方が、分からぬことは質問できるという教室の雰囲気を醸し出すためには有効です。たしなめた子にはその集中力と理解力をほめ称え、質問した子には人間だから聞き漏らすことはあると諭して質問したことをほめ、全員に向けてはできる限り集中して先生の話を聴いていて、なおかつ分からぬことは質問してもよいことを伝えたのです。

◆いただきます

給食の前に手を合わせて「いただきます」と口をそろえて唱えます。しかし、何をいただきますと言っているのか多くの子供たちは理解していません。人は、決して自然死した動物を食べません。人間自らの手で、食料となる動物を殺し、命を奪っていただくのです。つまり、私が生きるために「あなたの命をいただきます」と言っているわけで、それを知ったらわがままだけで好き嫌いをできなくなるはずです。

七日目

さて、黄金の一週間も学校の課業日という意味では、実質的に五日目で終わっていますが、今日は七日目で計算上の最終日となりました。自分だけのことを考えないこと。周囲の友達に対してあなたの優しさを前面に出すこと。言葉遣いを丁寧にすること、礼儀正しくすること、感謝の気持ちを表すこと、これらは担任の先生に対してもです。暴力は絶対に駄目であるだとか、体のことはほめ言葉だと思っても言わない方がよいこと等々、挙げていけばまだまだありますが、人と接する基本的な態度について大まかにざっと一通り網羅させました。ただし、一度聞いて全部を覚えられるはずもないので、子供たちも消化不良をおこしているはずです。大切なことは繰り返して言うことを宣言してあります。

◆お茶の話

子供たちには授業中にお茶を飲むことは禁じていますが、先生は飲むということを理解させたのです。それは、休み時間も休んでいない先生の立場をわからせ、あなた方は座って勉強していることが普通だが、先生はほとんど立ち、しゃべって授業をしているのだから、体への負担はあなた方の比ではなく、のども渇いて当然ということを理解させるのです。立場の違いを理解させることは、無用な背伸びした考え方に気づかせ、それを自制させるねらいがあります。

◆先生の机はいつも空けている

先生の周囲に話をしに来て遊ぶよりも、友達同士で仲良くしなさい。あなた方が仲良くする相手は先生ではなく、友達なんだと。こうして、先生はいつも一人で教室の机の前に座っているから、何か困りごとがあったら遠慮なしに相談してきていいのだということ。先生は、あなた方と友達のように仲良くはしない。だから、反対に絶対にあなたのことを好きになったり嫌いになったりする存在ではないから、安心して相談できるということを説明したのです。先生の周囲に、多くの子供たちが集まったり、ぶら下がるようにまとわりついたりしている光景はよく見ますが、その陰で、そうしたくてもできない子供がうらやましげにひとりポツンと見ている姿があります。また、先生の机の周りが子供たちで埋め尽くされると、教室を俯瞰することができず、ひとりぼっちで寂しげにする子の姿に気づきにくくなってしまいます。ほんとうは、そんな子供たちこそを注視し、そんな子供たちとこそ仲良くとは言わずとも、声をかけるなどして心配ないよと安心させてやらねばならないのです。子供たちと仲良く振る舞うのは、もしかしたら先生自身がうれしさを感じ安心感を得るためでしょうか。社交的な闊達に振る舞える子と先生自身が仲良くする必要は全くないと思います。

◆連続全員出席記録

黒板の隅には、７‐７という数字が書かれています。この数字は横書きで、左の７は連続出席記録を表し、ハイフンを挟んで右側は現在の連続登校日数を毎日更新しながら書いていくものです。つまり、まだ四月八日から誰も休んでいないので、７‐７になるわけで、明日もみんな元気で登校できれば８‐８ですが、明日誰か一人でも休めば７‐０になります。そしてその明くる日から、また一日全員そろって登校できたら、文字通り一から７‐１というふうに積み上げていくのです。たかが数字かもしれませんが、誰一人として欠ければ記録は更新できませんから、一人ひとり全員がそれぞれ、存在価値を持っていて、大切にされるべき一人なのだという教室での居場所を保証する数字なのです。そういう数字であることを理解させ、七日間で伝えた価値観を大切にさせるのです。もしも誰かが、友達に意地悪をしたり、仲間はずれにしたり、もっといえばいじめたならば、その子は登校を渋ってしまうようなことがおこるかもしれません。しかし、みんなで心も体も元気にそろって登校しよう。そして、左側の記録の数字の記録を作ろう。そのためには、あなたが必要だし、友達に対する心配りも必要だとなるわけです。数字だけ書いても駄目ですが、この考え方が浸透すれば、心配される非行はおこりにくくなるといえるでしょう。

いくら呼びかけても駄目な場合もありますが、前年度に出席すべき日数の半分近く休んでいた子が、ほとんど皆勤に近く出席できたこともあります。記録に対する思いは、友達に対する思いと重なり、非常に団結力のある学級に育ちました。実はその団結力は、記録が順調に伸びているときではなく、誰かが休んだ後に強くなるのです。多くの場合、休んだ子は申し訳なさから涙を見せます。それを周りが認め、許し、また一から一緒に頑張ればいいとはげまします。涙は、周りに責められ悲しく見せたのではなく、周りに受け入れられた友情に見せたのです。もちろん、指導者側のフォローは必須です。たとえ、旅行に行くという理由で休んでしまっても、子供にはどうすることもできない力が働いていることを理解させ、我が身に置き換えたとき、休まないという選択ができたのかと学級の子供たちに冷静な判断を促す。短い日数で、誰かが休んでしまったときでも、短い日数で記録が止まってくれてありがたい。これなら次、記録を抜きやすいと考え直すというような幅の広い見方の重要さを説くのです。こんな子供だましで、俗にいういじめや非行がおこりにくくなるというのは脳天気でしょうか。現実は、もっと厳しく子供たちの戦いのような殺伐とした関係が繰り広げられているのでしょうか。もちろんこんな数字だけでは何ともなりませんが、この数字を大切にできる子供やその集団に導いていくのが先生の指導者たる腕の見せ所だと思います。さて、私の今までの最高記録は四八日間ですが、今回はどうなりますか。

その後Ⅰ

その後、無欠席記録は11で止まりました。四月当初から通算して、体調不良によるのべ四人の欠席があり、現在は11・8になっています。

さて、その初めの記録を止めた女子は、休んだ当日、朝から少々微熱がありました。本人は、体調を考えても大丈夫と思うし、記録のこともあるので学校に行きたいと母親に懇願したそうです。しかし、母親は途中で具合が悪くなり学校から迎えに来るように電話で呼び出されるのが仕事の都合上どうしても困るし、また記録の話も詳しくは知らなかったので大事を取るということで休ませてしまったとのこと。結局、本人曰く、その日は朝だけ微熱があったもののすぐに下がり、一日中一人で家で過ごしていたとのこと。母親の話は家庭訪問をして聞き取ったのですが、子供の力ではどうしようもない大人社会の都合が見え隠れします。

二回目に記録を止めた女子は、三八度近く熱があって致し方ないところですが、それも午後には平熱に下がったそうで、明くる日はまったく普段通り。午後からでも来ようと思えば来られたかの質問に対して、無理だったと思うとのこと。無理をさせる必要もないし、させるつもりもないのですが、今後のため午後から登校しても欠席にはならないことを伝えて、軽い体調不良はある程度気力でカバーできること、親にとって見れば自分の体ではないし、大切に思う気持ちが大事を取らせるものなのだということを諭しておいたのです。この諭しを一度は入れておかないと、軽い体調不良でいとも簡単に欠席し、明くる日は体育もして、休み時間には元気いっぱい運動場を駆け回る子供たちが続出するのです。もちろん、これら休んだ子供たちには気遣い無用を伝え、周りの子供たちには休んだ子供たちを責めるなどは全く考え違いであることを分かりやすく伝えてあります。

子供は学校に来ることが幸せです。病気のときは仕方のないことですが、大事を取る欠席は、一日中友達と遊ぶこともなくぼんやりと家で過ごさせてしまい、子供にとって不幸なのです。そのために気力の面を支援し、学校へ行くという意志を強くさせる。ある意味、少しずつ親離れをさせていく支援ですが、これこそが子供たち自身の自立への第一歩であると考えます。加えて雑感ですが、連絡帳など文章での欠席届は事務手続きの簡素化から必要な場合もありますが、子供たちの欠席を増やす遠因になってしまっている場合もあります。特に、休みがちな子の家庭からの欠席届は、文章では一方的な通告になりがちなので直接話を聞き取ることができる手段による方がよい気がします。とはいうものの、欠席がちな子の家庭からの欠席連絡に、二つ返事で「はい、わかりました」と受け答えする。もしくは、そう受け答えせざるを得ないのであれば、文章による連絡の方が事務手続きの簡素化になることも事実ですが。

その後Ⅱ

脳科学者の茂木健一郎氏が書かれた「感情」という文章が六年国語の教科書に載っています。悲しみや怒りなど一見ない方がよいと思われる負の感情が人にとって必要なものであるという見方が紹介された文章です。その教材から発展させて道徳として、今までにそういった負の感情を感じたことがあるかを思い出させました。当然、全員があるわけですし、その感じ方や場面ももちろん様々で十人十色です。そこで、場面は違っても全員が感じたことのある悲しみや怒りといった負の感情を感じてしまったのはなぜか、その理由について追求してみました。

その中で、自分はクラスメイト全員から好かれたいと思っているかと、問いかけてみますと全員一様に首を横に振ります。しかし、遙か昔の物心ついた頃にさかのぼり、振り返ってみればどうだろう。みんなから好かれたいと思ってはいなかっただろうか。と、重ねて問いかけますがこの振り返りは難題で、それでも首は横に振られます。そこで、覚えているはずはないが、赤ちゃんのときから二、三歳までならばきっと全員に好かれたいと思っていただろうという想像をしました。つまり、人は生まれつき持つ本能や本音の部分では全員から好かれたいと考えているが、人生という経験を積み重ねる中で、他人との摩擦をおこし、感情がぶつかり合ってしまう。主義主張があわなくなってしまった人から好かれるのは難しい。結果、嫌われてしまう。人にとって嫌われるということは、受け入れがたいことだから、嫌われたら嫌われた相手を必ず嫌う。だから、好かれなくてもよいと考えたり、攻撃は最大の防御であるから嫌われる前に嫌うという行動を取るようになる。いや、もっといえば嫌われているのではないかと気配を感じただけで、警戒心を先回りさせて相手に疑いの目を向けてしまう。どちらかといえば、その感覚は女子に鋭く研ぎ澄まされているが、男女を問わずそういう経験を積んできたから、みんなに好かれたいとは考えないようになった。いや、考えられないようになってしまった。ある意味、みんなから好かれたいと思わないのは、自己防衛の手段だ。

落ち着いたのは、全員に好かれるのは無理でも、少なくとも誰からも嫌われたくはないという本音の存在を共通認識するところでした。

この授業の中で、一番気づかせたかった事柄は「人は認めてもらえないことがいちばん辛い」という真実です。だから、あいさつは自分から進んでするようにした方がよいし、少なくともあいさつを受けたら笑顔でひときわ大きく返す。間違っても、受けたあいさつをそのまま聞き流してはいけないことは、その相手の存在を認めないという態度を表してしまうから。

席の順番に前から回されるプリントを受け取る際に「ありがとう」と言わないのは、前の席の子が回してくれた行為を当然視し、その労を認めないから。だから、そんな教室ではプリントを回すときに後ろも見ずに乱雑に回してしまう環境が築き上げられてしまう。

先生が一生懸命話をしているのに、退屈そうに欠伸をしたり、集中を切らして手遊びを始めるのは、先生の存在を認めず無視していることに他ならない。ましてや、私語をするならば無視を通り越して大変挑発的で攻撃的な態度を取っていることになる。

時々、友達のよくない行動にきつい言葉で注意をする姿を見かけるが、注意を素直に聞き入れられるほど人は強くはない。それどころか、自分の言動を否定されることは、その立場にある自分を認めてもらえないことなので、注意は人にとって受け入れがたいことになる。だから注意をするならば、相手が傷つかないように優しく、包み込むように、やわらかい言葉で、しかも控えめな音量でしなければならないこと。

これらの事柄は、ほんの一例ですが普段から担任の私に対しての子供たちが取るべき行動として、その実践を求めているものなのです。先生の姿を見れば必ずあいさつをすること、プリントを配ってもらうときのお礼はもちろん、ノートの点検を受ける際には必ず「お願いします」「ありがとうございます」と言う。欠伸、貧乏揺すり、あご肘はもちろん、私語など論外であること。そして、注意の仕方については、まさに担任の私が子供たちの立場に配意して行っている方法なのです。四月から三ヶ月ほど月日が過ぎましたが、一度も声を荒げて怒っていません。というより、叱ってもいない、諭すだけです。注意をするときも、聞こえよがしに大声を出すのではなく、個人的に呼び小声で諭し、この小声こそがあなたの自尊心への配慮であることをさりげなく伝えるのです。

つまり、これらの言動は、私が子供たちにしていることをそのまま子供たち同士で再現させるよう求めているのです。担任に対して、担任の存在を大切に、担任に対して思いやりを持って接するように子供たちに求めるのは、担任の姿を練習台として提供し、人に対する思いやりの表現ができるように指導をするためです。そして、担任で練習した優しさを、子供たち同士の言動に還元させるのが目的です。広い視野で捉えれば、それはいずれ地域の方や社会という場で再現されるでしょう。そのことは同時に、将来子供たちが社会に出たときの人との接し方として生かされていくはずです。

結局は、すべて自分自身に還元されるので、子供たちのために子供たちのことを思っての指導なのです。ただ、子供たちも人ですから人は弱いものです。あなたのためにとか、あなたの将来のためにといった表現方法でこれらの真実を伝えようとすると、子供たち自身の中にどこかしら必ず甘えが出てきてしまうのです。今はどちらでもよい、ほっといてくれと。だから、あなたのためではない。あなたの身勝手が、周りの人に迷惑をかけたり、失礼さを感じさせてしまったりするという、人と人との関係の中で指導をしなければならないということ。もっとわかりやすくいえば、子供同士の感覚を社会に持ち込まないこと、子供たちが持っている対等意識は社会の中では思い上がりであることに気づかせること。

それらを気づかせることのできる関係の一番身近な存在が担任という先生であること。もしかしたら、これが今、教育現場に最も欠けている価値観かもしれません。

四方山話

担任に対する思いやりや敬う気持ちを育てることなく指導を受けている子供たちは、担任や学校の先生に留まらず、間違いなく大人に対して対等意識を持つようになります。その意識は幼さ故、増長して大人に対する挑発的な態度を取るようになることがあります。ケンカ腰なその態度がいかに恥ずべきことか、教えられることのない不幸を憂うばかりです。数年前に私が経験した事例をもとに検証してみたいと思います。

その日は、さわやかな風が心地よい初秋の一日であったと記憶します。遠足からの帰りに電車を利用したときのことです。シーズンということで、他校の児童たちと列車に同乗することになり、双方の団体の一部が同じ車両に乗り合わせました。残念ながら、この状態になった地点で何かトラブルを心配させてしまうのが、都市部の学校教育の現状です。

　案の定、私が担任していた男子児童が、他校の児童から風貌について揶揄されたとの訴えがありました。その子は、少々色黒で目鼻立ちのはっきりした彫りの深い顔立ちです。訴えを要約すると、一方的にインド人みたいとからかわれたというものでした。日頃から、体のことは言ってはいけないことだと指導を受けている子供たちには、そのからかいの行為はなおさら許されないものだったのでしょう。控えめに相手校の先生に事情を説明し、事情を聞き取らせてもらう許可を得て同席の上、そのからかったとされる児童に話を聞いたのです。そして、インド人ではないこと。また、その物言いはインドの方に失礼であること。からかう行為はよくないことを、決して高圧的にならぬよう慎重の上にも慎重に配意しながらその児童の担任の先生とともに伝えたのです。時間的な制約のある中での指導にはかなりの困難がありました。形だけかもしれませんが、なんとかお互いに和解をさせるところまでこぎつけたのです。やれやれと胸をなで下ろし、もうこれ以上接触しないでくれと本音で思っていたのです。車内は寿司詰めではないものの混雑で、気分を悪くする児童がおり、外気を入れようと窓を少し開けてやったのです。そうこうするうちに下車駅に着き降りようとしたときのことです。その光景の一部始終を見ていた他校児童のその他大勢の中に、いかにもふてぶてしく足を投げ出すように腰をずらして座る男子小集団がありました。そのうちの一人がいかにも挑発的でにやつきながら「開けたら閉めて行かなあかんと違うんか」と、聞こえよがしに叱責するのです。降り際の時間的な制約から、反撃を食らうことがないと計算しつくしたあまりに幼い、しかし十分に攻撃的な行為です。思わず、大人げなくその声の主の方を睨み付けることしかなすすべはありません。その子の担任の先生であろう方もこちらの表情と見比べるように視線を双方にやりながら、もうやめなさいと小声で諭しておられましたが、その雰囲気から察するにその小集団を形成する男子児童たちに手を焼いておられる様子でした。

その小集団は、私がインド人と揶揄した児童を指導する姿を一部始終見ていて、敵討ちを果たしたかったのでしょう。素晴らしく増長した仲間意識です。校外で、他人の大人にそうするということは、つまり社会に対して何も恐れることなく対等に振る舞おうとすることです。もしかしたら、その児童たちは担任に対する思いやりや敬う気持ちを育てられるどころか、乗り越えてしまった不幸な境遇に位置していたのでしょう。この事例はかなり極端ですが、前回述べた「子供同士の感覚を社会に持ち込まないこと」「子供たちが持っている対等意識は社会の中では思い上がりであることに気づかせること」が、つまりは自分の身を守ることであること。いろんな意味で社会はもっと怖いものだということを経験してから学ぶのでは遅いのです。事例の彼らも、もうすでにどこかで頭を打ったかもしれません。学校という温室で自由奔放に、我が身の自由を謳歌している子供たちの姿を多く見てきました。私たち社会人はもっと控えめに暮らしているという事実を、自分ではない人を尊重し、敬意を持って接している事実を、教室や学校で再現してみせることが必要だと思います。

学校行事

音楽会や交流行事の司会進行、卒業式の「お別れの言葉」などなど。様々な学校行事の進行役を子供たちが担うという形は自然で好感のもてる場面です。ところが、その司会進行の台詞をこと細かに先生が事前に用意し、子供たちはそれを読み上げていくだけという経験はないでしょうか。会を粗相なく進めるためと称して、緻密に練り上げられた大人の文章を読み上げるだけの進行役は、操り人形のような出来すぎの不自然さが垣間見えます。

会の参観者の立場に立って指導するから、そういう不自然さが出てしまうのであって、本来はその行事の進行役を担う子供たちが何をそこから学び取るかという、まさしく会の参加者である子供たちの視点に立つべきなのです。たとえ、少々たどたどしくても子供らしい言葉と素直な表現には健気さを覚えるはずです。まず子供たちが自分自身で考える。そして、行き詰まったときだけ支援する。

このように本当の意味で子供視点に立たねばならないのは、文化祭的なことだけではありません。体育祭的なことでいえば、運動会の花形と称されるリレーです。理想はもちろん学年全員が参加するリレーでしょう。しかし、学校によっては、規模等の制約から選手によるいわゆる選抜リレーを行うところもあります。

肝心なところは、その選手の選び方です。ある学校では三年生からリレー選手を選抜するそうです。そしてその方法が走力順というのです。特に三年生は初めてのチャンスですから、数名の選手枠に大勢の立候補が出ます。しかし、選考の徒競走を経て上位から数名の選手と補欠一名を選び、走力の足りなかった子供たちは出場を許されないとのこと。見事、選手選抜された子供たちはみっちりとバトンパスなどの技術指導を受けるのです。走力は運動神経による部分も大きいですから、走力順で選手選抜を行うとそれが、毎年繰り返されます。六年生までの四年間、ほぼ同じメンバーが運動会までのほぼ一月間繰り返しバトンパス等の練習をすることになります。また、その練習期間中、たとえ補欠選手が真面目に練習に取り組み、さらに正選手が真面目でなくっても、補欠は補欠なのです。年端のいかない子供たちに、そんな過酷な補欠という立場が理解できるものでしょうか。

たしかに、力強い走りを披露することができる一部走力に長けた子供たちがリレー選手として活躍すれば、迫力ある運動会のプログラムとして花形を飾るでしょう。しかし、それはさきほどの文化祭的な行事で、すべてお膳立てされた台詞を読み上げる操り人形のような子供たちの姿を見るに等しいのです。迫力のあるリレーを見たい。これは、観客として本音でしょう。しかし、私たちはその観客側の本音に耳を傾けるのではなく、走力が伴わなくてもリレーに出たい、という子供たちの健気な素直さを大切に思うべきなのです。そして、その健気さは花形リレーで活躍したいということだけではなく、走力を伸ばしたいという願望もあるはずです。教育の機会均等という側面から見ても残念だと言わざるを得ません。幼子の無欲な願望が、走力という現実の能力を思い知らされることによって打ち砕かれれば、幼子ゆえに自尊心すら傷ついてしまうのではないでしょうか。

また話は違いますが、以前に学校行事として実施する林間学舎の学舎という表現が、古風で子供たちに分かりづらいという意見があり、林間学校という表現に置き換わってきた時期がありました。卒業式で在校生・卒業生が読み上げる送辞・答辞にしても、同様に贈る言葉やお別れの言葉に置き換えられている場合があります。学校長式辞や来賓祝辞はそのままにしてです。送辞や答辞、学舎にしても分かりづらいからといって、わかりやすい言葉に置き換えてしまうと、その内容まで置き換わったり、内容そのものが薄れて消えてしまう場合があります。学舎は、「まなびや」であり学問を行うところ。学校は教師が教育を与えるところ。両者には、明確な違いがあり、自主自発の精神を感じさせる学舎は大切にしたい言葉の一つです。

本来、答辞には答礼として、相手の礼に答える言葉という意味があります。式辞や祝辞、送辞に対してお返しの礼を述べるのが本来の姿です。先生方を代表して校長が述べた学校長式辞、地域社会の代表として来賓が述べた来賓祝辞、在校生代表として述べた送辞なのです。そして、それら祝いの言葉に対して、卒業生が思い出を語りながら、本題の感謝の気持ちを伝えるのです。もしかしたら、「卒業生お別れの言葉」としても「答辞」としても内容は変わらないかもしれません。しかし、日本語の中にある相手を思いやり大切にする心根や他者との関わりの中にある表現は、伝統として大切に伝えていきたいものです。

子供目線とは、子供の目線に立ってよりよく導くための方策を周囲の大人が考えて実行する観点です。いずれも、話の内容はそれぞれですが、いかに子供目線に立つことが大切かという一言に尽きると思います。

最後に

１８０度発想を転換して、先生と子供の関係を見直す。

私は本書で、このことを中心に述べました。

先生が子供の立場に寄り添うだけではなく、子供も先生の立場に寄り添う関係。言い換えれば良い意味で先生に気遣いする関係です。そうすることによって初めて、子供たちに社会性を伴わせた個々の能力伸長や安全の確保を期待することができるからです。先生を師として社会人として敬う心根を具体的に表現させる方法を教えることは、すべて地域の方や社会に、そして子供たち同士の関係に還元されることを期待して行うのです。

わかりやすいのは、登校途中ポケットに手を入れながら挨拶までしてしまう子供たちに、安全の観点から手を出すように指導する場面でしょう。教師たる者、子の鏡であれの項で述べましたが、ポケットに手を入れていたら転んだときに危ないからと指導をしてみても効果はありません。それは、子供の誰一人としてポケットに手を入れて歩いていても転ぶと思っていないからです。だから、１８０度発想を転換して、あなたのけがを心配しているのではない。地域の方や先生方に失礼だからだと、他者との関わりという価値観を導入して手を出させるように指導するのです。でも、本当はあなたのけがを心配しているのです。あなたのためばかりでは子供のためにならない。他者との関わりの中で考えさせることは、結局子供たちが自分自身を守ることにつながります。

言葉遣いもしかり。先生に対しては絶対丁寧語です。授業中であろうが休み時間であろうが、先生と子供の立場に違いはありません。目上の方に丁寧な態度や言葉で接することは社会常識です。

また、普段先生たちが当然自分の仕事と思って業務として行っていること。究極の事例は、テストを除く丸つけです。正誤の点検は、子供たちの大切な学習です。丸つけが先生の仕事であるという発想を180度転換しないと、子供の学習を代行してしまうことになります。

さて、いくつかわかりやすいところを抽出して示しました。先生ならばみんな、子供のためを思って教えたり、導いたり、時には叱り、諭し、子供たちを教育しているのです。だから、あなたのためにという思いが強く出すぎてしまうのです。あなたのため、あなたのためばかりでは、利己的な子供たちばかりを育ててしまいます。さらに意欲的ではない子供たちの耳には絶対に届きませんし、そういう子供たちがあなたのためだという諭しを受けとめることはまずありません。だからこそ、180度発想を転換して他者との関わりの中で失礼であったり、不快な思いをするというような、あなたのためではないという価値観を伴わせて伝えるのです。

そうすることで初めて、社会的な価値観を踏まえた本当の意味で、あなたのための成長を期待することができるのです。

さて、学習指導要領の道徳の項にも、低学年から高学年まで一貫して、「先生を敬愛する」ことが述べられています。しかし、現実の教室では先生が子供たちに気遣って、子供たちは気軽に気ままに過ごしている姿を多く見ます。敬愛の心根は自発的に生まれるもので、先生自らがそうさせるものではないという意見もあるでしょう。しかし、先生を敬愛させることが目的ではありません。先生を敬愛させることは、先生を練習台として地域や社会の様々な立場の人々に敬愛の念を表現できるように成長を期待するための手段なのです。すべては社会に還元させることが目的です。

是非とも発想を１８０度転換させて、先生たちと子供たちのより良い関係を築き上げていただきたい。願いを込めて、筆を擱くことに致します。

［著者］
岡島　克行

著書
『待ちの指導法――自ら育つ集団へ、学級経営のいろは――』（文芸社）
『先生の品格』（東洋出版）

180度発想転換《どはっそうてんかん》の教育《きょういく》

発行日　2018年2月9日　第1刷発行

著者　岡島 克行（おかじま・かつゆき）

発行者　田辺修三
発行所　東洋出版株式会社
〒112-0014　東京都文京区関口1-23-6
電話　03-5261-1004（代）
振替　00110-2-175030
http://www.toyo-shuppan.com/

印刷・製本　日本ハイコム株式会社

ISBN 978-4-8096-7894-3
定価はカバーに表示してあります

ISO14001 取得工場で印刷しました